虎門大橋

U0521204

何以东莞

中国式现代化的东莞故事

中共东莞市委党校（东莞市行政学院、东莞市社会主义学院） 编著

总策划 吴雪明
特邀策划 陆世强
主编 查日升

"中国式现代化的故事"丛书·特色城市辑

张占斌 总主编

中央党校出版社集团
国家行政学院出版社

图书在版编目（CIP）数据

何以东莞：中国式现代化的东莞故事 / 中共东莞市委党校（东莞市行政学院、东莞市社会主义学院）编著. -- 北京：国家行政学院出版社，2024.12. -- （"中国式现代化的故事"丛书 / 张占斌主编）. -- ISBN 978-7-5150-2962-7

Ⅰ．D676.53

中国国家版本馆CIP数据核字第2024FW3887号

书　　名	何以东莞——中国式现代化的东莞故事
	HEYI DONGGUAN——ZHONGGUOSHI XIANDAIHUA DE DONGGUAN GUSHI
作　　者	中共东莞市委党校（东莞市行政学院、东莞市社会主义学院）　编著
统筹策划	胡　敏　刘韫劼　陈　科
责任编辑	陈　科　刘　锦
责任校对	许海利
责任印刷	吴　霞
出版发行	国家行政学院出版社
	（北京市海淀区长春桥路6号　100089）
综 合 办	（010）68928887
发 行 部	（010）68928866
经　　销	新华书店
印　　刷	北京新视觉印刷有限公司
版　　次	2024年12月北京第1版
印　　次	2024年12月北京第1次印刷
开　　本	185毫米×260毫米　16开
印　　张	14.5
字　　数	253千字
定　　价	75.00元

本书如有印装问题，可联系调换。联系电话：（010）68929022

本书编委会

总 策 划：吴雪明

特邀策划：陆世强

主　　编：查日升

成员（按姓氏笔画）：王　鹏　王思煜　江炎骏　刘　程　刘子文
　　　　　　　　　　刘晋飞　何　清　林春香　周　磊　祝俊峰
　　　　　　　　　　贾艳丽　袁凌云　袁敦卫　曹秋静　谭汪洋
　　　　　　　　　　黎晓道　薛智韵

出版说明

党的二十大报告指出，从现在起，中国共产党的中心任务就是团结带领全国各族人民全面建成社会主义现代化强国、实现第二个百年奋斗目标，以中国式现代化全面推进中华民族伟大复兴。习近平总书记在中央党校建校90周年庆祝大会暨2023年春季学期开学典礼上的讲话中首次创造性提出"为党育才、为党献策"的党校初心。紧扣党的中心任务，践行党校初心，中央党校出版集团国家行政学院出版社和中央党校（国家行政学院）中国式现代化研究中心特别策划"中国式现代化的故事"系列丛书，邀请地方党校（行政学院）、宣传部门、新闻媒体、行业企业等方面共同参与策划和组织编写，从不同层次、不同维度、不同视角讲述中国式现代化的地方故事、企业故事、产业故事，生动展示各个地区、各个领域在大力拓展中国式现代化新征程上的理念创新、实践创新、制度创新、文化创新等，精彩呈现当代中国以中国式现代化全面推进中华民族伟大复兴的宏大历史叙事，以讲好中国式现代化的故事来讲好中国故事。

该丛书力求体现这样几个突出特点：

其一，文风活泼，以白描手法代入鲜活场景。本丛书区别于一般学术论著或理论读物严肃刻板的面孔，以生动鲜活的题材、清新温暖的笔触、富有现场感的表达和丰富精美的图片，将各地方、企业推进中国式现代化建设的理论思考、战略规划、重要举措、实践路径等向读者娓娓道来，使读者在沉浸式的阅读体验中获得共鸣、引发思考、受到启迪。

其二，视野开阔，以小切口反映大主题。丛书中既有历史人文风貌、经济地理特质的纵深概述，也有改革创新举措、转型升级案例的细节剖解，既讲天下事，又讲身边事，以点带面、以小见大，用故事提炼经验，以案例支撑理论，从而兼顾理论厚度、思想深度、实践力度和情感温度。

其三，层次丰富，以一域之光映衬全域风采。丛书有开风气之先的上海气度，也有立开放潮头的南粤之声；有沉稳构筑首都经济圈的京津冀足音，也有聚力谱写东北全面振兴的黑吉辽篇章；有在长江三角洲区域一体化发展中厚积薄发的安徽样板，也有在成渝地区双城经济圈中走深走实的川渝实践；有生态高颜值、发展高质量齐头并进的云南画卷，也有以"数"为笔、逐浪蓝海的贵州答卷；有"强富美高"的南京路径，也有"七个新天堂"的杭州示范……丛书还将陆续推出各企业、各行业的现代化故事，带读者领略中国式现代化的深厚底蕴、辽阔风光和壮美前景。

"中国式现代化的故事"系列丛书既是各地方、企业推进中国式现代化建设充满生机活力的形象展示，也是以地方、企业发展缩影印证中国式现代化理论科学性的多维解码。希望本丛书的出版，能够为各地方、企业搭建学习交流平台，将一地一域的现代化建设融入全面建设社会主义现代化国家的大局，步伐一致奋力谱写中国式现代化的历史新篇章。

国家行政学院出版社
"中国式现代化的故事"丛书策划编辑组

总 序

党的二十大擘画了全面建成社会主义现代化强国、以中国式现代化全面推进中华民族伟大复兴的宏伟蓝图。中国式现代化是前无古人的开创性事业，是强国建设、民族复兴的康庄大道。回顾过去，中国共产党带领人民艰辛探索、铸就辉煌，用几十年时间走完西方发达国家几百年走过的工业化历程，创造了经济快速发展和社会长期稳定的两大奇迹，实践有力证明了中国式现代化走得通、行得稳；面向未来，在以习近平同志为核心的党中央坚强领导下，各地方各企业立足各自的资源禀赋、区位优势和产业基础、发展规划，精心谋划、奋勇争先，在推进中国式现代化过程中将展现出一系列生动场景，一步一个脚印地把美好蓝图变为现实形态。

中国式现代化，是中国共产党领导的社会主义现代化，既有各国现代化的共同特征，又有基于自己国情的中国特色。中国式现代化，是人口规模巨大的现代化，是全体人民共同富裕的现代化，是物质文明和精神文明相协调的现代化，是人与自然和谐共生的现代化，是走和平发展道路的现代化。这五个方面的中国特色，不仅深刻揭示了中国式现代化的科学内涵，也体现在不同地方、企业推进现代化建设可感可知可行的实际成果中。中国式现代化理论为地方、企业现代化的实践探索提供了不竭动力，地方、企业推进中国式现代化建设的成就也印证了中国式现代化道路行稳致远的时代必然。

为讲好中国式现代化的故事，更加全面、立体、直观地呈现中国式现代化的丰富内涵和万千气象，中央党校（国家行政学院）中国式现代化研究中心和中央党校出版集团国家行政学院出版社联合策划推出"中国式现代化的故事"系列丛书，展现各地方、企业等在着眼全国大局、立足地方实际、发挥自身优势，推进中国式现代化建设上的新突破新作为新担当，总结贯穿其中的完整准确全面贯彻新发展理念、构建新发展格局、推动高质量发展的新理念新方法新经验。我们希望该系列丛书一本一本地出下去，能够为各地更好推进中国式现代化建设以启迪和思考，为以中国式现代化全面推进中华民族伟大复兴凝聚更加巩固的思想基础，为进一步推进中国式现代化的新实践、书写中国式现代化的新篇章汇聚磅礴力量。

中央党校（国家行政学院）中国式现代化研究中心主任

2023 年 10 月

序　言

放眼世界，很多现代化城市集聚于大江大河的入海口，形成了旧金山湾区、纽约湾区、东京湾区、粤港澳大湾区等，这些城市因便捷的出海通道、天然的港口优势、广阔的经济腹地和发达的工业体系，往往成为超级城市。

东莞市位于广东省中南部，珠江口东岸，北靠广州，南连深圳和香港，东邻惠州，地处粤港澳大湾区中间"黄金内湾"核心位置。东莞因地处广州之东，盛产莞草而得名，于东晋咸和六年（331年）立县，初名宝安，隶属东官郡，唐至德二年（757年）更名东莞。1985年9月，国务院批准撤销东莞县，设立东莞市（县级），仍属惠阳地区管辖。1988年1月7日，国务院批复将东莞市升格为地级市，直属广东省管辖。东莞是全国4个不设县区、由市直管镇的地级市之一[①]，现辖4个街道、28个镇，28个镇全部入选全国500强镇。2023年年底，全市户籍人口308万人，常住人口1048.5万人，人口平均年龄约34岁，是全国最年轻的城市之一[②]。东莞2023年生产总值（GDP）11438亿元，在中国地级及以上348个城市中处于第24位，排在中国新一线城市行列。东莞的现代化之路是中国式现代化的精彩缩影，为中国城市的现代化道路提供了独具特色的发展样本。

东莞是中国近代史开篇地。1840年，西方的坚船利炮从东莞的威远岛侵入，开启了屈辱的中华民族近代史，民族英雄林则徐在虎门销烟，关天培率领清军抵抗英军入侵而壮烈殉国，鸦片战争失败导致中国割地赔款，之后清王朝被迫和西方列强开展不平等贸

[①] 广东省中山市、东莞市，甘肃省嘉峪关市，海南省儋州市为全国4个不设县区、由市直管镇的地级市。

[②] 仅次于广东省深圳市平均年龄32.5岁。

易，中华民族在苦难中觉醒。历史事件深刻警示我们：落后就要挨打、封闭必然落后、挨打就要抗争。科技是第一生产力，东莞必须加快推进现代化建设，为中华民族伟大复兴作出我们的贡献。

东莞是外贸强市。改革开放是中国大踏步赶上时代的重要法宝，东莞是生动缩影。全国第一家"三来一补"企业太平手袋厂进入东莞，标志着中国开放的大门正式开启，也标志着东莞产业发展开始进入全球分工体系中，进入全球价值链和全球产业链中。东莞市委市政府顺势推进"农村工业化"战略，实行市、镇、村、组"四个轮子"一起转，大力招商引资，"三来一补"在东莞成为燎原之势，港台企业在东莞出现蓬勃发展的态势，随后大力招引日韩、欧美等跨国公司和世界500强企业，外经外贸成为东莞经济发展的重要引擎，大量外资企业生产的产品销往全世界，也成就了"东莞塞车，全球缺货"的佳话。2023年东莞的进出口贸易为1.28万亿元，在中国外贸百强城市中位居前列。

东莞是国际制造名城。随着工业化的快速推进，大量的港台工业企业涌进东莞，催生了虎门服装、石碣电子等专业镇的蓬勃发展，东莞的28个镇都形成了一镇一品（几品）的产业特色，制造业集群化发展在东莞大地蔚然成风，产业集群强化了产业配套的优势，东莞世界工厂的地位不断强化。东莞的产业发展经历了从农业向传统劳动密集型产业转变，再向资本和技术密集型产业转型升级的过程。进入新时代，东莞大力推进家具、玩具等八大传统产业智能化、高端化和绿色化转型，重点发展新一代电子信息、高端装备制造、纺织服装鞋帽、食品饮料四大主导产业，培育发展新材料、新能源、软件与信息服务、半导体与集成电路、生物医药与高端医疗器械五大战略性新兴产业，谋划布局人工智能、量子计算、低空经济等未来产业，大力发展新质生产力，构建起以实体经济为支撑的现代化产业体系。

东莞是科创新城。改革开放之初，因为缺乏资金、技术和管理，东莞走的是一条引进、吸收、消化、再创新的发展路子，从"三来一补"起步，定位在全球产业链的加工组装环节，赚的是辛苦钱，曾一度被质疑为沙滩上的经济。东莞市委市政府也深刻认识到，以资源能耗和牺牲环境为代价的粗放发展方式已经难以为继。2004年市委市政府前瞻性地提出了"一城三创五争先"的发展战略，特别提出了创新发展模式、创新发展环境、创新发展能力，首次将创新摆在了东莞市发展的战略位置。2005年启动实施"科技东莞"工程，每年拿出 10 亿元鼓励企业建立研发中心和工程中心，开发新产品。2011 年又提出"人才东莞"工程，再到实施"十百千万百万"人才工程，跑出人才汇聚加速度。2001 年启动建设松山湖高新技术产业园区，2011 年成为国家级高新区；2022 年启动松山湖科学城建设，成为大湾区综合性国家科学中心先行启动区，聚集了中国散裂中子源、松山湖材料实验室、华为终端总部、大湾区大学和香港城市大学（东莞）等创新要素和创新平台。2023 年底，东莞国家高新技术企业数量 10100 家，研究与试验发展（R&D）经费支出占生产总值（GDP）比重为 4.1%，形成了以企业为主体的创新发展格局。东莞在松山湖科学城的引领下，发展动力从要素驱动向投资驱动再向创新驱动蝶变，成功创建国家创新型城市，正阔步走在以科技创新引领先进制造的康庄大道上。

东莞是海纳百川、厚德务实的城市。制造业构筑了东莞的硬实力，22 万家工业企业和千万人才汇聚东莞，是因为东莞具有"海纳百川，厚德务实"的城市精神，文化软实力构筑起了东莞综合实力的响亮底色。改革开放之初，随着大量的"三来一补"企业进驻东莞，东莞成为几百万内地农村剩余劳动力实现人生梦想的家园。从 2001 年开始实施文化新城建设，2010 年确立文化名城发展战略，2020 年实施"品质文化之都"三年行动计划，东莞的文化软实力不断迭代升级，形成了图书馆之城、博物馆之城、文化广场之城、音乐剧之都"三城一都"的文化发展格局，推进全国公共文化服务名城、国家历史文化名城、全国现代文化产业名城、岭南文化精品名城"四大名城"建设。2021 年，东莞蝉联全国文明城市"六连冠"。东莞也长期居于中国人口吸引力城市的前列，今天的东莞已经进入特大城市行列，东莞的市场主体也达到了 170 万户。英雄不问出处，东莞成为企业和人才追梦造梦圆梦的"梦工厂"。

东莞是善治友爱之城。城市因产业而兴，产业因人才而旺。世界工厂成就了"东西南北中、发财到广东"的壮丽场景，千万人口聚集东莞，一方面推动了生产力水平的极大释放，另一方面也给东莞的社会治理造成了巨大压力和挑战，比如社会治安、消防和安全生产隐患、劳资纠纷、社会矛盾、出租屋管理等。东莞积极推进智网工程，以科技为支撑，多网合一、多员合一、数据统一、标准统一等，汇聚社会合力，形成了预防预警、会商研判、协调联动、反馈完善的闭环社会治理体系，成为全国市域社会治理示范城市。东莞也因社会和谐、包容友好、和睦相处、鼓励居民参与社会治理、珍视历史文化、关爱尊重而成为友善之城。

东莞是新一线城市。随着工业化的快速发展，城市化必然要跟上工业化的步伐，大搞基础设施就成为市委市政府的重要工作，"要想富，先修路"成为东莞全社会的共识。"一网两区三张牌"，集资修建高埗大桥开创了全国的先例，道路、桥梁、电信、港口等固定资产投资大行其道。政府开始重视城市规划，2000年提出了"一年一大步，五年见新城"，大手笔规划建设城市中心区，开始启动松山湖和滨海湾建设，形成了"一核三心六片区"的组团式空间布局。星罗棋布的公园城市、绿美生态都市、较为雄厚的经济基础、巨大的人口规模，绣花功夫管理城市，东莞进入中国新一线城市行列。

本书共分六章，分别从近代开篇、对外开放、转型升级、改革创新、城乡融合、和谐善治六个方面全景式展示东莞现代化建设的特色和举措。每章分为三小节，每小节以代表性的案例为切入点，从点到面分析东莞现代化的生动场景。绪论中国近代史开篇地，重点讲述虎门销烟历史事件及鸦片战争历史警示，揭示中国式现代化的历史逻辑。第一章对外开放之路，介绍了东莞从"三来一补"低端起步，开始向"第二次工业革命"进军，招引国外跨国公司和大企业集团，在外资产业规模和产业层次上不断升级，现正通过海陆空贸易畅通推进国内国外双循环，全力推进新发展格局。第二章转型升级之路，阐述东莞从加工组装不断迭代升级为先进制造，城市也从一个小县城向新一线城市华丽转身。产业和城市的转型也带来了人的素质结构的深刻变革，从洗脚上田的农民、大量的内地剩余劳动力向技能人才和科创人才转变。第三章改革创新之路，介绍东莞敢为人先，不断优化市场化国际化法治化营商环境的举措。东莞也从工业城市向创新型城市迈进，通过聚集大装置大平台、大学、龙头企业等，构建了全过程全要素全链条的创新生态系统。第四章融合发展之路，介绍了东莞通过农村工业化，农村股份制改革，实现了城乡协调共富和公共服务均等化。在加强物质文明建设的同时，精神文明建设常抓不懈，城市文化战略不断升级迭代，实现全国文明城市六连冠。经济发展彻底改变了牺牲环境换取经济增长的传统发展方式，新型工业城市走出了生态文明建设的绿色发展新路。第五章和谐善治之路，介绍平安东莞建设、多元社会治理，解决"五位"民生短板，提高民生福祉的鲜活案例。

承古启今换新颜，继往开来谱华章。现代化理论家塞缪尔·亨廷顿认为，城市现代化的特征包含先进的生产力和高度的物质文明、完善配套和高效的城市基础设施、优美宜居的城市环境、丰富的城市文化、高水平的城市管理、精神文明和高素质的城市人口。

站在"双万"新起点,东莞按照中国式现代化的特征和要求,正深入实施以人为核心的深度城市化战略,紧紧围绕文明程度和生活质量提升,努力实现全体人民共同富裕、人与自然和谐共生、物质和精神文明协调、人的自由而全面的发展的现代化目标。东莞正以海纳百川的胸怀、厚德务实的作风,继续发扬敢为人先的劲头,奋力谱写中国式现代化的东莞华章。

中共东莞市委党校(东莞市社会主义学院)副校(院)长、教授 查日升

目 录

绪论　东莞：
中国近代史开篇地

1 开放：

从借船出海到造船远航

"三来一补" 喊出莞邑腾飞宣言 / 18

双向开放　融合全球产业链群 / 27

立体贸易　畅通国内国际双循环 / 38

2 转型：
从农业大县到双万之城

产业聚变　成就现代智造棋局 / 52

IP蝶变　飞跃"双万"特大城市 / 64

身份巨变　礼赞就地"市民化" / 77

3 创新：
从集资建桥到集智科创

敢为人先　答好莞式改革考卷 / 94

对标广深　亲清关系"优"无止境 / 106

锚定科创　挺直工业强市脊梁 / 124

4 融合：

从二元分割到一体融合

全域共富　展示深度融合范式　/ 138

文化强市　描绘文明东莞底蕴　/ 149

环境友好　赋予发展生态支撑　/ 161

5 善治：
从矛盾多重到共生共荣

以"智"共建　厚实平安东莞底气 / 174

用"情"共治　牵挂群众心头事 / 183

凭"心"共享　满足美好生活向往 / 194

后　记

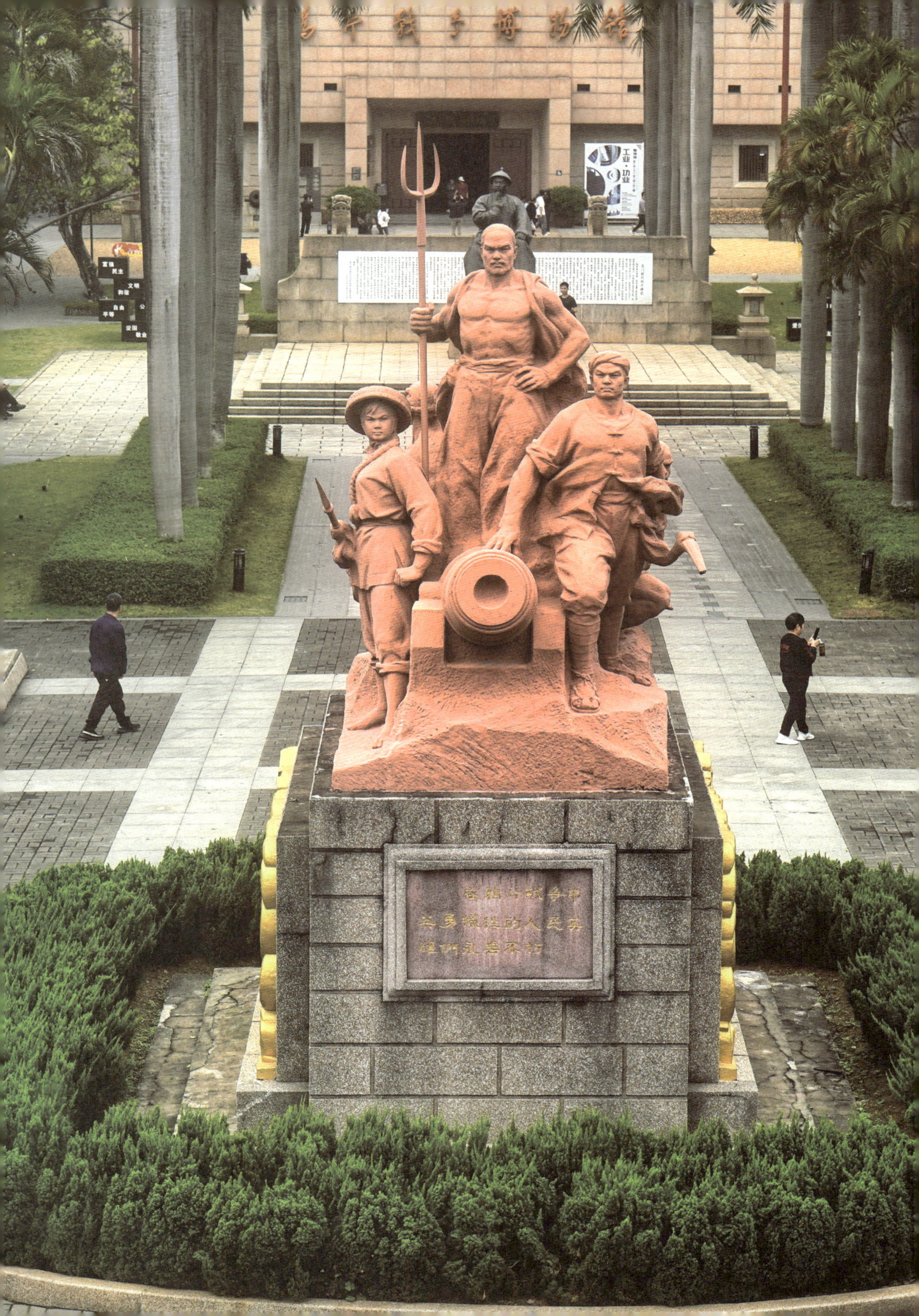
在鸦片战争中
英勇牺牲的人民英
雄们永垂不朽

绪论

东莞：
中国近代史开篇地

历史是最好的教科书，也是最好的清醒剂。当人们走过北京天安门广场，伫立在人民英雄纪念碑前，凝望着8幅浮雕，心情沉重，久久不能平静。其中第一组浮雕就是"虎门销烟"，记述鸦片战争前夕，1839年6月3日，群众在虎门销毁鸦片的事迹。浮雕上，人群后面有炮台和千百只待发的战船，准备随时还击侵略者。这一幕幕历史的图景又将人的思绪拉回到185年前的那段峥嵘岁月。鸦片战争以中国战败，割地赔款丧权而告终，它带来了近代中国遭受西方列强侵略的百年屈辱和灾难，也开启了中国民族不甘沉沦、自强不息的抗争与奋斗。鸦片战争直接引发了中国社会发展的第三次大变革，成为中国近代史的开端。而发生这场战争的主阵地、主战场就在中国的南海之滨——东莞虎门。东莞是中国近代史的开篇地，历史上闻名中外的虎门销烟就发生在这里，中国近代史大事件唤起中华民族伟大觉醒，东莞的现代化故事就从中国近代史大事件出发和拉开序幕。今天，我们以史为鉴，重温鸦片战争以来中华民族不断觉醒、砥砺前行的伟大进程，总结历史教训和经验，对进一步增强历史自觉和文化自信，汲取继续前行的力量，有着重大的教育意义和现实意义。

《虎门销烟壮举》油画（鸦片战争博物馆藏）

虎门销烟：打开民族觉醒之门

19世纪初，英国等西方资本主义国家相继发起工业革命，国力日益强大，为了抢夺原料产地与商品市场，纷纷加入海外殖民扩张的行列。英国东印度公司企图凭借工业品的优势进军中国市场，但遭到中国自给自足小农经济的强烈抵制，最终他们用罪恶的鸦片打开了中国的大门。当时无论在民间还是军队，吸食鸦片之风盛行，白银大量外流。一旦吸食，深陷其中，不能自拔，"眼垂泪，鼻出涕，一息奄奄，死相继"。短短数十年，鸦片烟土迅速蔓延神州大地，直接危及中华民族生死存亡。林则徐上书道光帝，痛陈鸦片危害，"若犹泄泄视之，是使数十年之后，中原几无可以御敌之兵，且无可以充饷之银"。[1] 东莞因地处珠江口，外濒南海，历来为广州对外贸易的主要廊道。当鸦片大举入境，烟毒泛滥成灾，东莞首当其冲。[2]

---

[1] 道光十八年八月（1838年10月），时任湖广总督的林则徐向道光帝所上的奏折《钱票无甚关碍宜重禁吃烟以杜弊源片》。

[2] 谌小玲：《东莞古代史》，广东人民出版社2016年版，第278页。

绪论　东莞：中国近代史开篇地

　　1839年（道光十九年），道光帝任命林则徐为钦差大臣，赴广东查禁鸦片。1839年1月8日，林则徐从北京出发，日夜兼程，于3月10日抵达广州，即会同两广总督邓廷桢、广东水师提督关天培缉拿烟贩，整顿海防，勒令外商呈缴鸦片，并郑重宣告："若鸦片一日未绝，本大臣一日不回，誓与此事相始终，断无终止之理。"①林则徐与中外鸦片贩子及其利益集团展开了针锋相对的斗争，如通缉英国毒枭、断绝中英贸易、包围外国商馆等，迫使他们同意将囤积在外洋鸦片趸船上的鸦片全部缴出。鉴于虎门特殊的地理位置，又为广东水师提督署所在地，林则徐决定将虎门作为缴烟之所，并亲自赶赴虎门调度鸦片收缴事宜。②4月11日缴烟开始，按照预先制定的章程严格执行：当趸船驶入沙角码头泊定后，先进行周密细致的查验交接，再交由驳船运往镇口提督署。在转运途中，派文职武备随船押送。③镇口提督署除署内房间外，东莞县还在院内搭建厂棚，并征用附近民房、庙宇作为贮烟场所，加派人手严加看守。截至5月18日，鸦片收缴总计19187箱又2119

---

① 中山大学历史系中国近代现代教研组：《林则徐集·公牍》，中华书局1963年版，第59页。
② 谌小玲：《东莞古代史》，广东人民出版社2016年版，第278页。
③ 参见林则徐全集编辑委员会《林则徐全集·文录》，海峡文艺出版社2002年版，第147—148页。

袋。① 英国鸦片贩子奉命具结后，被驱逐出境。

　　林则徐派人在虎门太平墟的海滩处紧急施工，挖好两个大的销烟池。6月3日，林则徐召集省府官员抵达现场，拉开了虎门销烟的帷幕。销烟池周边布防严密，销烟过程紧张有序：先往池中注水，撒盐成卤，将箱内鸦片逐个切成小瓣，投入池中浸泡，再将整块烧透石灰抛下，待烟土全部溶解，启放池前涵洞，将浊水渣沫排入大海。整个销烟过程历时23天，至6月25日，共销毁鸦片2376254斤。②

　　虎门销烟，是人类历史上旷古未有的大规模禁毒壮举，有力地驳斥了外商所说的"中国人不会焚毁一两鸦片"的传言，沉重打击了西方殖民侵略势力，向全世界表明了中国人民反抗外来侵略的坚强意志，揭开了中国近代反抗侵略斗争的序幕，彰显了中华民族伟大的气节、智慧和精神力量。

　　虎门销烟在一定程度上抑制了鸦片在中国的泛滥，并在民间引发了积极的反响，也让东莞虎门这个名不见经传的滨海村落走上世界舞台，至今时时被人提起。然而，虎门销烟后，英国政府以此为借口发动了长期策划的侵略战争，使得虎门销烟成为鸦片战争的导火索，拉开了中国近代史的序幕。

　　1840年（道光二十年），英国政府以虎门销烟等为借口，决定派出远征军侵华。1840年6月，英军舰船47艘、陆军4000人在海军少将乔治·懿律、驻华商务监督义律率领下，陆续抵达广东珠江口外，封锁珠江口，标志着第一次鸦片战争正式开始。在虎门海战、广州之战中，广大爱国官兵和人民进行了英勇反抗。但由于清政府奉行妥协方针，第一次鸦片战争失败。1842年，英国强迫清政府签订中英《南京条约》，中国的主权独立和领土完整开始遭到破坏，从此，中国门户洞开，开始从封建社会逐步成为半殖民地半封建社会。可以说，鸦片战争是中国近代史的开端，也打开了中华民族的觉醒之门。这一时期，一些爱国的知识分子开始觉醒，他们把目光投向国门之外，开启了"师夷长技"的探索。1856—1860年，英、法为了扩大侵略权益，对中国挑起了第二次鸦片战争。美、俄趁火打劫。四国分别强迫清政府签订了《天津条约》《北京条约》等，使中国丧失了更多的领土和主权，列强侵略势力扩大到沿海各省和长江中下游地区，中国社会的半殖民

---

① 中国第一历史档案馆：《鸦片战争档案史料》，天津古籍出版社1992年版，第544页。
② 中国第一历史档案馆：《鸦片战争档案史料》，天津古籍出版社1992年版，第594—611页。

地化程度进一步加深。第二次鸦片战争后，西方的科技、文化和制度开始逐渐渗透到中国的各个领域，对中国传统的社会、经济和文化结构产生深远影响，中国开始意识到落后和不足，一些有识之士开始寻求改革和自强之道。特别是这一时期，洋务运动、戊戌变法等改革运动相继兴起，他们试图通过学习西方先进技术和制度来振兴国家，虽最终未能成功，但意味着中国人开始真正觉醒，也加速了中国近代化的进程。

鸦片战争博物馆林则徐销烟铜像（东莞图库 郑志波 摄）

鸦片战争，惊醒一头东方"睡狮"

鸦片战争是中国历史上的一次重大事件。这场战争的爆发标志着中国近代化进程中重大转折点的到来，也撞开了晚清封闭状态的"大门"，打开了文化、经济、政治、军事等方面的交流合作。鸦片战争的发生，使清朝政府的威信受到极大的损害，也迫使中国的经济、政治、文化等固有发展轨迹被打断。中国从那时起，被迫向外界敞开大门，被动接纳外来文化和技术，进而被动卷入了近代化的历史进程。从一定意义上说，鸦片战争被迫开启和加速了中国近代化的进程,并深刻影响了中国近现代历史的走向。

回望历史,鸦片战争的失败,揭示了中国封建社会的腐朽和软弱,也暴露了中国与西方列强在军事、政治、经济、科技等方面的巨大差距。这场战争对中国的影响深远,不仅加剧了中国社会的动荡和危机,也加速了中国社会的现代化进程的探索,更重要的是给我们带来了深刻的历史警示。

封闭必然落后

马克思、恩格斯在1848年发表的《共产党宣言》中曾这样评价资产阶级:"由于开拓了世界市场,使一切国家的生产和消费都成为世界性的了。……过去那种地方的和民族的自给自足和闭关自守状态,被各民族的各方面的互相往来和各方面的互相依赖所代替了。……民族的片面性和局限性日益成为不可能……"[①]人类开始真正步入"世界历史"阶段。昏庸腐败的清王朝无视这一趋势,长期闭关自守,与世隔绝,导致国家的衰败与经济发展迟缓。

鸦片战争前,中国与欧洲各国,虽然已经通商多年,但对方具体情况究竟如何,风俗民情、社会制度、经济水平怎样,甚至这些国家在哪里都并不了解。在对外关系上,他们盲目排外,极力限制甚至拒绝同外国人交往,实行与世隔绝的闭关锁国政策。更有甚者,1757年,乾隆皇帝关闭了江、浙、闽三个海关,只允许广州一地向西方开放,且广州一口通商竟长达85年。这种妄自尊大的封闭,令清朝衰微不可避免,让中西方差距渐行渐远。

鸦片战争后,摆在中国人面前的现实问题是何以不受"夷"所欺?何以制"夷"?虽然从一开始就有"抚夷"与"剿夷"之争,由于对夷情不知,盲目应付,结果却并无二致。前者因不了解殖民者的真正用心,认识不到此次殖民化浪潮的严重后果,以为对方仅仅只想扩大贸易、做生意,一味迁就妥协,导致一系列不平等条约的签订和国家民族权益丧失。后者由于不了解对方政治变革早已完成,工业革命成果已经展现,所代表的是不同于中世纪的新型资本主义文明,结果反侵略战争基本以失败而告终,"剿夷"同样导致民族国家权益的丧失,"庚子之乱"对此作了最好脚注。这就不难理解在中国近代史上,为何主和派与主战派最终都难逃诘难与责罚。面对时代大变局,只有少数比较开明的封建官

[①] 《马克思恩格斯选集》第一卷,人民出版社2012年版,第404页。

僚和地主阶级知识分子，如林则徐、徐继畬、魏源等"睁眼看世界"的第一批人，清醒认识到"欲制外夷者必先悉夷情，欲悉夷情必先立驿馆，翻夷书"，在鸦片战争的刺激下，开始介绍有关世界各国的知识，寻求"制夷"之策。林则徐提出学习洋人造枪造炮，魏源提出"师夷长技以制夷"的主张。直至太平天国运动和第二次鸦片战争相继爆发，内忧外患加重，同时伴随洋务运动的兴起，"师夷长技以制夷"才得以形成大规模的社会实践。1895年中日甲午海战失败，维新变法的知识分子，在认识上进一步改"师夷长技"为"会通中西"，主张不仅在"器""用"层面学习西方，而且学习其体制，要"变制"。维新变法虽然失败了，但变革体制的目标在资产阶级革命派那里变成现实。

新中国成立后，由于意识形态、社会制度的对立，与西方国家的交流几乎中断。中苏关系恶化后，社会主义国家内部的交流也受到影响。一段时间只能关起门来搞建设，结果与西方国家乃至周边国家差距越拉越大。邓小平指出："总结历史经验，中国长期处于停滞和落后状态的一个重要原因是闭关自守。经验证明，关起门来搞建设是不能成功的，中国的发展离不开世界。"① 以殖民化为肇始的全球化，在今天以更加迅猛的态势向全球展开，经济和科学技术发展一日千里，信息技术突飞猛进，生产领域的国际分工和协作不断深化和加强，国际贸易规模不断扩大，资本在国际间的流动速度不断加快，跨国公司迅速发展，只有充分利用国际经济资源和科技成果，引进资金、技术、设备和管理经验，为我所用，才能融入世界大潮。

历史和实践启示我们：开放带来进步，封闭必然落后；改革始终是推进中国式现代化的根本动力；改革开放是决定当代中国命运的关键一招，也是决定中国式现代化成败的关键一招。习近平总书记深刻指出，改革开放是我们党的一次伟大觉醒，正是这个伟大觉醒孕育了我们党从理论到实践的伟大创造。改革开放是中国人民和中华民族发展史上一次伟大革命，正是这个伟大革命推动了中国特色社会主义事业的伟大飞跃！当前，改革开放已进入攻坚阶段，必须继续深化改革，扩大开放。只有这样，才能不断缩短中西方之间差距，逐步实现中华民族的伟大复兴。要"睁眼看世界"，要善于学习外国的先进科学技术及各种先进事物。我们再也不能走清朝统治者那样固步自封、闭关自守、盲目排外的老路，否则将会重蹈覆辙，鸦片战争和近代中国的种种惨剧、悲剧就会

---

① 《邓小平文选》第三卷，人民出版社1993年版，第78页。

重演。我们必须坚持改革开放的基本方针，改革开放的大门只能越开越大，积极发展同世界各国的友好往来，加强与世界各国的交流合作，善于学习和借鉴外国的先进技术和经验。只有这样，我们才可以借"他山之石"来推动强国建设，使民族复兴的目标早日实现。

落后就要挨打

在农业社会，中国曾一度领先世界千余年，创造了令世界瞩目的农耕文明。但是到了清代，清朝政府一直沉迷在天朝上国、万国来朝的幻觉之中蹒跚而行，而西方凭借文艺复兴、宗教改革、工业革命，大步迈向新兴之路。迟暮的清王朝虽然站在农耕文明之巅峰，但与不断变革创新的西方相比，已远远地落后了，且这种落后表现在政治、经济、文化、军事、科技、管理等各个领域。比如，思想方面，清朝政府仍坚持皇权当道、专制盛行，封建思想禁锢国人思想而裹足不前，而西方已经突破王权和宗教的束缚，提倡思想解放、人性自由，孟德斯鸠、伏尔泰、卢梭成为"法兰西思想启蒙运动三剑客"。经济方面，清朝政府以自给自足的自然经济为主，坚持"重农抑商"，压制商品经济的发展，将资本主义萌芽扼杀在襁褓当中，而西方则以蒸汽为动力进行的大机器生产的工业经济为主，大力推行"重商主义"，拓展海外市场，以海洋贸易拉动经济发展。文化方面，清朝政府仍坚持八股取士，以"四书五经"作为科举考试主要内容选贤纳士，而西方早已把实验置于首位，谋求自然科学的突破，涌现出牛顿、哈维、波义耳、拉瓦锡、布莱尼茨、达尔文等一大批震古烁今的科学巨匠。军事实力方面，清朝政府仍把"骑射"当作"本朝家法"和"满洲之根本"[1]，置世界武器发展的滚滚潮流于不顾而夜郎自大，并不断打压、限制民用船只使用，所造水师战船投入甚少；而西方各国在战争催化下武器发展十分活跃，各种先进武器在工厂车间大批量生产，英国甚至舍得花3～6年时间，投资高达20万两白银[2]建造一艘一级战列舰，并积极刺激和奖励商船的发展，被誉为"英国海军之父"的亨利八世对超过百吨的大船，政府每吨给予5先令的补贴。到鸦片战争时期，英国战船技术处于顶峰，使海军从一个季节性的有限力量成

---

[1] 《清实录》第二十九册，中华书局1986年版，第51页。
[2] 安德鲁·兰伯特：《风帆时代的海上战争》，上海人民出版社2005年版，第36页。

为一个"几乎无所不能的全能战略单位"。这样一比较,可见中英差距是全方位的,而不是一星半点。①

正因为如此大的落差,鸦片战争中,偌大的一个中国竟被清朝统治者称为"么尔小夷"的英国所打败。造成这一惨痛的历史结局的原因是多方面的,从根本上来说是由于清朝统治当局腐败无能,但同时也与中国的落后和英国的强大以及清政府固步自封、盲目排外有极大的关系。18世纪末至19世纪初,当西方资本主义国家特别是英国迅速富强起来的时候,中国却落后了。当时的中国在清王朝的统治下国力正急速地下滑,处于积贫积弱的状况。在这种形势下,浑浑噩噩的清朝统治者不但不思进取,反而固步自封、夜郎自大。他们把自己统治下的中国视为尽善尽美的"天朝上国",而西方列强则被清朝统治者看作尚未开化的"蛮貊之邦",把外国人看作"化外之民"。他们还把外国的坚船利炮及各种先进科学技术斥为"奇技淫巧",拒绝学习和引进。这样,使原已落后于人的中国更加落后了,与西方列强的差距越来越大。结果,当英国派遣一支仅有数千人的"东方远征军"到中国发动鸦片战争的时候,我们吃了"落后挨打"的苦头,落得个一败涂地、与人签订不平等条约的下场。这个历史教训是异常深刻的,我们永远都不应忘记。

过往的民族苦难史告诉我们:落后就要挨打。今天,和平与发展是世界发展的主流,但也存在着激烈的竞争。特别是一些国家还在推行霸权主义和强权政治、以强权压制公理的本性并没有发生实质性改变。还有一些国际反动势力"乱我之心不死",企图用和平演变及其他卑劣手段来颠覆我们的国家。在这种情况下,要摆脱落后挨打的局面,要屹立于世界民族之林,就要努力发展和振兴我们的国家,把我国建设成为社会主义现代化强国。要推进强国建设、民族复兴,就必须坚持以经济建设为中心、以发展为第一要务,坚持"高质量发展才是新时代的硬道理"的理念,排除一切干扰,聚精会神搞建设,一心一意谋发展,扎扎实实做好自己的事情,不断提升我国的综合国力和竞争力。只有国家强大了,民族强盛了,国家综合实力提高了,别人才会亲近你、尊重你,否则就会错失发展的良机,就会被人欺侮和宰割。

---

① 张建雄:《鸦片战争的历史启示》,《军事史林》2020年第6期。

挨打就要抗争

鸦片战争是我们国家、民族遭受外来侵略和压迫的开始。自从英国侵略者用坚船利炮打开中国的大门后，其他外国侵略者便争相效尤，接踵而来，纷纷涌向这古老而落后的东方国家。在整个中国近代史时期，几乎世界上所有的资本主义、帝国主义国家都来欺负中国。他们先后发动了一系列侵略战争，强迫当时的中国政府签订了一个个丧权辱国的不平等条约。据统计，从鸦片战争到中华人民共和国成立前，在这一百余年的时间里，外国侵略者采用种种卑鄙手段威逼中国政府签订的不平等条约、协定、章程等超过1000个，强迫中国政府割地、赔款、开放通商口岸等，从而在中国取得政治、经济、军事、文化上的种种特权，成了骑在中国人民头上作威作福的"太上皇"。他们不仅残酷地榨取中国人民的血汗，而且残忍地杀害中国民众。仅抗日战争时期，遭到日本法西斯杀害的中国民众就多达千万人。外国侵略者的侵略和压迫，给中华民族和中国人民带来了巨大的痛苦和灾难。

一部中国近代史，就是一部中华民族和中国人民饱受苦难和蒙受屈辱的历史。然而，哪里有压迫，哪里就有反抗；哪里有侵略，哪里就有反侵略。外国资本主义、帝国主义的疯狂侵略和残酷压迫，极大地激发了中华民族的民族意识、爱国热情和斗争精神，为捍卫国家和民族的尊严，为反侵略反奴役、求生存求发展而英勇斗争。中华民族是有着悠久历史和优良文化传统的民族，中国人民也有着强烈的爱国主义精神和抗争精神，在五千多年的历史发展过程中，中国人民形成了自己的民族自尊心和自豪感。因此，每当我们的国家、民族遭到外来侵略和压迫的时候，各族人民就会像石榴籽一样紧紧地抱在一起，紧密地团结起来，为捍卫国家的独立和民族的尊严而英勇战斗，甚至不惜作出巨大的牺牲。可以说，一部中国近代史，就是一部中华民族和中国人民发扬爱国主义精神、奋发抗争斗争的历史。鸦片战争中，以林则徐、邓廷桢为代表的地主阶级抵抗派和广大人民群众相结合，奋起抗击英国侵略军，奏响了中国近代史上第一曲悲壮的爱国主义乐章和抗争卫国的英雄史诗。林则徐为维护国家、民族的利益和尊严，严厉禁烟，坚决抗英，展现了一个民族英雄的崇高形象，成了我国近代史上第一位声名卓著、令人敬仰的伟大爱国者。同时，在虎门海战、沙角之战、广州之战等一场场抗英斗争中，涌现出广东水师提督关天培、浙江定海总兵葛云飞、江南提督陈化成等一大批浴血奋战、为国捐躯的爱国将领。广州三元里人民自发的抗英斗争，更是打响了近代史上中国人民武装反抗外国侵略者的第一枪。在东南沿海和长江下游各地，凡是侵略者所到之处，无不遭到人民群众英勇而顽强的抵抗，这些更加充分体现了中国人民自觉的民族意识和深厚的爱国热情，反映了中华儿女不畏强暴、坚决反抗外来侵略的决心和勇气。这些英雄儿女，为后人的反侵略斗争树立了崇高而光辉的榜样。此后，在历次反侵略斗争中，涌现出许许多多优秀的爱国人物和抗争英雄群体。他们为了国家的独立和民族的解放，同外国侵略者进行了一次又一次英勇顽强的搏斗，不屈不挠，前仆后继。千百万爱国志士仁人，为此献出了宝贵的生命。中国人民的这些反抗斗争，沉重地打击了外国侵略者，有力地捍卫了国家和民族的尊严。抗日战争中，中国人民表现出了空前的大团结，斗争精神得到了最充分的体现。经过艰苦卓绝的战争，终于取得了抗日战争的伟大胜利，彻底打败了日本侵略者。我们的国家和民族，正是依靠广大人民群众的爱国精神和斗争勇气，才度过了一次次危机，才使帝国主义始终不能征服和灭亡中国，并且在中国共产党的领导下，最终推翻了帝国主义及其国民党反动派的统治，赢得了国家的独立和民族的解放。

近代中国的历史表明：斗争精神是中华民族和中国共产党的宝贵精神财富，是中华儿女在战争实践中不断铸就与涵养的宝贵精神品质。斗争无时不在、无处不有。近代以后，中华民族遭受的苦难之重、付出的牺牲之大，在世界历史上都是罕见的。但是，中国人民从不屈服，不断奋起抗争，终于掌握了自己的命运，开始了建设自己国家的伟大进程，充分展示了以爱国主义为核心的伟大民族精神和强烈的斗争精神。正如习近平总书记提出的，千百年来，中华民族历经苦难，但没有任何一次苦难能够打垮我们，最后都推动了我们民族精神、意志、力量的一次次升华。

当前，中华民族伟大复兴进入关键时期，世界百年未有之大变局加速演进，世界之变、时代之变、历史之变的特征更加明显。我国发展面临新的战略机遇、新的战略任务、新的战略阶段、新的战略要求、新的战略环境，需要应对的风险和挑战、需要解决的矛盾和问题比以往更加错综复杂。我们必须增强忧患意识，坚持底线思维，坚定斗争意志，增强斗争本领，以正确的战略策略应变局、育新机、开新局，勇于进行具有许多新的历史特点的伟大斗争，依靠顽强斗争打开事业发展新天地。

何以东莞

科学技术是第一生产力

17世纪中叶以后,西方主要国家先后发生了资产阶级革命。接连不断的科学革命、技术革命和工业革命的大潮,确立了资本主义制度在西方世界的地位及西方主要国家在世界舞台的中心地位。英国、法国、美国等西方国家随着资本主义思想的传播和科学技术的进步而不断繁荣,"资产阶级在它的不到一百年的阶级统治中所创造的生产力,比过去一切世代创造的全部生产力还要多、还要大"[1]。随着资本主义国家的快速发展,对市场、资源追求的野心日益膨胀,扩张与侵略就成为当时最自然不过的事情。而当时的清朝政府,还一直做着天朝帝国的美梦。整个清朝从上到下,不仅对近代科技没有一点观念,而且还把它看作"奇技淫巧"予以抵制。当广州一口通商之时,黄埔港内帆船云集,洋商汇聚,清朝对英国军事装备有太多近距离观察和讨教的机会,但遗憾的是大清王朝对英国军事科技的优势一直视而不见,以致中英火炮、火枪、战船之间的差距越来越大。连马戛尔尼都在疑问:"中国人首次看见欧洲船只至今已有250年,他们毫不掩饰对我们航海技术的赞赏。然而,他们从未模仿我们的造船工艺或航海技术。他们顽固地用他们祖先的笨拙方法。"[2]

鸦片战争爆发后,英军在中国沿海横行无阻,靠的就是集合了西方近代先进科技的坚船利炮。清朝军队没有近代科技作支撑,虽然不乏关天培、陈连升这样的爱国志士,却也只能望"洋"(枪、炮、船)兴叹,遗恨疆场。在沙角海战中,英军动用了世界上最先进的蒸汽动力轮船——"复仇神"号,仅一艘就将广东水师主力战船11艘击沉[3]。可想而知,当时清朝政府的舰船、枪械、火炮与英法美等国家的武器相比,根本就不在一个量级上,相差甚远。

第一次鸦片战争失败后,一批思想先进的中国人逐渐意识到外国坚船利炮的威力,将中国的战败归结于军事技术不如西方,开始把眼光投向西方,把救国图存和学习西方先进工业联系起来,力图"师夷长技"。如林则徐首先提出要学习西方军事技术,"制炮必求极利,造船必求极坚"[4]。第二次鸦片战争结束后,国人对西方科学技术的关注更甚、

---

[1] 《马克思恩格斯文集》第二卷,人民出版社2009年版,第36页。
[2] 裴蕾菲特:《停滞的帝国——两个世界的撞击》,三联书店2008年版,第58页。
[3] 张建雄:《鸦片战争的历史启示》,《军事史林》2020年第6期。
[4] 林则徐:《密陈夷务不能歇手折》,载于《中国近代思想家文库:林则徐卷》。

范围更广，如冯桂芬提出："又如农具、织具，百工所需，多用机轮，用力少而成功多，是可资以治生。"①在后来的岁月里，中国被迫开启了学习、追赶、创新的过程，以"科学救国"为目标，以军事科技为切入点和突破口，以学习西方科学技术为主要途径，并且经历了吸收与本土化的过程。

鸦片战争失败的原因，很大程度上取决于中英双方科技实力的悬殊。百年来的历史和实践也启示我们：科学技术是第一生产力，创新是第一动力。科技立则民族立，科技强则国家强。中国要强，中国人民要好，必须有强大的科技。党的十八大以来，在以习近平同志为核心的党中央坚强领导下，我国科技事业取得重大成就，实现历史性、整体性、格局性的变化，为科技自立自强奠定了更加坚实的基础。我们完全有基础、有底气、有信心、有能力抓住新一轮科技革命和产业变革的机遇，乘势而上，大展宏图。同时，也要认识到我国推进科技自立自强任重道远，科技创新能力还不适应高质量发展的要求，与国际先进水平相比还有很大差距。在新发展阶段，我们必须坚持创新在我国现代化建设全局中的核心地位，把科技自立自强作为中国式现代化建设的战略支撑，面向世界科技前沿、面向经济主战场、面向国家重大需求、面向人民生命健康，深入实施科教兴国战略、人才强国战略、创新驱动发展战略，完善国家创新体系，全面增强创新能力，以科技自立自强支撑产业强、经济强、国家强。

以中国式现代化推进中华民族伟大复兴

180多年前的鸦片战争，给中国人民带来巨大灾难，使中国长期被排挤在时代潮流之外，难以立足世界民族之林。从某种意义上说，西方近代文明给古老的中华文明上了不思进取必遭淘汰的沉重一课。

中华民族具有不屈不挠的民族精神禀赋，从遭遇外来侵略的那一刻起，就奋起为改变自身前途命运而不懈抗争。实现中华民族伟大复兴是近代以来中国人民的共同梦想，无数仁人志士为此苦苦求索、进行各种尝试，但都以失败告终。探索中国现代化道路的重任，落在了中国共产党身上。中国共产党从诞生之日起就义无反顾肩负起实现中华民族伟大复兴的历史使命，现代化的目标追求是实现这个历史使命的内在要求。然而，中

---

① 冯桂芬：《校邠庐抗议》，载于《采西学议》。

国共产党深刻认识到，要在中国进行现代化建设的前提条件是推翻帝国主义和封建主义统治。1924年9月，中国共产党发表对时局的宣言指出："我们早已看透了中国的病根是由于帝国主义的列强之剥削操纵以及国内军阀之扰乱，非人民起来以革命的手段，外而反抗列强，内而解除军阀之政权及武装，别的方法都是药不对症，白费力气。"[1] 在当时半殖民地半封建社会条件下，军事不可能强国，实业不可能救国，教育不可能振兴国家，唯一正确的道路是通过革命为现代化建设创造前提条件。1949年，党团结带领人民取得新民主主义革命的伟大胜利，现代化从此在中国大地获得了真正开始建设的可能性。

建设社会主义现代化强国，实现中华民族伟大复兴，是中华民族的最高利益和根本利益。我们党团结带领人民追求民族复兴的历史，也是一部不断探索现代化道路的历史，构成了一幅追求现代化的奋斗图景。习近平总书记深刻指出，中国式现代化，是我们为如何唤醒"睡狮"、实现民族复兴这个重大历史课题所给出的答案。在半殖民地半封建社会的旧中国，要实现现代化是不可能的。新中国的成立和社会主义制度的建立，为实现现代化创造了根本社会条件，奠定了根本政治前提和制度基础；我国建立起独立、较完整的工业体系和国民经济体系，为现代化建设提供了宝贵经验、理论准备、物质基础。改革开放和社会主义现代化建设新时期，我们党实行社会主义市场经济体制，实现了从生产力相对落后的状况到经济总量跃居世界第二的历史性突破，为中国式现代化提供了充满新活力的体制保证和快速发展的物质条件。党的十八大以来，我们党在已有基础上继续前进，围绕解决现代化建设中存在的突出矛盾和问题，全面深化改革，不断实现理论和实践上的创新突破，成功推进和拓展了中国式现代化，特别是消除了绝对贫困，全面建成小康社会，推动党和国家事业取得历史性成就、发生历史性变革，为中国式现代化提供了更为完善的制度保证、更为坚实的物质基础、更为主动的精神力量。中国人民长期的夙愿一步步接近实现。

党的二十大以中国式现代化揭示中华民族伟大复兴的愿景，成为具有时代符号意义的话语标识。实践证明，中国式现代化走得通、行得稳，是强国建设、民族复兴的唯一正确道路。习近平总书记指出，中国式现代化是我们党领导全国各族人民在长期探索和实践中历经千辛万苦、付出巨大代价取得的重大成果，我们必须倍加珍惜、始终坚持、不断拓展

---

[1] 载于1924年9月10日出版的《向导》第82期。

和深化。新时代新征程，中国共产党的中心任务是团结带领全国各族人民全面建成社会主义现代化强国、实现第二个百年奋斗目标，以中国式现代化全面推进中华民族伟大复兴。

走向复兴，书写伟大时代辉煌

历史的车轮滚滚向前，时代潮流浩浩荡荡。曾经的苦难终将淹没在历史浩瀚的海洋中，只可铭记不可彷徨；发展的道路永远向前，只可探索不可保守，对于未来的发展我们要不断开拓、不断创新、不断进取。

历史是最好的教科书。1840年鸦片战争后，西方列强凭着坚船利炮野蛮轰开了中国的大门，中华民族陷入内忧外患的悲惨境地。帝国主义的野蛮侵略和中国人民的深重苦难引起了马克思的高度关注。第二次鸦片战争期间，马克思撰写了十几篇关于中国的通讯，向世界揭露西方列强侵略中国的真相，为中国人民伸张正义。马克思、恩格斯高度肯定中华文明对人类文明进步的贡献，科学预见了"中国社会主义"的出现，甚至为他们心中的新中国取了亮丽的名字——"中华共和国"。

今天，社会主义中国已崛起在世界东方。鸦片战争以来的历史，就是中国人民在内忧外患中不断探索、不断觉醒，从站起来到富起来再到强起来的历史。鸦片战争是觉醒的起点，先进的中国人开始从西方寻找真理；五四运动是第二次觉醒，中国先进分子在挫折中找到马克思列宁主义，建立了中国共产党，探索出适合国情的中国革命的道路，开启建立和建设新中国的新纪元；改革开放是第三次觉醒，党和国家重新奋起，开辟中国特色社会主义道路，引领中华民族复兴大业进入新时代。

当年马克思、恩格斯笔下反复提及的广州、广东，以及大家熟知的鸦片战争的主战场——东莞虎门，都以敢闯敢试、敢为人先的精神，成为改革开放的前沿地和先行者，为发展社会主义市场经济率先闯关探路、提供鲜活样本，现在正大力弘扬以"坚持正义、抗击外辱的爱国精神，破旧立新、敢为人先的首创精神，百折不挠、玉汝于成的斗争精神，放眼世界、博采众长的开放精神"为主要内核的虎门销烟精神，满怀信心、昂首阔步从觉醒之门大踏步地迈向伟大复兴之路。

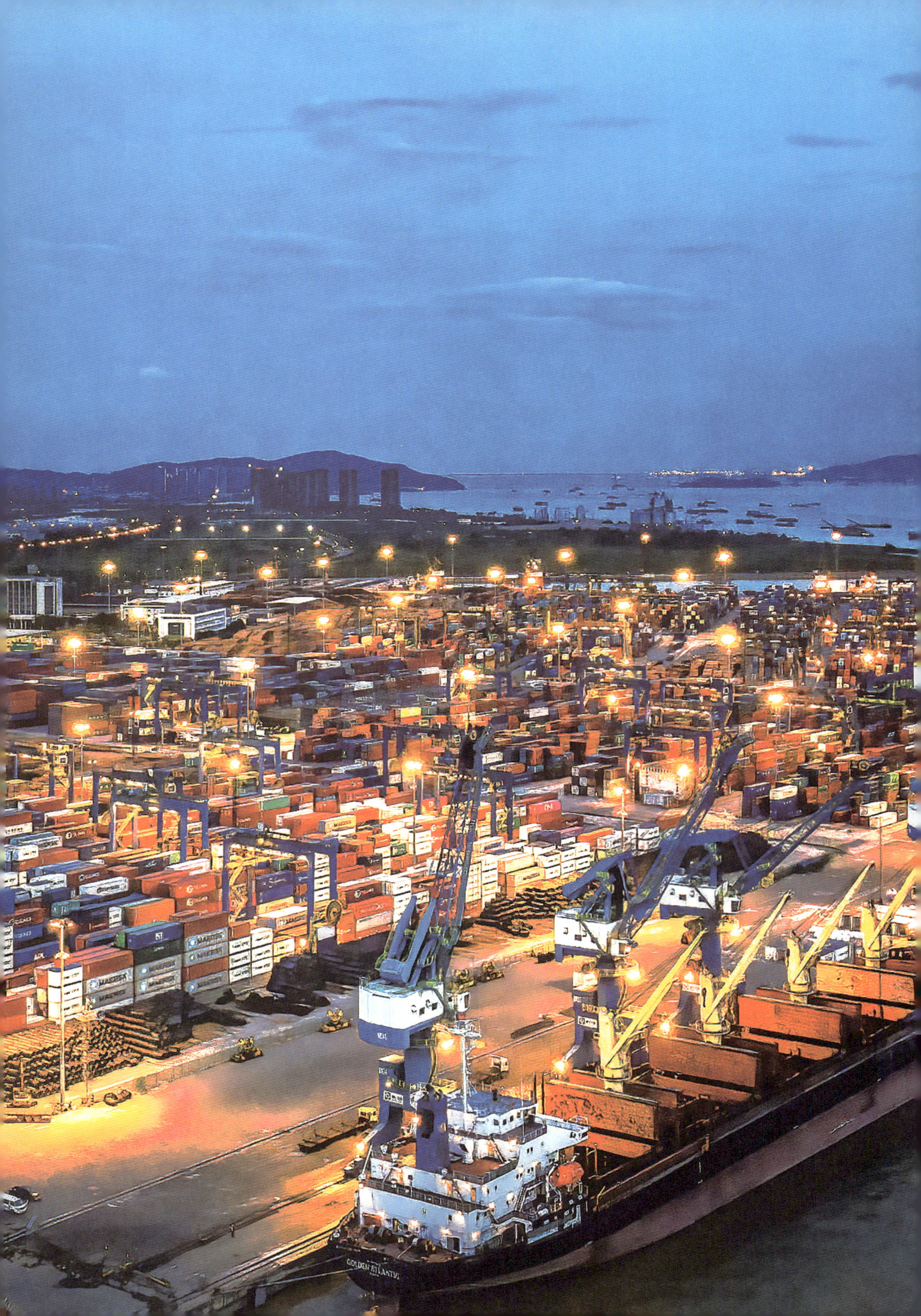

1

开放：
从借船出海到造船远航

　　东莞是我国改革开放先行区一个精彩而生动的缩影。全国首家"三来一补"企业太平手袋厂开启了东莞对外开放之路，充分利用国外资源，积极开拓国际市场，大力发展开放型经济，推动东莞形成全方位、多层次、宽领域的对外开放格局，同时坚持"引进来"与"走出去"并重，优化资源配置，拓展发展空间，以开放促改革促发展。进入新时代，海陆空贸易畅通了国内国际双循环，高水平对外开放的新发展格局开始形成，东莞实现了从借船出海到造船远航的华丽转身。站在"双万"新起点，东莞进一步聚焦"科技创新＋先进制造"，在高水平对外开放上打好"五外联动"组合拳。东莞永葆"闯"的精神、"创"的劲头、"干"的作风，以更大魄力在更高起点上推进改革开放，奋力推动在现代化建设新征程中争先进位、走在前列。

何以东莞

"三来一补"
喊出莞邑腾飞宣言

"三来一补"是来料加工、来样加工、来件装配和补偿贸易的统称，是一种以加工装配业务为主、进出结合的加工贸易形式。主要形式是由外商提供设备、原材料、来样等，由中方提供工地、厂房、劳动力，按照外商要求组织生产、加工装配，全部产品外销，中方收取加工工缴费的一种贸易方式。

20世纪70年代，亚洲"四小龙"产业梯度转移蓄势待发。美国、日本、欧洲等发达国家挺进新兴的知识密集型产业，加速了技术密集型和部分资金密集型产业向韩国、中国香港、中国台湾等新兴工业化国家和地区的转移，而这些新兴工业化国家和地区为了更好地承接发达国家的技术、资本密集型产业，同时也因为资源环境约束和成本上升亟须将一些劳动力密集型产业转移到发展中国家。珠江三角洲地区毗邻香港，地理位置得天独厚，成为亚洲"四小龙"特别是香港产业转移的首选地。

1978年6月，时任广东省委第二书记的习仲勋到宝安县调研，发现从1952年至1977年，偷渡外逃者达62305人次，其中逃出的有40598人，占全县总人口的18.7%，占总劳动力的29.3%。习仲勋指出："一定要下决心改变这个面貌，要在全党统一认识，要尽最大的努力，逐步缩小和香港的差距。""一条街两个世界，他们那边很繁荣，我们这边很荒凉，怎么体现社会主义的优越性呢？一定要想办法把沙头角经济搞上去。"[①] 不久后广东省委组织起草了《关于广东经济工作的汇报材料》和《对外经济技术交流专题报告》，向中央提出了具体请求和建议。在中央的支持下，1978年7月15日，国务院发

---

① 《习仲勋传》编辑委员会：《习仲勋传》下卷，中共中央文献出版社2013年版，第401—404页。

布了《开展对外加工装配业务试行办法》，允许广东、福建先行试点，对外开展补偿贸易、来料加工、来件装配等业务。广东省迅速作出反应，将东莞、南海、顺德、番禺、中山5个县定位为率先开展对外来料加工的试点。东莞迎来了发展外向型经济的重大历史机遇。

太平手袋厂：全国第一家"三来一补"企业

1978年是不平凡的一年，党的十一届三中全会在中华大地吹拂起改革开放的春风。也正是在那一年，第一家"三来一补"企业——太平手袋厂，在当时的东莞县太平镇（现东莞市虎门镇）诞生。

香港信孚手袋制品公司受本地企业经营成本不断上涨，亚洲其他国家和地区，如韩国、中国台湾等在同类产品中的价格优势等因素影响，企业产品的竞争力受到很大冲击，经营陷入困境，老板张子弥绞尽脑汁仍无法摆脱困境。偶然间他听说内地正在

19

出台一些开放的政策，萌发了到内地寻求合作的想法。他认为自己的企业有技术、有资金还有销售渠道，而内地有丰富的劳动力资源和较低的经营成本，如能合作对双方都有利。张子弥在广东省外贸局、省轻工业品进出口公司引荐下，来到东莞县二轻工业局。在东莞考察几处后，张子弥来到东莞虎门镇（时称太平公社）县二轻局企业太平服装厂考察。张子弥此行专门带来了一个流行欧美的手提袋和一套只够生产一个手提袋的材料，交给当时太平服装厂的副厂长刘艮，什么也不教，问他们能不能用这些材料生产一个同样款式的手提袋。这个任务就落在此前从未接触过手袋生产的太平服装厂员工蔡笑英、陈雪萍身上，经过一整晚的思考与尝试，第二天便成功制作出与张子弥带来的样板一模一样的手提袋。生产手提袋的高质量和高效率令张子弥感到惊讶和满意，在这场"特殊的考试"中太平服装厂展示出的生产能力和技术水平也让他坚定了与太平服装厂合作的决心。很快，张子弥以香港信孚手袋制品有限公司的名义与东莞县二轻工业局太平服装厂合作，在太平竹器厂原址创办太平手袋厂。1978年9月15日，内地第一家"三来一补"企业——太平手袋厂在太平镇（虎门）建成投产，虽然当时租用的只是200多平方米的厂房，然而，这个不起眼的小企业的诞生具有标志性和突破性意义。《南方日报》当时的一篇报道写道："小小手袋厂一根拉链拉开了中国改革开放的序幕。"

根据当时的协议，由港商提供15台生产设备和原材料，竹器厂提供200平方米的生产厂房和人力，加工生产手袋，产品全部出口香港，每个月加工费的20%偿还给张子弥作设备款，达到一定年限后，设备则归内地合作方所有。手袋厂正式投产后第一年就获得加工费100万元，为国家创汇60万港元，创造出当年办厂、当年投产、春节前结汇的高效纪录。根据相关资料记载，由于效益好，厂房从200多平方米增加到了10000多平方米，到1983年，太平手袋厂已全部还清建厂时港商投资的设备款，贸易模式也从"来料加工，补偿贸易"转变为"进料加工，正常贸易"，开拓出自主销售的路子。到1986年，太平手袋厂出口创汇就超过了100万美元。太平手袋厂给服装厂注入活力，除了企业自身的经济效益，还带来了不小的变化。

按件计酬，打破大锅饭

太平手袋厂一开始就大胆破除落后的分配体制，率先实行"按件计酬"，多劳多得，少劳少得，打破大锅饭，这在当时是"破天荒"的大举措，开创了一种新的分配模式，极大地激发了全厂员工的积极性，大家通宵达旦地赶生产。据太平手袋厂的老员工回忆，太平手袋厂对他们影响最大的，就是工资的增长和工作积极性的提高。在服装厂的时候，一个月工资分为 18 元、28 元、38 元几个等级，一计件，太平手袋厂的员工每月最少都能拿到 80 多元工资，高的时候能拿到 100 多元，这在当时是非常高的收入。一发工资，整个城镇都轰动了。薪酬收入的变化大大提高了工人的工作积极性，偷懒耍滑的人没有了，大家都把工厂的工作当作自己的事情来干。不少员工用获得的工资购买当时家庭稀有的电视机、洗衣机等各类家电，这大幅提升了员工的生活水平。另外，太平手袋厂还健全了管理制度，如规定不准迟到、不准抽烟、不准偷懒之类的，这是之前的服装厂没有的，什么都按照制度来。

品质为先，效率至上

太平手袋厂一开始就引入香港企业的管理理念和管理模式，释放出强劲的冲击波，催人奋进。时间观念、竞争观念、市场观念、绩效观念随之扎根于工人们的脑海里，成为激励手袋厂砥砺前行的强大动力。太平手袋厂生产的手袋畅销国外，订单纷纷而来，工人们经常加班加点才能完成生产任务，"时间就是金钱"的观念日益深入人心。据太平手袋厂质检组组长张玲回忆："出货是没有定时的，只要港方电话一到，不管三更半夜，一接到通知就立即赶到工厂去，并能使产品顺利地准时出厂。"太平手袋厂以质量求生存，以效益求发展，建立了自检、互检、专检相结合的三级质量检验制度，确保产品品质优良、质量上乘。

作为中国内地第一家"三来一补"企业，太平手袋厂是东莞人勇立潮头、敢闯敢拼、自强不息等敢为人先的城市精神的体现，它见证了东莞主动融入改革开放大潮、从农业县向制造业名城的跨越发展，见证了中国改革开放不断走深走实的历程。虽然 1996 年 12 月，太平手袋厂在中国社会主义市场经济的滚滚浪潮中走向了清算结业，但太平手袋厂的星星之火，在市场和政府的双重推动下，燃起了"三来一补"的燎原之势。在太平手袋厂的带动下，大批港商陆续来东莞投资建厂，东莞逐渐走出了一条符合当时自身实际且能够快速发展的新路子。

"三来一补"开启外向型经济新路子

东莞发展"三来一补"的优势

东莞毗邻香港，因此香港也有众多的东莞乡亲，东莞又具有丰富的劳动力和土地资源，成本低廉，有国内巨大的市场，浓厚的商业文化氛围，善于利用各项政策，面海而生的开放胸怀等。随着政策的放宽和投资环境的改善，东莞逐渐放开手脚，以"敢于第一个吃螃蟹"的气魄，在缺资金、缺技术、缺人才的情况下，凭借廉价劳动力优势搞起了"三来一补"业务。东莞各镇村相继利用农村"三堂"（祠堂、会堂、食堂）、仓库等作为厂房，创建设施简陋的小工厂，承接各种"三来一补"业务，这成为当时蔚然成风的"三堂经济"。起步阶段主要吸引香港的轻工业企业，开办的企业几乎都是小作坊式的工厂，投资的额度也较小，其经营方式是原材料、设备免税进来，产品全部出去，"大进大出，两头在外"，中方只收工缴费和出租厂房的租金，以此弥补自身的不足，这种不等上级贷款、不靠国家投资，因陋就简发展的"三来一补"的方式，被东莞人形象地称为"借船出海"。费孝通曾形象地描述这种新模式："港商把这些企业中的订货、定样、备料、核算、运销等业务留在香港的'店'里，而把进行加工、制作、装配等工作的'厂'搬到珠三角各市县的镇村里，把厂里制成的产品运回到香港，推向市场。结果是店厂分离，前店在港，后厂在珠。"[①]

发展"三来一补"并非一帆风顺

对于要不要发展"三来一补"，开始时人们有争议，一些人认为利润大头都被人家拿走了，自己只有一点劳动报酬和租金，不平等，还冒着政治风险。面对争议，县委及时组织各级干部进行学习讨论、领会国家政策，特别是1979年7月15日党中央、国务院批转的《广东省委、福建省委关于对外经济活动实行特殊政策和灵活措施的两个报告》，文件赋予广东、福建一系列特殊政策和灵活措施。这个文件成为东莞人民奋起直追、冲破计划经济藩篱的一把"尚方宝剑"。东莞干部很快形成共识：只要有钱赚，为

---

① 费孝通：《珠江模式的再认识》，《瞭望周刊》1992年第28期。

什么不干？不仅干，而且开弓没有回头箭，要干好！东莞着手制定发展"三来一补"业务的 10 条开放优惠措施，在土地使用费、税收、厂房、水电等方面给予优惠和方便。各社队也制定鼓励外商投资办厂的优惠措施和奖励制度。对于所有来料加工，一律来者不拒！敞开大门，不设门槛！东莞的干部为了招商引资，曾提着饭盒、早出晚归地守候在深圳罗湖口岸，经常为了一个外商的到来，一守就是十天八天，一旦接到外商，就马不停蹄往回赶，带着客人到处转，不厌其烦、殷勤可嘉，不知洒了多少汗水。改革开放初期，出国出境手续烦琐，东莞干部到香港招商引资，为等候签证上岸，经常在港口、船上漂泊几天几夜，啃干粮，还要忍受歧视，东莞人大胆创新、敢想敢干，克服了前进道路上一个个困难。

"三来一补"掀起利用外资的高潮

首先是大量港资纷至沓来，东莞逐渐与香港形成"前店后厂"的关系，成为承接香港加工制造业转移的主要基地，港资逐渐成为东莞第一大外商投资。台湾企业在香港企业的带动下，也开始陆陆续续进入东莞，1988 年，东莞首家台资企业万泰光电（东莞）有限公司在虎门龙眼社区正式投产。从此，和香港一样，面临世界产业转移困局的台湾商人，纷纷进入东莞投资设厂，投资领域遍及电器及电子产品、五金制品、工业用原材料、鞋业、机械、家具等，台湾的电子产品催生了东莞电子信息产业的发展和壮大。"全国台商三分之一在广东，广东台商三分之一在东莞。"这句广为流传的话形象地描述了东莞台商的规模与影响力。目前，东莞拥有台资企业 3000 多家，被众多台商视为"第二故乡"，东莞台协也是全国规模最大的台协。东莞市政府为鼓励台资企业扎根东莞，在国务院的支持下，新办了台心医院和台商子弟学校，解决了台商子女的教育和社保就医等问题。继港资、台资之后，又获得韩国、日本等国际资本的青睐，东莞外向带动的发展模式进一步形成。

政府的鼓励和扶持

"三来一补"在东莞的发展壮大，除了充分利用国家出台的一系列鼓励"大进大出，两头在外"的外向型经济政策和措施外，还不断强化对"三来一补"企业的鼓励和扶持，放宽了对"三来一补"企业的限制，同时也建立了适合当时实际的监管办法。不仅如此，

何以东莞

为了转变干部群众的思想观念，清除"左"的思想影响，东莞分批举办三级干部思想解放学习班，组织计委、经委以及宣传教育等部门的主要领导分头下乡宣传党的改革开放政策，宣传推广先进典范，坚定发展"三来一补"业务的信心。党委政府还动员干部群众全民出动，联系香港的亲朋好友，说服他们回来投资。当时，东莞也遭受了不少的非议和刁难，时任广东省委书记任仲夷给予了东莞宝贵的支持："东莞的发展路子一定要从东莞的实际出发，'三来一补'要继续搞，绝不能因噎废食。"

"三来一补"对东莞的贡献

很多人讲，如果没有"三来一补"打基础，就没有东莞今天的大发展大繁荣。刚刚进入国际分工的东莞人，尽管开始时只能在全球产业链的加工组装环节摸爬滚打，但也迅速地抓住了机会，展现出惊人的东莞速度和东莞效率，利用全世界的资本和技术发展自己，通过"借船出海"推进农村工业化。1984年，全县与外商累计签订"三来一补"协议2599宗，累计投产1265宗，从事"三来一补"的企业占全县工业企业的54.3%，全县累计收入工缴费1.87亿美元，累计引进机器设备6万多台（套）。[①]在"三来一补"的推动下，东莞工业创历史最高水平，达到10.44亿元，被当时惠阳地委赞誉为"很不简单"。到了1987年年底，东莞已有"三来一补"企业2500多家，遍布全市80%的乡村，加工产品涵盖毛纺、服装、电子、玩具等15大类4000多个品种，创汇214亿美元，居全国县级单位之首，俨然成为沿海农村发展外向型经济的典范。[②]

"三来一补"给东莞带来的不仅仅是加工费、租金，还产生了"榕树效应"，带动了一些专业镇的发展。像虎门服装业的发展，从开始一两家"三来一补"服装厂起步，后来越来越多的服装厂来虎门扎根，与此同时，那些进入"三来一补"服装厂打工的工人们干了一段时间后，发现服装业并没有多么精深的学问，自己也能做，于是民营服装厂也发展了起来。东莞的许多专业镇发展模式与虎门有异曲同工之处，如大朗的毛织，从1979年第一家"三来一补"毛织厂，到数千家的毛织企业，成为全国最大的毛织市场。随着东莞生产、加工、装配能力的增强，加工贸易的产品结构也不断发生调整，产业升

---

① 数据来源于中共东莞市委政策研究室编印的《东莞改革开放研究文集》。
② 数据来源于中共东莞市委政策研究室（改革办）、南方城市智库编印的《1978—2018东莞四十年》。

级的步伐明显加快,开始沿着提高附加值方向演进,从劳动密集型向资本、技术密集型产业转变,产品从粗加工、低附加值向深加工、高附加值转变,生产手段从进口组装向依靠国内人才开发设计生产产品转变,"三来一补"逐步向高层次发展。

经常有人会说:东莞一堵车,全球就缺货。虎门服装、大朗毛织、长安五金模具、厚街鞋业、大岭山家具,每天都在源源不断地运往世界各地。东莞也曾缔造了"全球每3件玩具就有1件产自东莞,每5件羊毛衫就有1件产自东莞,每4部智能手机就有1部产自东莞"的传奇。

启示

开放是东莞最鲜明的城市特色。改革开放以来,东莞以"三来一补"为切入点,致力于发展实体经济,坚持"走出去"的开放战略,在开放中不断借鉴世界现代化的经验,并结合自身特色,通过发展对外贸易带动经济的方式,在改革开放40多年的实践中探索出了一条发展外向型经济的路子,并在新的实践中不断拓展。尽管这种"三来一补"模式从兴起的那一刻起便有自身的局限性,但是符合东莞当时的资源技术管理等发展条件,符合中国的国内需求特点,找到了一个能够融入世界经济格局、参与世界分工合作和竞争的途径,同时倒逼改革,逼着我们思考如何以改革更好地融入世界。"三来一补"启征程,东莞以"三来一补"开启外向型经济发展之路,可以为其他地区推进中国式现代化提供经验借鉴。

大胆解放思想

东莞始终引领潮头,归根到底在于历届党委政府坚持解放思想,敢于打破旧思想旧观念,敢于打破旧体制旧机制,在实践中不断开拓创新,不断抓住发展机遇,奋发争先,根据不同阶段,选准正确的发展方向,实现腾飞发展。东莞在试办"三来一补"初期也承受着巨大的压力,外界曾有不少人指责东莞"捡资本主义的破烂""建在沙滩上的经济",但东莞人"咬定青山不放松",坚持以"三个有利于"为标准,赢得经济发展。比如20世纪70年代末80年代初,虽然东莞尚未列入沿海开放区,国家给开放区的政策还不能享受,但东莞县委县政府不断解放思想、拓展思路,引导人们冲破"左"的思想禁锢，充分利用了两种资源、打开了两个市场，学会了两种本领（发展民营经济和发展外源性经济的本领）。

立足比较优势

发展道路的选择必须坚持从实际出发，因地制宜，不断探索适合自身的科学发展之路。东莞之所以能率先发展，也得益于抓住机遇，立足自身的"双优势效应"率先发展。从国内看，东莞是沿海开放的先行区，在全国最早承接了国际资本、技术和产业的转移，引进了加工制造业，较早启动了市场经济改革，推进了农村城市化，从而具有较强的先发优势。从国际看，东莞的土地、劳动力等资源丰富、成本低廉，市场广阔，从而具有了突出的后发优势。在相当长的时间内，东莞具有了突出的比较优势，从国内吸纳了大量生产要素进行优化组合，从而产生出强劲的增长动力，创造了经济的奇迹。

勇于改革创新

改革创新是挖掘增长动力、增强发展后劲的必然选择。东莞外向型经济的改革经历了从改革初期的自我设计、摸着石头过河、以改革促开放，转为新形势下形成开放倒逼改革的格局，与世界经济的融合和接轨进一步加强。从"三来一补"起步，东莞镇村都建立了"加工装配办公室"，实现了税务、工商注册等办事一条龙服务，办事效率高效便捷是吸引大量外资企业进入东莞的重要原因。从引进消化吸收，到东莞制造、智造等，逐步将一批有发展前途的"三来一补"企业转变为"三资"企业或者过渡到民营企业，壮大地方工业规模，达到"造船出海"的目的。在历史的重要关头，勇于改革创新，不断攻克体制机制上的顽疾，突破利益固化的藩篱。同时，在进一步深化改革的过程中，还要充分尊重群众和基层的首创精神，突出重点，积极寻找牵一发而动全身的突破口，以达到事半功倍的效果。

双向开放
融合全球产业链群

20世纪80年代，东莞依靠"三来一补"推进农村工业化，随着项目引进数量的迅速增加，生产规模的扩大，这种发展模式的弊端也在逐步显现。一方面，早期港商带来的"三来一补"小型企业，基本是数十万元的小资本投资，制约产业层次、经济总量和综合实力提升。另一方面，东莞此时形成的产业以劳动密集型为主，技术含量低，附加值低，具体表现为：企业规模小，数量多，布局散，雷同化严重；低档次行业迅速发展，工业和生活垃圾大幅增加，环境污染严重；土地开发相对过快，效益偏低等。当时，一位新上任的国务院副总理来东莞考察时说，"东莞有了满天的星星，却没有一轮明月"。

1987年，党的十三大提出必须坚定不移推进经济增长方式的根本转变，从粗放型经营为主逐步转向集约型经营为主。1992年，党的十四大又强调，加快经济发展方式转变，发展开放型经济，积极参与国际经济合作与竞争，引进外资，扩大出口，提高国际竞争力，特别提出鼓励发展高新技术产业，提高传统产业附加值，淘汰落后产能，促进产业结构优化升级。

东莞市政府也深刻意识到，推动经济增长方式的转变，必须提高引进外资的质量和技术水平。1994年，东莞提出"第二次工业革命"理念，按照"积极合理有效利用外资"的方针，东莞市政府进一步明确招商引资的指导思想，加强对外商投资的引导，优化产业结构，在巩固香港资金来源的同时，把招商引资的工作着眼点逐步转移到欧美、日本、韩国、中国台湾等工业发达的国家和地区，积极创造条件，加快引进大企业和大财团。通过"月亮"带动产业结构升级，加快从劳动密集型工业向技术密集型和资本密集型工业转变，促进对外开放水平的进一步提高。在这样的历史背景下，世界第一大食品公司雀巢，慕名来到东莞。

东莞雀巢：引发国际大企业投资潮

东莞雀巢有限公司成立于1988年，是由瑞士雀巢投资设立的外商企业，同时也是东莞引进的首家世界500强企业。

1991年，雀巢公司在东莞南城设立的生产产区（东莞图库 张洪波 摄）

优越的地理优势，完善的配套设施

1994年，东莞市工业总产值达247.3亿元，比1978年增长34.6倍，工业总产值占工农业总产值的比重由1978年的38.1%上升为92.1%，工业企业发展到13000多家，产业工人100多万人。此时，东莞工业化程度迅速提高，东莞基础设施日趋完善。高等级公路网和现代通信网已具规模，平均每百平方公里拥有公路由1980年的49公里增加到91公里，通车里程由1224公里增加到2241公里。电力建设加快，年供电量由1980年的2.2亿度增加到1994年的58.3亿度。

事实上，东莞不仅发挥着毗邻港澳的优势，更重要的是东莞对待招商引资的态度和

"筑巢引凤"的做法。

东莞给雀巢的条件很优惠，6万多平方米的土地，每平方米只收30元，当时很多人提出不同意见。时任东莞市市长郑锦滔算了一笔账，按照当时的土地价格，东莞少收了390万元。390万元，现在看来不多，但在人均月工资50元左右的年代，390万元无疑是天文数字。这个项目建起来后，第一年税收1600万元，第二年税收3600多万元，第三年税收5000多万元。

优质的营商环境吸引

东莞始终践行"真诚只是开始，服务永无止境"的理念，不断优化服务手段和服务标准，为企业提供"全程式""一站式"的服务，对企业做到"有事必到，无事不扰"，努力打造更加人性化、市场化、法治化的优质营商环境，增强引资企业发展的底气。

在接受《东莞日报》采访时，郑锦滔回忆，雀巢公司亚太总裁是个瑞士人，姓"孙"。"我们和孙总谈，我把最好的车给他用了。当时正是荔枝成熟的时候，我们把雀巢公司的人请到常平吃荔枝。孙总的太太说：'公司就定在东莞吧，以后每年的董事会就定在这个时候开，到时候把我带来这里吃荔枝。'"

在后来的许多年里，郑锦滔回忆当年招商引资的情形时，都笑谈是东莞的荔枝把雀巢公司吸引来了东莞。

东莞还和雀巢一起解决了咖啡原料产地的难题。当时，雀巢想在中国寻找一个咖啡种植基地，通过自身渠道，打听了好几个地方，但都不合适。广东、海南和云南都适合种植咖啡，也曾经有过大型种植农垦区，产品主要销往苏联和东欧。但随着20世纪60年代国内外形势变化，外销市场逐渐萎缩，加上国家宏观政策调整，到1962年，广东全面停止发展咖啡种植。到80年代，广东原先的咖啡园大部分处于荒芜状态，病虫害严重，只有海南保存了极少部分。

东莞在知道雀巢的需求后，没有觉得这个"客户"麻烦，派人四处打听，确认了云南普洱适宜种植咖啡。之后，还引荐雀巢工作人员到普洱实地考察，最终促成雀巢咖啡种植基地在普洱落地。当时，在瑞士的雀巢公司总部化验了云南出产的咖啡豆，认为云南咖啡豆的质量很好，可以作为原料产地发展。但当东莞跟云南省政府商量，发展7万亩咖啡豆生产基地时，云南方面却直接诉苦，没有钱。那怎么办？东莞想出了补偿贸易的办法，一亩出几百块让当地种，然后再把咖啡豆卖给雀巢。而且，还定了两条规矩：第一，咖啡豆按照国际市场价格收购，水涨船高，公平合理；第二，给当地定一个保护价，最低不能低于多少钱。就这样，云南吃了定心丸。

1988 年，雀巢在云南普洱和西双版纳地区建设咖啡种植基地。如今，云南已经是我国咖啡产业第一大省，咖啡种植面积高达 130 万亩，咖啡生豆产量 11 万吨，产值超 33 亿元。不管是面积，还是产量，现在的云南咖啡均占全国的 98% 以上。

东莞政府的热情和政策感动了雀巢，最终决定在东莞建厂。经过几年的建设，1992 年雀巢的东莞工厂正式投产。伴随着那句"味道好极了"的广告语，中国的速溶咖啡市场迅速崛起。而引来金凤凰的东莞，第一年就从雀巢工厂收到了 1600 万元的税收，GDP 也在当年一举突破 100 亿元。

雀巢的示范效应

雀巢入驻东莞，引发了新的投资潮，日本、美国等地的大企业纷纷跟进。1988 年，东莞出口市场有中国香港、美国、日本、澳大利亚、英国等 63 个国家和地区。到了 1995 年，在全市外贸出口市场中，中国香港占 42.3%，美国占 25.8%，欧洲共同体占 12.5%，日本占 8.8%，中国台湾占 1.8%。

通过与世界各国和地区广泛开展经济技术合作，东莞与中国香港、日本、美国、澳大利亚、德国、英国、意大利、瑞典、瑞士、新加坡、泰国、中国台湾等 20 余个国家和地区建立了合作关系。本着平等互利、恪守信誉、携手合作、利益共享的原则，东莞一跃成为中国与外界交往的窗口。

中国加工贸易产品博览会：面向国内国外两个市场

东莞来料加工、两头在外、大进大出的外向型经济模式有国际化程度高、市场反应敏捷等优点，但最明显的弊端是以外贸加工企业为主、植根性不强、对外依存度过高、抵御风险能力不强。尤其是当受到严重的经济和金融危机影响时，外部市场萎缩，国际新订单锐减，容易导致企业外迁，形成"候鸟经济"，造成经济大幅波动。

2007 年年底，东莞共有外商投资企业 15053 家，其中三资企业 7451 家，来料加工企业 7602 家。受国际贸易摩擦加剧、劳动力与原辅材料成本上升、国家加工贸易政策收紧等众多因素的影响，东莞对外加工贸易的比较优势已逐步削弱。

第十三届中国加工贸易产品博览会开馆式（中国加工贸易产品博览会组委会秘书处供图）

2008 年国际金融危机，国际市场需求萎缩严重影响东莞的出口加工业，第一季度东莞 GDP 出现负增长 2.3%，对外出口同比下降 25.9%，足以窥见外源型经济的脆弱性。

金融危机后，由于海外市场的萎缩，加工贸易企业出口订单迅速下滑，企业生产经营情况恶化。为寻求出路，许多加工贸易企业纷纷把目光转向了国内市场，但这些企业对此"两眼一抹黑"：没有自己的品牌，没有自己的营销渠道，更不熟悉国内的销售市场。

在这种条件下，东莞政府沉着应对，化"危"为"机"，积极搭建内销平台，推动外商投资企业调整生产销售模式，主动拓展国内市场，广东外商投资企业产品（内销）博览会在东莞应运而生，决定举办广东省外商投资企业产品（内销）博览会，一是提振加工贸易企业扎根发展的信心，二是帮助企业拓展内销市场。

2009 年 6 月 18 日，首届外博会开幕。首届外博会用亮眼的数据提交了一份不错的成绩单，参展的 1181 家企业全部是来自广东的外商投资企业，展出了上万种优质消费品，有 3500 多种是第一次在国内市场上亮相的产品，采购总金额达 509 亿元，3 天展会期间，入场参展、观展、采购超过 10 万人次。数万名买手和卖手面对面磋商，气氛热烈，不少采购商对设计新颖、质量优良的出口产品表现出浓厚的兴趣。当年，外博会被中国会展联合会授予年度大奖。

2011 年，东莞成功争取将广东"外博会"升格为国家级"加博会"。

作为国内唯一以促进加工贸易转型升级为主题的全国性展会，加博会从"初试锋芒"到"稳步快跑"，不断刷新大众对东莞加工制造从世界中来，也在以更丰富的面貌与方式到世界中去的认知。

技术向"精"

自诞生至今，加博会一直长驻东莞，这正是东莞作为全国第一家加工贸易企业诞生地的底气。据组委会统计，第十三届中国加博会创新产品精品荟萃，展示了 1310 家企业 15 大类近万件加工贸易创新发展的精品，其中包含首发首秀产品 300 余款。代表东莞战略性新兴产业最新成果的高端装备、智能机器人、新能源产品等，成为展会上的最大亮点之一。不仅展现了东莞作为制造业大市的新气象，更体现了我国加工贸易创新发展的新水平。

品牌向"新"

通过加博会的带动，展品质量从一开始主要以展示代工产品为主，逐渐演变为自主品牌为主，企业的参展热情一届比一届高。目前东莞的加工贸易企业累计注册品牌突破 1.3 万个。随着自主品牌参展意愿越来越高，有电商平台嗅到其中商机，打出品牌集结号的旗帜抱团参展。第十三届展会开幕当日，汇聚近 200 家东莞品牌企业的"东莞优品"平台在加博会现场正式上线，华为、铭普、徐福记等一批东莞知名品牌集中亮相，数千款优质产品受到海内外专业采购商的热捧。

内涵向"深"

随着转型升级工作的深入推进，在外贸大市东莞身上，"加工贸易"的标签正逐渐弱化。2019年一季度，加工贸易在东莞全市进出口的比重中跌破"老大"位置，取而代之的是一般贸易。加工贸易与一般贸易本身没有优劣之分，但由于传统低端的加工贸易"两头在外"的特性，易受国际市场波动影响。因此，通过自主研发、品牌化建设和产品升级走上产业链中上游，成为传统加工贸易企业生存发展的普遍选择。

自救之下，东莞外贸的内涵发生了变化，原来东莞的加工贸易占到整个外贸业的98%，现在则是加工贸易和一般贸易各占40%以上，而且加工贸易已经大幅转型，如今的加工贸易不代表落后，而是代表一种贸易方式。得益于此，这几年东莞开放型经济在严峻复杂的外贸形势下保持平稳发展。

目前，该展会已成功举办十三届，共吸引超1.3万家（次）企业参展，超120万人次入场观展采购，促成商贸合作项目超7.4万个、意向成交额近8000亿元，有效地推动了包括东莞在内的全国加工贸易企业开拓国内国外两个市场。加博会历经十三载，在推动全国加工贸易转型升级，提升产品质量和附加值，拓宽企业国内外销售渠道，协调区域平衡发展等方面，发挥了积极的促进作用。

东莞华坚集团：积极响应"一带一路"号召

2002年，党的十六大把实施"走出去"战略上升为国家战略。我国对外开放从注重"引进来"发展为"引进来"与"走出去"并重的双轮驱动。

2011年前后，一方面，由于金融危机的重创，世界上不少国家和地区的资产价格下滑，给中国企业进行海外投资带来了机遇，同时西方国家的OEM（原始设备制造商）需求、消费需求等也受到影响；另一方面，受国内物价上涨等因素的影响，企业的生产要素成本不断上升，劳动密集型出口企业在国际市场上竞争力不断下降。这些因素，不仅让中国政府看到了企业"走出去"的重要性和必要性，也让华坚集团考虑转移部分生产制造环节，进行全球产业的布局。

2011年8月，时任埃塞俄比亚总理梅莱斯在经济学家林毅夫的建议下来到东莞华坚集团，邀请董事长张华荣到埃塞俄比亚投资。9月，张华荣到埃塞俄比亚考察，发现那里大量女性和儿童的基本生活都难以保障，显然"不具备投资条件"。面对张华荣的担心，梅莱斯表示"我们尽国家的力量帮你"！张华荣决定走出这步险棋，因为他看到了这是地球上"最后一块成本洼地",当时一线生产员工的月薪仅为国内的 10%,而且当地盛产牛羊皮革。当时埃塞俄比亚的失业率已经接近 50%,是非洲的第二人口大国。入驻埃塞俄比亚将为当地提供大量的就业机会。

2015 年年初,一方面为了响应"一带一路"倡议在非洲的实施,另一方面也为了帮助其他希望在埃塞俄比亚投资的企业,华坚集团在埃塞俄比亚首都亚的斯亚贝巴建立首个工业园区——"埃塞－中国(广东)华坚国际轻工业城"。当时园区预计划投资额逾 20 亿美元,占地面积约 137.8 公顷,可以吸纳轻工业制造、出口加工、商贸、服务等性质的企业入驻。园区旨在为中国轻工业企业的"走出去"提供各方面帮助,打造"一带一路"中国－非洲国际产能合作新平台,建设好广东－非洲工业合作的先行区和埃塞俄比亚产城融合发展的示范区。

现在的华坚国际轻工业城,每天收工后,女工们成群结队回家,她们脸上的笑容让张华荣想起了 20 世纪八九十年代东莞工厂的女工:眼神里都是对幸福生活的渴望。

法新社、美联社、CNN、BBC 都报道了这个意义重大的举措。西方媒体称赞其为"中国改变对非洲投资方式"。《纽约时报》说这是中国帮助埃塞俄比亚发展经济的一种方式,值得美国学习。

随着"一带一路"倡议的提出和落实,政府的支持和服务作用日益体现,各级政府给予华坚越来越多的实质性帮助。通过对华坚"走出去"发展历程的回顾,我们发现政府在企业"走出去"过程中,主要扮演了三个方面的角色,即助推企业出海的经济支持者、完善政策法律的制度提供者、提供公共服务的护航服务者。

提供融资等政策服务

企业出海参与竞争,想要从全球优秀企业中脱颖而出,实现长期快速发展,离不开政府在资金、税收方面的支持。融资是企业承接项目的核心环节之一,许多项目投资规模大,建设周期长,缺乏融资项目将难以为继。融资难成为制约企业"走出去"持续发展的最大瓶颈和普遍问题,而政府可以在其中通过加强对"走出去"企业在财政金融税收方面的扶持,帮助解决企业的"经济基础"问题,为企业"走出去"发展提供坚强的经济支撑。政府积极引导和支持华坚"走出去",设立专项基金与提高信贷担保力度,帮助华坚在埃塞俄比亚更好地投资。

提供法律服务

企业"走出去"发展需要良好的制度环境和政策保障。为企业"走出去"建立完善的法律法规体系，是政府应该扮演的重要而基本的角色之一。通过制定相关法律法规、行政规章，对企业参与市场或在市场活动中的行为给予认可，确保市场良好运转。同时，政府作为制度的提供者，应该为企业"走出去"发展制定规则和规范，为"走出去"战略的运行提供制度安排，其中包括产业、税收、信贷、外贸政策等。华坚集团早在2011年就在埃塞俄比亚成立分公司，但在2015年该分公司向华坚集团分配股息时，当地税务局拟按10%税率对其所得股息征税。当接到华坚集团就此事的咨询时，东莞国税马上开展政策辅导，协助华坚集团向当地财政部门递交申诉信，要求当地税务局遵守《中华人民共和国政府和埃塞俄比亚联邦民主共和国政府对所得避免双重征税和防止偷漏税的协定》，按照5%的税率征收股息税。经过多次沟通，最终埃塞俄比亚财政部回函承认了中埃协定的有效性，华坚集团成功减免税款30万美元。这一成功案例不仅为华坚集团降低了税务成本，而且为中国企业在埃塞俄比亚申请税收优惠提供了借鉴样板。受此鼓舞，华坚集团响应国家"一带一路"倡议号召，于2015年4月奠基建设（埃塞）华坚国际轻工业城。

提供公共服务

政府具有公共服务职能。企业"走出去"不单单是一种市场行为，更涉及政治、文化、社会等领域，在此基础上，政府作为公共产品和公共服务的提供者，应该在外事沟通、信息发布、安全保护、法律支撑、互联互通、人才教育、风险防控等方面，不断建立健全服务机制，为企业各类需求提供帮助和服务，为企业提供良好的市场环境，通过提供更加完善的公共服务来扮演助力企业顺利"走出去"的护航服务者。例如，在埃塞俄比亚建设工业园期间，中国国家政府、省市级政府与埃塞俄比亚政府及州市级政府建立了友好城市联盟并举行了多次领导人会晤，建立完善了政策和法务沟通平台，并且在海关、税务、金融、法律、社会智能服务等领域颁布了更多有利的政策与措施，为华坚等在埃塞俄比亚投资的中国企业提供了全方位的支持和服务。

2013年"一带一路"倡议的提出使得中国与亚欧非及世界各国的经济联系逐步加强，

合作伙伴，不但带动中国经济走出疲软的困境，也让"一带一路"沿线国家迎来了新的局面，这也意味着中国经济向世界经济体系的深度融入迈出了正确且坚实的一步。

怀揣着"制造业名城"和"世界工厂"两张名片，东莞积极参与"一带一路"建设，构建海陆空跨境大通道，力求在国家新一轮对外开放中扮演更重要的角色、发挥更重要的作用。2015年，东莞"一带一路"进出口总额达291.3亿美元，同比增长18%，大大高于东莞外贸整体增速，成功举办两届海博会，签约金额达3765亿元。除了进出口，东莞还有序引导企业"走出去"，先后在马来西亚、印度尼西亚、巴西等地设立经贸办事处，规划建设产业合作园区，组织企业赴埃塞俄比亚、斯里兰卡等国家考察，为企业提供境外市场需求、投资环境、产业导向等咨询服务。

通过对外开放策略的调整，东莞不断增强内需拉动力，拓展国内外产品市场，实现经济发展由外向带动为主向内外需协调拉动的转变。过去那种粗放式、投资式、出口拉动式的外向为主的初级发展方式开始被更高级的发展方式替代。从"草根"起步到成为"全球工厂"，再到如今借助海外布局实现价值升级，"东莞制造"正在上演新的传奇，也将为珠三角乃至中国制造业的转型发展带来更深刻的启示。

启示

东莞开放遵循了世界现代化的一般规律，它在工业化、城市化、市场化、信息化、法治化、国际化等方面都有很多有益拓展。但是，如何运用这些规律带来切实的改变，使本国、本地区不仅积累起现代的物质财富和精神财富，而且能够持续地朝着现代化方向发展，则需要在正视现代化的一般规律的前提下，有机结合本土的特殊情况。

利用外资水平不断迭代升级

"三来一补"企业大部分为劳动密集型产业，技术含量低，附加值低，并且企业规模普遍偏小，"满天星星，不见月亮"，这是发展外向型经济不可忽视的一个问题。实施"第二次工业革命"，积极合理有效利用外资，使得企业规模和质量有了较大的提升，逐步把引资的重点由港澳台地区转向日、美、韩、欧等国家与地区，招引了大量的技术密集型、资金密集型"众星捧月，星月相辉"的企业，引进一批技术先进、实力雄厚的国际大企业，外向型经济有了质的飞跃。

善于化危为机

1984—1987年，由于港币贬值等因素的影响，使走在国内前列的东莞加工贸易一度陷入困境；但在政府的主动引导和管理下，东莞在逆境中实现了加工贸易的稳步发展。又如1998年亚洲金融危机和2008年国际金融危机，东莞的外向型经济受到严重冲击，两头在外、大进大出的发展模式对国外资本、核心技术、国外市场的高度依赖，能源消耗大、环境污染重的弊端逐渐显现，东莞经济安全隐患凸显出来。为此，东莞政府大力促进加工贸易转型升级，从加工贸易向一般贸易转变，从OEM（原始设备制造商）向OBM（原始品牌制造商）、ODM（原始设计制造商）转变，从外销向内外销并重转变，同时，大力发展内源型经济，实现内外源经济协调发展，改变长期以来单纯依靠外向型经济"一条腿走路"的局面，夯实多元化的经济基础。这些重大举措，使东莞能够顺利应对1998年和2008年两次大的危机，经济得到迅速恢复并取得新的发展。这是因为政府引导企业善于审时度势，化"危"为"机"，确保了经济安全，促进了经济持续较快发展。

助力企业走出去拓展国际市场

政府越来越鼓励企业"走出去"，而企业也积极实施"走出去"战略，政府逐步演变成企业的间接引导人、支持者和服务者。华坚鞋业提高在埃塞俄比亚的投资，主动对接国家"一带一路"倡议，成功地将生产基地拓展到非洲，不仅降低了生产成本，利用了当地的人力资源，还开拓了更为广阔的国际市场，提升了企业的国际竞争力。助力企业"走出去"的国际化战略，是更高层次、更广领域、更高水平的对外开放的集中体现。企业走出去改变了单向的招引外资，有助于东莞在生产要素成本上升的大背景下，主动参与国家分工，将总部基地放在东莞，将生产组装放在非洲等"一带一路"国家，有进我国产业迈向全球价值链中高端。

立体贸易
畅通国内国际双循环

世界百年未有之大变局仍在加速演进，霸权主义、单边主义、保护主义有所上升，地区和平和发展面临较大不稳定性和不确定性。2022年《世界开放报告》显示，10年来"世界开放指数"不断下滑，全球开放共识弱化。中国适时提出构建以国内大循环为主体，国内国际双循环相互促进的新发展格局，持续推动高水平对外开放，我国开放指数排名逆势提升。2008—2020年，中国开放指数排名从第62位提升至第39位。2023年12月，习近平总书记在中央外事工作会议上再次向世界表明中国推动高水平对外开放的态度与决心，指出我国将推动经济全球化朝着更加开放、包容、普惠、均衡的方向发展。

通则畅，畅则兴。《推动共建丝绸之路经济带和21世纪海上丝绸之路的愿景与行动》中指出，"基础设施互联互通是'一带一路'建设的优先领域"，特别是"抓住交通基础设施的关键通道、关键节点和重点工程"。《粤港澳大湾区发展规划纲要》中也专辟一章讲述加快基础设施互联互通，将"构建现代化的综合交通运输体系"摆在突出位置。

东莞外贸依存度位居全国城市前列，2023年东莞对外贸易依存度高达112%。外贸依存度是指一个城市、地区的对外贸易总额占GDP的比重，它反映了一个地区经济与国际经济联系的紧密程度。东莞为推动外贸大市迈向外贸强市，正努力推动内外贸一体化建设，深度打通海陆空贸易通道，海上依托东莞港，陆上畅通中欧班列，空中积极布局空港中心，极致发挥粤港澳大湾区几何中心地理优势，畅通国内国际双循环。

东莞港：贯通海上运输大通道

东莞港的前身是虎门港，最早可以追溯到 1953 年 11 月，原是东莞地区主要客运港之一。1989 年 7 月，东莞港鲩鱼洲码头经广东省政府批准为外贸货物装卸点，可办理东莞至香港货运业务。1997 年，国务院批准东莞沙田港与太平港合并，建设国家一类口岸，定名为虎门港。2003 年虎门港管理委员会正式成立，全面统筹开发虎门港。为了促进港城协调发展，2016 年 3 月 12 日，交通运输部同意将虎门港更名为东莞港。东莞港是国家一类口岸，广东省重要港口，拥有珠江口 53 公里可以成规模开发的深水岸线，主航道水深 13.5 米，5 万吨级船舶可全天候通航。东莞港划分为沙田港区、麻涌港区、沙角港区、长安港区和内河港区五大港区，重点开发西大坦集装箱作业区、立沙岛石化仓储作业区、新沙南散杂货作业区。目前，东莞港累计开通内外贸航线 128 条，其中外贸航线 59 条，覆盖全球 30 个国家和地区的 86 个主要港口。

互补发展，深度参与粤港澳大湾区

如今，中国港口基本形成了上海、宁波两大港为主体的长三角港口群和以香港、广州、深圳为主体的珠三角港口群。东莞港周边强港林立，北连广州港、南接深圳港，在自然与经济区位条件上既有左右逢源的优势，又有打破虹吸效应"魔咒"的挑战。作为地区性重要港口，东莞重视差异化发展。东莞港明确自身定位，深化与周边港口的互补发展，同时侧重拓展珠三角港口群的服务范围，进一步完善发展功能。《东莞港总体规划（2020—2035）》（以下简称《规划》）明确了东莞港的性质定位：是广东沿海的地区性重要港口和地区综合交通体系的重要枢纽，是沿海集装箱支线港，是东莞市经济社会发展和对外开放的重要依托，是珠江三角洲东部地区联系国内外市场的重要口岸，是腹地能源、原材料物资运输的重要中转港。根据《规划》，东莞港以能源、原材料和集装箱支线、喂给运输为主，兼顾部分散杂货中转运输，积极发展临港产业，拓展物流、商贸、信息和旅游功能，着力构建现代物流体系，结合港口、铁路、公路网络资源，建立"物流园区分拨中心—公共配送中心—末端共同配送点"三级配送网络体系，逐步发展成为珠三角区域物流枢纽和"21 世纪海上丝绸之路"重要节点。

广州港、深圳港都是以内陆地区腹地为主要发展依托，同时积极发展国际中转业务。而东莞港的发展，则更加注重临港产业发展。临港产业是指依托沿海港口资源、海上贸易和近代工业基础，在港口区域内建立并利用港口和区域资源优势而发展起来的产业。按照《规划》，麻涌港区主要发展粮食、煤炭、建材等散杂货运输，兼顾为后方的仓储物流及造船、环保等临海产业服务。沙田港区是东莞港规模化、综合性港区，主要发展集装箱、汽车滚装、石油化工产品及液化气运输，兼顾散杂货运输、水上观光及游艇等港口休闲服务功能，全面发展物流、信息、综合服务等现代服务功能。沙角港区主要发展散杂货、集装箱运输，兼顾客运、支持系统等功能。内河港区主要发展散杂货、集装箱运输，服务东莞市城镇生产、生活所需物资运输，兼顾城市休闲服务功能。东莞逐步形成了产业链条完善、产业高度集聚的临港产业发展格局。

顺势求变，拓宽莞货出海新商路

东莞塞车，全球缺货，形象地阐释了"世界工厂"东莞已深度嵌入全球产业链。改革开放40多年来，外资外贸一直是东莞经济最鲜明的底色，"东莞制造"也在全球范围内受到青睐。依托珠三角的各大港口，莞货得以源源不断地供应到世界各地。

然而，近年来"逆全球化"制约了全球经济一体化的进程，发达国家推动"回岸、友岸、近岸"三岸分流，短距离、小批量、高频率的海上运输成为未来区域海运的主要发展方向。新冠疫情期间，沿海港口作业受到冲击，班轮公司频繁改港、甩港、对航线业务进行调整，造成货物压港，港口堆场周转率降低，堆存能力不足。为保障莞货顺利和高效"出海"，畅通物流大通道，东莞港顺势求变，加快增航线、扩舱容、拓中转，推动外贸直航航线、湾区快线"莞港"专线、外贸包船航线业务，保障莞货顺利出海。目前，东莞港开辟至东南亚、北美、中东、地中海及欧洲等外贸航线、包船航线超过30条，为打通与RCEP（《区域全面经济伙伴关系协定》）国家、"一带一路"沿线国家等海外新兴市场的供应链起到了不可或缺的作用。

受全球供应链动荡影响，中国港口能保持高效运转，很大程度上来自各大港口之间的协同高效。除不断拓宽本土港口出海模式外，东莞还积极寻求与大湾区其他港口"结对"，助力莞货出海，莞盐组合港、"深圳蛇口－东莞石龙"组合港这类创新模式便是其中的代表。以往东莞石龙港的出口货物需运输至深圳港口，在一线港口办结通关手续后，才能搭上国际货运船舶出口，物流整体时间较长。组合港的开通，相当于东莞石龙港作为蛇口母港的延伸，企业直接在东莞石龙港"一站式"完成报关申报、查验等海关通关手续以及提箱、还箱等物流手续，货物在港口间通过驳船进行 24 小时无间歇调拨，真正实现了外贸货物在大湾区港口群的自由流转。据相关企业评估，组合港启动后，可以压缩整体物流时间 1～3 天。

区港联动，搭建粤港澳合作新平台

虎门港综保区位于东莞港西大坦商贸主港区后方，与东莞港主港区直线距离 300 米，地处粤港澳大湾区几何中心，西隔珠江与广州南沙相望，紧邻东莞港、沿江高速入口及虎门二桥，5 分钟可达广深沿江高速、南沙大桥、穗深城轨等交通要道，1 小时内可达广州南沙、深圳前海自贸片区，"1 小时经济圈"对接大湾区主要城市，具有得天独厚的地理优势。东莞虎门港综合保税区于 2019 年 12 月通过八部委联合国家验收，2020 年 5 月正式封关运作。该区域规划面积 2.237 平方公里，主要业务类型包括保税仓储、简单加工、全球采购分拨、供应链配送以及保税加工等，几乎涵盖保税全链条业务。

综保区是目前我国除自贸区外开放层次最高、功能最齐全、优惠政策最多、手续最简便的海关特殊监管区域，集约了保税港区、出口加工区、保税物流园区等多种海关特殊监管区域功能，可以发展国际中转、配送、采购、转口贸易、出口加工等业务。对标广东自贸区，作为目前国内海关监管区的最高形态，虎门港综保区可利用毗邻南沙、前海自贸区的优势，积极开展监管模式制度创新，争取率先复制推广自贸区政策，探索形成一批具有东莞特色的改革创新成果。虎门港综保区与东莞港联动发展，将成为东莞承接广东自贸区推广政策融入"一带一路"及粤港澳大湾区建设的重要平台，也是探索东莞港建设自由贸易港的重要渠道。

中欧班列：开辟陆上运输大通道

中欧班列是指按照固定车次、线路、班期和全程运行时刻开行，往来于中国与欧洲以及"一带一路"沿线各国的集装箱国际铁路联运班列。中欧班列铺划了东、中、西 3 条运行线：东部通道由中国东南部沿海地区经满洲里（绥芬河）出境，中部通道由中国华北地区经二连浩特出境，西部通道由中国中西部经阿拉山口（霍尔果斯）出境。

中欧班列具备快速高效和成本优惠的特点，运输时间仅为海上运输的1/3，而运输成本仅有空运的1/6到1/8。在东莞主要进出口贸易伙伴中，"一带一路"沿线国家（地区）市场占比为22.8%，欧盟地区占比达10.6%，与中欧班列运行线路周边国家贸易交往紧密。自2013年开通石龙中欧班列站点、2020年开通常平中欧班列站点以来，中欧班列已经成为东莞畅通双循环格局的重要陆运通道。

石龙：开通大湾区首趟中欧班列

2017年4月11日，中欧（石龙—俄罗斯沃尔西诺）双向班列启动仪式在东莞石龙镇举行（东莞图库 郑志波 摄）

2013年，广东东莞石龙站开出粤港澳大湾区第一趟中欧班列，到如今已十余年。其间，中欧班列运送货物产品种类日益丰富，开行线路越织越密，为亚欧经贸往来注入源源不断的活力。在东莞石龙，常态化开行的是石龙—俄罗斯、石龙—中亚两条线路。2015年12月25日15时18分，一列挂有"中欧班列（粤满俄）X8426/5"的铁路集装箱专列在火车汽笛声中缓缓驶出广东铁路国际物流基地（东莞石龙），标志着以广东东莞站石龙一场作为始发站点的中欧班列（粤满俄）正式启动试运行。

为做大做强大湾区铁路物流，作为首趟大湾区开出中欧班列的货运枢纽，广东铁路国际物流基地东莞石龙站启动"强基提质"工程，持续聚焦"广东制造"外贸出口的难点与痛点，积极为品牌企业定制班列，让出口大企业从"拼车"转为"专车"。石龙中欧班列既提供"拼车"服务，又提供"专车"的定制化班列服务。自2021年以来，石龙站共推出了3列定制班列至俄罗斯，为共建"一带一路"国家送去"广东制造"高质量产品。东莞是加工贸易发展最早的地区之一，被誉为"加贸之都"。近年来，随着东莞贸易结构不断优化，搭载中欧班列出口的货物结构也在不断发生变化。搭载中欧班列的货物从最初的玩具、日用品等，逐渐转变为以通信设备、家电、机械设备等为主的中高端产品。

常平：开行全国唯一民营中欧班列

常平中欧班列是目前全国唯一一条由民营企业成功运营的班列线路，主运营方为广东铧为现代物流股份有限公司。常平中欧班列于2020年11月正式开通以来，发展迅速。2020年11月29日傍晚，首趟东莞常平至德国杜伊斯堡中欧班列，满载电子产品、防疫用品、家具、五金等价值300多万美元的货物，从广铁集团东莞常平铁路货运站缓缓驶出，这是粤港澳大湾区开辟的又一条新的国际贸易大通道，对促进珠江东岸区域跨境电商发展，打造广东陆上"丝绸之路"大通道，促进大湾区外循环经济，深化实施"一带一路"国家战略具有重要意义。"东莞常平号"中欧班列运行全程13650公里，运行时间约15天，而通过海运方式运输则需要30天左右，两相比较，铁路班列运输节省了约50%的运输时间，大大降低了企业因延迟交货带来的违约风险，提高了货物运输时效性。

受疫情影响，海运空运"一柜难求"、运费"水涨船高"。在此背景下，中欧班列凭借自身价廉、高效、便捷等优势，成为国际物流运输最佳的选择，实现了逆势增长。疫情之下，被誉为"钢铁驼队"的中欧班列加快开行，有效解决了东莞华为、创机电业、富强电子、三星视界等重点企业的燃眉之急，很好缓解了企业海运成本上涨的压力，在畅通国内国际双循环中发挥了积极作用。

何以东莞

空港中心：构建**空中**运输**大通道**

香港国际机场东莞空港中心（以下简称空港中心）项目是全球首个直达机场空侧的海陆空联运项目，被广东省列入实施《粤港合作框架协议》重点工作。该项目是为落实粤港澳大湾区发展战略，东莞与香港两地携手合作，发挥东莞市的区位、产业优势和香港特区的服务、航空优势，探索出的一条发挥双方各自优势的创新合作举措。空港中心是将香港国际机场安检、打板、集拼等核心环节前置到东莞港，实现基础设施的"硬联通"，推动了规则机制的"软联通"。同时不断扩大东莞港开放平台能级，提升粤港澳大湾区全球通达性，高效服务东莞先进制造业，为东莞制造插上飞翔的翅膀。

香港国际机场东莞空港中心（东莞图库 曹雪琴 摄）

莞港携手，合作迈上新台阶

东莞与香港地缘相近、人缘相亲、商缘相通，两地同饮东江水，同根同源。几百年前，农业县东莞的莞香通过香港走向世界各地。香港之名就源于莞香。每十个香港人里就有一位莞籍人士。香港是广东的第二大贸易地，东莞共有港资企业超过 8000 家，占全部外资企业的58.3%。东莞坚持以制造业立市、强市，多措并举推动企业不断转型升级和产业由大到强，然而由于缺乏成熟的货运机场，物流体系与庞大的制造业不匹配，东莞高端制造产业竞争力未能充分体现。随着电子制造等高附加值产业迅猛发展，大湾区新兴优势产业对国际航空运输的需求日益高涨。

香港是国际金融、航运和贸易中心，是内地最重要的贸易转口港。香港国际机场拥有优越的航空网络，超过120家航空公司在此营运，每天超过1100次航班，连接超过220个航点。同时拥有庞大可靠的出货能力，过去12年内有11年成为全球最繁忙的货运机场。香港国际机场也是粤港澳大湾区重要的国际物流通道，大湾区75%的货源通过香港机场进出口，特别是东莞有80%的国际航空货运量通过香港机场收发货。香港机场第三跑道及各项扩充计划预计2024年建成，目标是2035年货物处理达1000万吨/年。空港中心是香港机场第三跑道的重要配套设施，将按照香港机场货站标准建设，并作为其在华南地区的指定收发货点，据测算年处理能力将达100万吨以上。

空港中心作为香港国际机场货物候机楼，是莞港双方共赢局面下的产业互补、资源共享的重要载体。东莞将深化与香港自由港规则机制对接，以空港中心为抓手，探讨"东莞制造＋香港服务"在东莞港落地，吸引一批贸易商、高端产业制造商在东莞港设立检测维修中心、销售服务中心、贸易结算中心、采购中心等，实现东莞与香港无缝对接，并在空港中心海空联运正常运作基础上，叠加国际邮件、市场采购等新贸易模式，以更好满足各类航空货物需求，扩大空港中心服务范围和影响力，力争将空港中心打造成为粤港澳大湾区框架下粤港合作的典型范例，不断扩大东莞港对外开放平台能级。

创新模式，首创跨关境海空联运

跨关境是横跨内地与香港两大关贸区，两地货物通关监管制度衔接暂无先例。东莞港务集团与海关、香港机管局先行先试，经过多轮沟通，针对货物安全、时效、装卸工艺等方面进行测试，双方政府和业界均表示认可，在此基础上促进莞港在海关监管模式、航空货物海空联运流程等方面创新合作机制，成为首创的跨关境安检前置案例，提升了大湾区国际化营商环境，降低了国际空运通关和综合物流成本。

海空联运是海运和空运的有效衔接。海运和空运因运输载体不同，在装货容器、运输、装卸、监管等方面存在着很大差异。东莞在项目推进过程中，结合实际，针对海空联运特点，参与设计改造了适用海运和空运的专用场所、船舶、载具、设备、码头吊装工艺，探索拟制了首个跨关境海空联运操作流程，奠定打通莞港空运跨境通道基础。

同时，延伸空运服务，联动海关特殊监管资源。东莞港务集团以主导车检场升级改造和承接运营东莞清溪保税物流中心（B型）为契机，在全市规划建设国际空港，深入货源腹地，设立空运货物收发点。通过空港中心与车检场、清溪B保业务联动，优化全程供应链服务，将空运服务延伸至企业家门口，畅通"莞货莞出"最后一公里，持续优化营商环境，提升货物运经香港效率，促进业务多元化发展。针对跨境电商的空运需求，空港中心专门配置了跨境电商清关场所，通过快捷转运方式进一步满足跨境电商清关时效要求。

整合资源，强化大湾区辐射带动

东莞港务集团按照项目运行时间节点倒排工期，整合出境货源、陆运、海运、仓储、装卸等资源，协调口岸联检单位货物通关查验、船舶监管放行等各环节。2022年12月底，代表香港国际机场驻点航司收货的三大货运站完成东莞公司注册，并陆续进驻空港中心开展收货测试；2023年4月18日，空港中心正式封关运作，现已实现一天两班常态化运作，并计划增加至一天三班。2023年进出口货重约2788吨，完成进出口货值超15.3亿元。

东莞通过各种途径广泛宣传推广空港中心，吸引上千家企业参与，空港中心已服务了华为、OPPO、ViVO、陆逊梯卡、拼多多等企业超过330家。现有101家空运货代完成空港中心备案，包括全球20大航空货代中的18家，如DHL、UPS、康捷空、中外运、邮船等。同时取得了国泰航空、中华航空、香港货运航空、卡塔尔航空等24家航空公司认可，连通覆盖全球40个国家约90条航线。这将带动更多企业使用海空联运模式，实现大湾区航空货物通过快速通道运达世界各地。

2024年4月，东莞空港中心—香港—欧洲跨境电商包机成功。货物从拼多多华南各集货仓陆续发出，到达东莞港9610跨境电商中心，完成报关后进入东莞空港中心安检、打板作业后，以多式联运方式抵达香港国际机场，全程不到48小时。2024年4月11日，满载 102 吨的跨境电商包机航班在香港机场顺利起飞，此次航班飞往位于阿姆斯特丹－巴黎－法兰克福金三角中心地区的比利时列日机场，覆盖法国、德国、英国、意大利等多个欧洲重要经济体。

启示

2023 年 4 月，习近平总书记视察广东时要求粤港澳大湾区要锚定"一点两地"①战略定位，纵深推进粤港澳大湾区建设。东莞作为粤港澳大湾区重要的节点城市，身处穗深港经济走廊，位于国内国际双循环的交汇点，积极搭建海陆空贸易通道，对开拓新发展格局具有重要意义。

加强"硬联通"

"硬联通"是基础设施的互联互通，集中于口岸、机场、港口等重点基础设施工程。东莞陆运上的中欧双向班列开通，海运上的水铁联运过境大通道开通，空运上对接香港机场的"空港中心"开通，共同打造了海陆空联动的国际通道，铺设了东莞通达"一带一路"沿线国家的"海上丝路"与"空中丝路"。

促进"软畅通"

东莞不仅有海陆空多式联运的区位优势，还有勇于创新的制度环境，以"鼎新"带动"革故"。规则制度的"软畅通"让"买卖全球"更为便捷。香港国际空港中心创新采用了全球首个真正意义的海空联运直达模式。按照传统的流程，出口清关、航空安检、装箱打板、货运站收货四个环节要在深圳和香港的多个区域分头进行，而通过制度创新，香港机场的安检人员前置到了 70 公里外的东莞作业。

实现"心相通"

构建双循环新发展格局，既要硬联通、软畅通，还要心相通。得益于日渐高效的

---

① "一点两地"指新发展格局的战略支点、高质量发展的示范地、中国式现代化的引领地。

通关模式和良好的营商环境,港澳居民来莞投资创业、居住生活更加便利,东莞日益成为港澳居民生活就业、追逐梦想的舞台。东莞海陆空贸易大通道加深了与粤港澳大湾区城市之间的连接,拉近了共建"一带一路"国家民众心与心之间的距离,让中国与沿线国家人民"心相通",为香港、澳门深度融入祖国发展大局夯实了广泛的社会基础。

东莞通过海陆空贸易通道,以基础设施"硬联通"为重要支撑,以机制"软畅通"为重要方向,增强彼此间"心相通",加快构建高效便捷、通达顺畅、绿色安全的交通物流服务体系,助力畅通国内国际双循环,服务国家战略发展和推动东莞经济实现高质量发展。

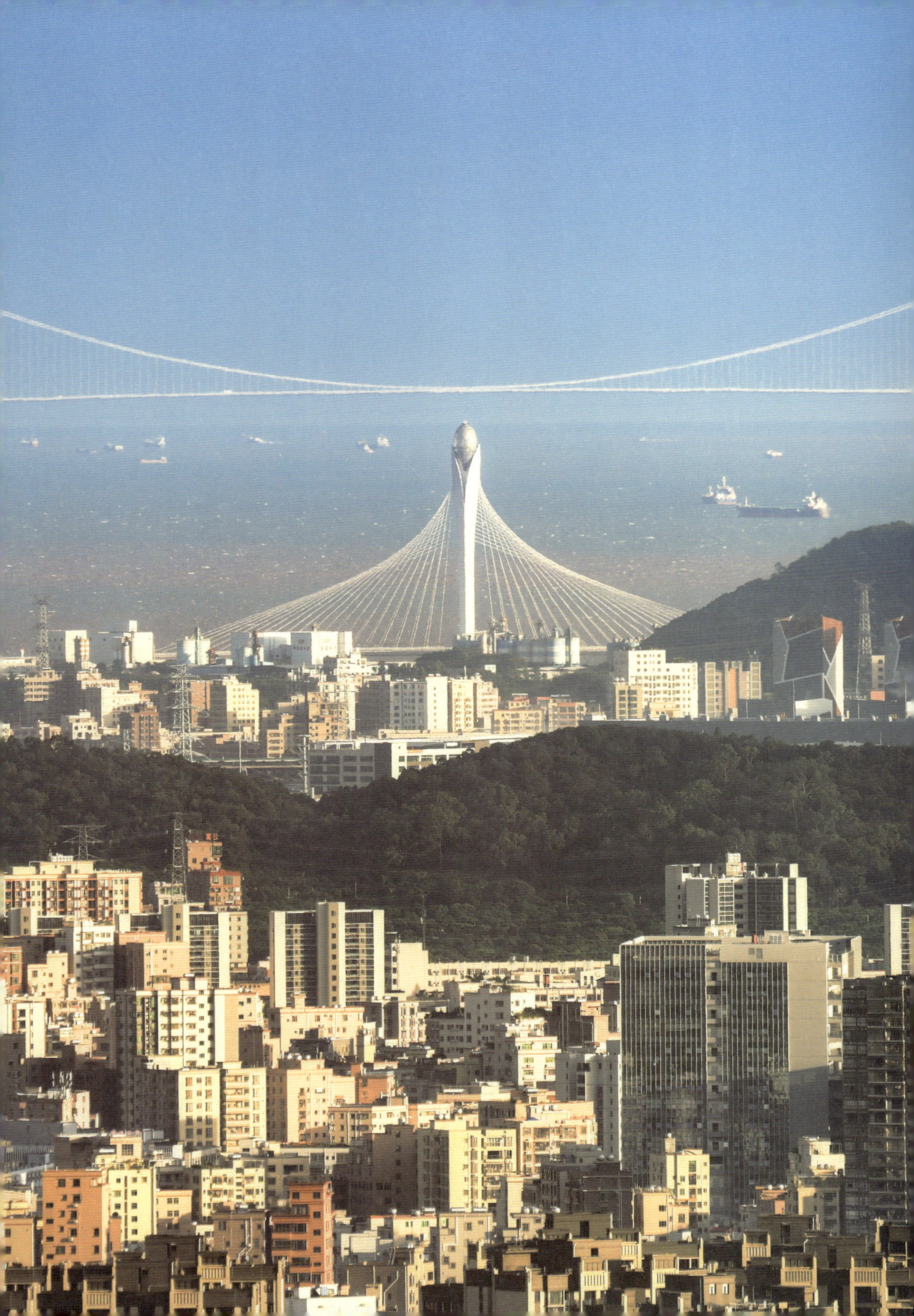

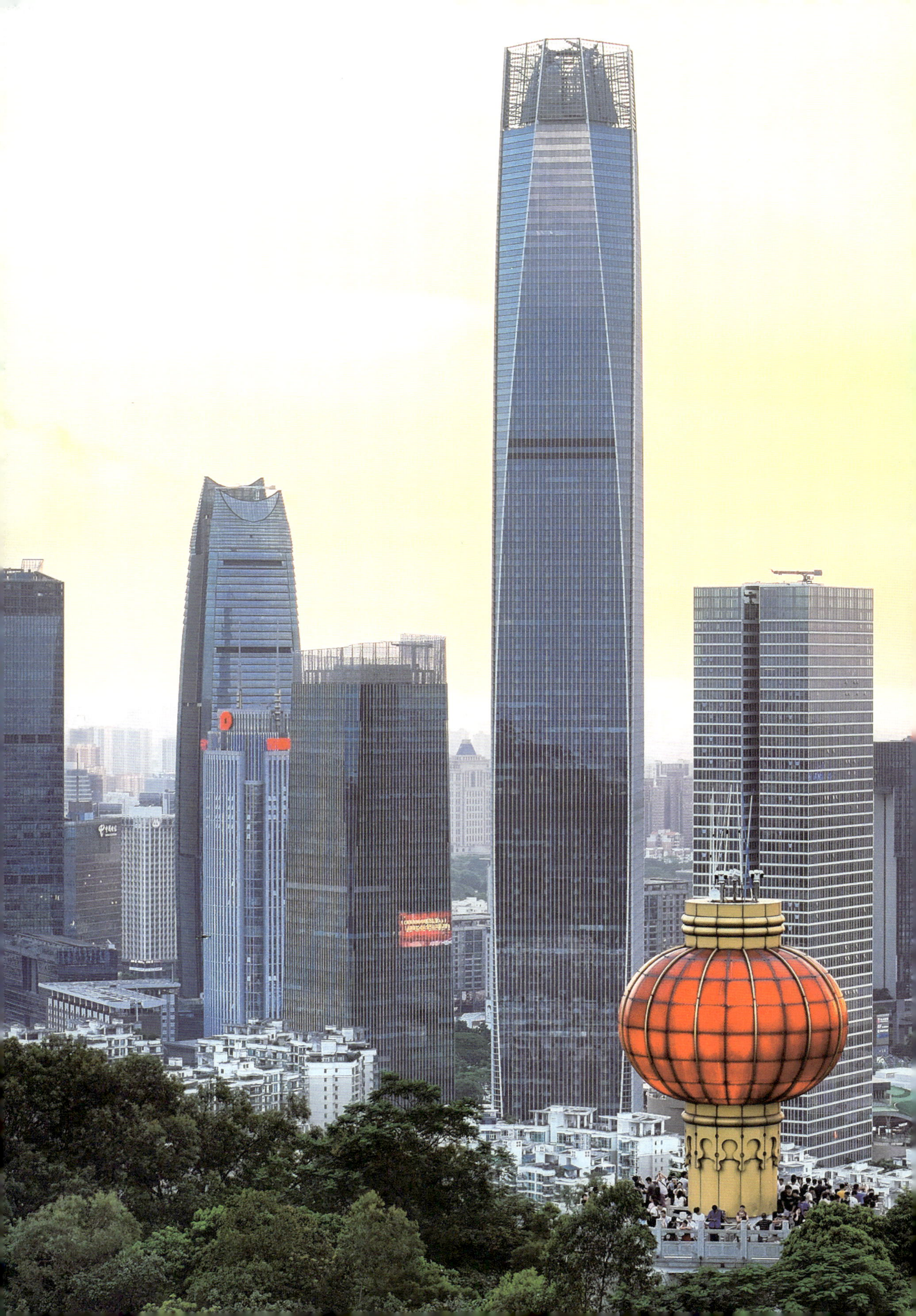

2

转型：
从农业大县到双万之城

推进中国式现代化是一个系统工程，需要统筹兼顾、系统谋划、整体推进。中国式现代化涵盖了产业转型、城市转型与人的转型等多个方面。

在全面建设社会主义现代化国家新征程中，东莞聚焦产业、城市和人的现代化三个维度，推进从资源主导型经济向创新主导型经济转型，推进从初级城市化社会向高级城市化社会转型，推进从本地与外来人口分割型社会向本地与外来人口融合型社会转型。特别是近年来，东莞聚焦"数字经济年""招商年""投资年"等年度发展主题，立足"科技创新＋先进制造"城市特色，以"百县千镇万村高质量发展工程"为主要抓手，推进新型工业化建设、发展新质生产力、促进"产业立新柱"。推进深度城市化战略，加快城市更新、城中村改造、建设现代化产业园区，"绣花功夫"提升城市管理水平，全面提升城市品质。全面实施"十百千万百万"人才工程，打造技能人才之都，唱响"是人才、进莞来"。

何以东莞

产业聚变
成就现代智造棋局

产业是一个国家、一个地区经济社会发展的重要根基。综观人类社会现代化发展历程，产业体系的现代化是现代化的核心，是决定城市发展、城市竞争力的关键因素，"产业兴则经济兴，经济兴则城市兴"。

改革开放40多年来，东莞遵循产业现代化规律，致力于追求一条具有地方特色的"产业兴市"之路。特别是近年来，东莞坚持以实体经济为本、制造业当家，聚焦"科技创新＋先进制造"，坚持集群化、高端化、数字化、品牌化、绿色化的"五化"发展方向，发展成为全国制造业最发达、产业综合配套能力最强的城市之一。面对经济新常态和国内外严峻的经济发展形势，近年来东莞聚焦新一代电子信息、高端装备制造、纺织服装、食品饮料四个支柱产业集群，以及软件与信息服务、新材料、新能源、生物医药及高端医疗器械、半导体及集成电路五个新兴产业集群，重点培育"4+5"产业集群，形成了"百、千、万"亿级的集群发展梯队。其中，东莞智能移动终端、"广深佛莞"智能装备、"佛莞泛家居"先后入选国家级先进制造业集群。

"香飘四季" 农业县

40多年沧海桑田，改革开放前，东莞是闻名全国的香飘四季的农业大县。

"金色的阳光、翠绿的蕉林、银光闪闪的河水，都是色彩鲜艳，饶有生趣……村子周围沿着河岸的小园子里的、屋墙地上的零星四散的荔枝树、龙眼树、番石榴树、芭蕉树、木瓜树，都将近开花了……"这是著名作家陈残云长篇小说《香飘四季》中的东莞。

1955年万江乡水蛇涌第一农业社获农业部年度增产模范奖,是新中国首个获国家级荣誉的社队。1958年,麻涌新基村顺应中央政策成立了农业合作社,蕉农的生产热情高涨,香蕉获得高产,该合作社获得由国务院颁发、周恩来总理签名的"农业社会主义建设先进单位"称号。

沙田镇水乡农民在收割莞草(东莞图库 郑志波 摄)

1978年,东莞全市有户籍人口111.23万,是一个农业大县,工业基础十分薄弱,只有一些传统的五金机械、烟花爆竹、草织、腊肠等加工厂,地区生产总值、财政收入分别只有6.11亿元、6600万元,人均地区生产总值仅为549元,三次产业的比例为44.6:43.8:11.6,东莞每年向国家上交粮食和生猪分别为45万吨、40万头。其中,粮食上交数量排在全国县级前三位,成为全国农业先进县。此外,在种好粮食的同时,东莞还敢为人先地积极发展花生、黄麻、香蕉、荔枝等商品农业,全国供销社每年确定农产品价格之前,必须来东莞调查。出口商品方面,以烟花爆竹为主,其次是草织品、干鲜果菜、活猪、牛、禽、蛋类、大米、竹木制品、荔枝干、腊味等农副土特产品。

家庭联产承包责任制,拉开了农村经济体制改革的序幕。截至1984年5月,东莞全县实行家庭联产承包责任制的有4566个生产队,占生产队总数的99%。家庭联产承包责任制突破了"一大二公""大锅饭"的旧体制，极大地解放了农村生产力。当地农民群众形象地说："大包干，大包干，直来直去不拐弯，交够国家的，留足集体的，剩下全是自己的。"到1988年，尽管东莞已有2/3的农村劳动力从事非农产业，但农业不仅没有萎缩，反而大大发展了。家庭联产承包责任制实施9年来，东莞粮食年产量一直稳定在45万吨，每年完成19.3万吨的定额任务。此外，东莞还腾出部分土地开展多种经营，土地价值大为提升，林、牧、副、渔各业，尤其是水果业得到空前发展。1987年，东莞水果产量居全国县级第一位，达36万吨，收入达3.92亿元，比1980年增长了24倍，林、牧、副、渔产业产值也增长两倍多到五倍多。

慕思：传统产业转型升级

慕思寝室用品有限公司（以下简称慕思）创立于2004年，总部位于东莞厚街，公司定位全球健康睡眠资源整合者，致力于人体健康睡眠研究，主要从事中高端床垫、床架、沙发、床品的生产，核心产品是床垫。

国际金融危机对家具产业产生冲击

2008年国际金融危机后，国内原材料价格、人力成本、土地租金等上涨，人民币大幅升值、政策环境日益严峻，东莞传统支柱产业遭遇空前困境。据《南方都市报》报道，2009—2014年，东莞的GDP增速已有4年未能完成当年的目标任务。时任广东省委书记汪洋在东莞调研时强调："如果今天不积极调整产业结构，明天就要被产业结构所调整。"汪洋还指出："只要下决心迈出第一步，把笼子腾出来不愁引不来金丝雀。"并激励东莞以忍得住暂时的阵痛、忍得住暂时速度的放缓、忍得住社会的非议、忍得住暂时收入的减少等"四个忍得住"精神，大力推进传统产业转型升级。

家具是东莞重要的优势传统产业。经过40多年发展，东莞形成了以厚街和大岭山为重要阵地的家具产业集群。数据显示，东莞现有家具制造业规模以上企业365家，2023年家具制造业工业总产值达400亿元，已形成研发设计、原材料采购、生产加工、批发零售的全产业链条，并会同佛山联合打造"佛莞泛家居"产业集群，成为工业和信息化部公布的国家先进制造集群。以"家具之都"厚街镇为例，培育出了慕思、"城市之窗"、东宝等一大批颇具行业影响力的知名品牌，以及慕思、南兴等上市公司，并已建成名家居世博园、兴业家居等10个总经营面积达80多万平方米的家具及原材料配套市场。在全长5公里的"家具大道"上，进驻了超200家国内外家具品牌的体验馆、旗舰店、专卖店，是国内家具行业产业链配套最完善的地区，从原材料采购、机械设备、零配件加工及供应、成品装配到营销、配送、资讯、设计以及会展，基本上实现专业化，形成了集家具制造、家具材料供应、名家具展"三位一体"的产业链。

2020年春节，一场突如其来的新冠疫情，导致慕思全国4800多家连锁店无法开张，慕思迅速作出反应并与主流媒体合作，试水在线直播，"人人当网红"，3月1日、2日两场直播在线流量总计达500多万，10万余成交订单；3月6日，在2.5小时直播中，"居然之家"53家线上同城站、54家线上门店共吸引77.7万人次观看，收获14658笔订单；短短数日通过线上营销获取了15万余笔订单……成为传统企业数字化转型的典型案例。

数字化智能化转型

从2015年开始，慕思便按照工业4.0标准开启企业数字化、智能化转型。特别是近年来，慕思抢抓数智化机遇，在新型工业化引领高质量发展道路上不断迈向高端化、智能化、绿色化，从而实现跨越式发展。例如，慕思先后与西门子、舒乐、ABB、IBM、礼恩派集团等世界一流企业合作，引入了全球先进的智能化设备和工业流程，并结合系统自研，不断扩大应用范围，最大限度地实现制造过程中的工艺数据化、生产自动化、信息流自动化、物料流自动化，打通从客户下订单到产品交付的全数字化业务流程，跑出了传统产业转型发展"加速度"。目前，慕思"智慧工厂"基地拥有套床数字化工厂、床垫数字化工厂、自动化成品立库、自动化物流中心等配套设施，成为国内智造设备最先进的软体家具制造企业之一。以床垫生产为例，慕思工厂可实现每日最大生产量5000张床垫，且保证"一垫一码"全链条可追溯。通过实施生产现场透明化管控、一体化智能计划管控、全生产过程质量追溯、供应链协同管理，近3年来慕思床垫等主要产品产能提升了30%~60%，单品人工成本下降9%~59%，产品质量合格率已经达到了99.56%。

慕思是传统产业转型的缩影

过去40多年，通过承接大批量外资企业梯度转移，东莞孕育了食品饮料、纺织服装、家具制造、包装印刷、鞋业、玩具、造纸、化工、模具等传统产业，涵盖衣食住行等方方面面，徐福记、雀巢咖啡、华美月饼、慕思寝具、都市丽人等成为全国消费者耳熟能详的产品，并享有"鞋业之都""服装之都"等系列美誉。一组概括性数据显示，全球 10% 的鞋子、20% 的毛衣、30% 的玩具产自东莞……

在高质量发展大背景下，传统产业转型升级是培育新质生产力的重要一环。2024 年全国两会期间，习近平总书记在参加江苏代表团审议时强调，发展新质生产力不是忽视、放弃传统产业，要防止一哄而上、泡沫化，也不要搞一种模式。近年来，东莞市委市政府顶住欧美打压等外部压力，克服经济下行等内部困难，积极应对超预期变化，积极探索出了一条"高端化、智能化、品牌化、绿色化、融合化"为导向的传统产业涅槃重生之路。例如，纺织服装方面，推动传统纺织服装向品牌时尚产业转型；食品饮料方面，推动传统食品饮料向休闲健康食品产业转型；玩具方面，推动传统玩具向潮玩文创产业转型；家具方面，推动传统家具向智能家居产业转型；化工方面，推动传统化工向精细化工产业转型；模具方面，推动传统模具向大型化、超精密模具产业转型；造纸方面，推动传统造纸向绿色造纸转型；包装印刷方面，推动传统包装印刷向环保包装印刷产业转型。

三部手机：OPPO、ViVO、HUAWEI

功能机的陨落

1995 年 3 月 18 日，一则《芬兰"诺基亚"落户东莞》的消息登上《南方日报》头版，这一年被称为"东莞手机元年"。2000 年东莞诺基亚出口超过 2 亿美元，成为当时全球最大手机整机生产基地。鼎盛时期，诺基亚在东莞有 400 多家供应商。除了伟创力、光宝、飞宏、台达等几家大型供应商，东莞很多电子企业开始切入诺基亚供应链。遗憾的是，后来由于诺基亚没有把握好由功能机向智能机技术的更迭，在新兴智能手机浪潮中逐渐迷失了方向，2013 年被微软收购，2015 年从东莞搬去了越南，一代传奇落下帷幕。

2011 年，中国智能手机的元年

当时除了三星、苹果等国际品牌外，国内四大品牌分别为华为、联想、中兴、酷派，后面还有势头强劲的魅族、金立、TCL 等。在这场惨烈的智能手机厮杀中，以华为、

OPPO 和 ViVO 为代表的"莞产智能手机"脱颖而出，从 2013 年的 2 亿台攀升至 2019 年的 4.06 亿台，全球每三部智能手机，就有一部产自东莞，"三部手机"书写了中国手机产业的一段传奇。

OPPO 和 ViVO 手机

二者同属"步步高系"，考虑到产品功能过于单一，2004 年创始人段永平决定拆分步步高的股权，并成立相互独立、互无从属关系的三家公司，开始发展手机产业。其中，陈明永掌管 OPPO，沈炜掌管 ViVO（2010 年更名）。2011 年年底，OPPO、ViVO 双双正式进入智能手机产业，并以"喷涌"之势蓬勃发展。目前，OPPO 业务遍及全球 40 多个国家和地区。除了在国内的东莞、重庆建有多个生产基地外，OPPO 还在印度尼西亚、印度、阿尔及利亚、孟加拉国布局生产基地；ViVO 共拥有 5 个全球智能制造中心（含品牌授权制造中心），年生产能力近 2 亿台，为全球 40 多个国家和地区超 4 亿的用户提供优质产品和服务。

oppo 研发中心（东莞图库 廖志忠 摄）

在智能手机市场激烈竞争中，OPPO 和 ViVO 成功之道来自三个方面：一是精准定位。二者方向目标极为明确，主打音质和拍照功能，"留住最真的""柔光自拍照亮你的美"

广告语风行一时，加之高价请流量明星代言、冠名知名电视节目加持，更让两家企业站稳了智能手机细分市场。二是实力营销。二者营销手段大于技术层面的创新：在区位选择上，极力挖掘三四线城市的购买力，远离北京、上海等一线城市，走出了一条"农村包围城市"的道路；在销售方式选择上，二者一开始没有选择去拥抱电商，而是找销量占当地智能手机市场 3/4 的实体店进行大量布局并给予更高佣金，由此成功建立起非常活跃和忠诚的全国销售网络。三是帮扶到位。长安镇专门成立了智能手机产业服务领导小组，帮助二者以及产业上下游企业解决各种实际困难。比如，在寸土寸金的珠三角地区，项目用地是最大的难题。近年来，长安镇经过统筹协调，已为整个智能手机行业企业提供 3000 多亩用地，用于建设生产基地、研发总部、学校、培训中心等。

HUAWEI 手机

华为创立于 1987 年，总部位于深圳市龙岗区坂田华为基地，是全球领先的 ICT（信息与通信）基础设施和智能终端提供商，为全球 170 多个国家和地区 30 多亿人提供服务。华为在全国有北京、上海、深圳、苏州、东莞等九大基地进行战略布局，形成了覆盖全产业链的协同创新体系。其中，由于土地优势和完善的产业配套，东莞基地成为华为在全国最大的生产基地。在产业配套方面，近年来，东莞在产业环境、政策、上下游产业链等配套的发展，让华为可以落地。以手机制造为例，OPPO、ViVO、金立都发家于此，加上迁移过来的华为、酷派等，以及围绕以上整机品牌，汇集于此的产业链企业，东莞正逐步成为中国本土手机行业的中心之一。该基地占地面积约 15 平方公里，拥有超过 6 万名员工，主要负责华为的智能终端、网络设备、云服务等产品的生产和交付。自 2005 年华为首次投资东莞以来，华为南方工厂、华为大学、华为终端、华为研发实验室、华为云数据中心、华为机器等项目持续落地。特别是每年一度的华为开发者大会，更是备受全球瞩目。

华为公司有运营商业务、手机业务、企业级业务、消费者业务、华为云业务、汽车终端业务六大业务。其中，手机业务是三大核心业务之一，它不仅见证了中国科技的崛起，也成为国货之光。2003 年华为成立手机业务部门，2004 年推出中国第一款商用 WCDMA 手机。2009 年华为首款 Android 智能手机问世，标志着其正式进入智能手机市场。2011 年 8 月，华为发布云服务平台和全球首款云手机华为远见（Vision）。2017 年华为 Mate7 系列推出，标志着华为手机正式迈入高端市场。2019 年华为智能手机发货量超

2亿台，成为全球第二大手机厂商。2020年起，华为持续推出5G手机等创新产品。对华为来说，2023年是意义重大的一年，在智能直板手机市场凭借Mate 60系列打了一场漂亮的翻身仗，2023年第四季度出货量同比暴增48%，时隔10个季度重回中国市场出货量前五榜单。在折叠屏手机市场，华为更是以37.4%的市场份额牢牢占据国内折叠屏手机市场第一的位置。

2019年首次在东莞举办的华为开发者大会（东莞图库 郑志波 摄）

"全国手机看广东，广东手机看东莞。""三部手机改变东莞"不是偶然现象，东莞地处粤港澳大湾区、广深港澳科技创新走廊，并连接两大科技创新区，新一代电子信息产业基础雄厚，产品门类广泛、品种齐全，是东莞市第一大支柱产业。2023年东莞电子信息产业规上总产值突破1万亿元，规上增加值超1700亿元。其中，以智能通信设备为代表的智能移动终端产业占据主导地位。2019年东莞智能移动终端产业集群入选工信部先进制造业集群，上榜"2023年中国百强产业集群"，排名全国第四。特别是智能手机产业，一条以华为、OPPO、ViVO等龙头企业为代表的电子信息产业链趋向成熟，逐步

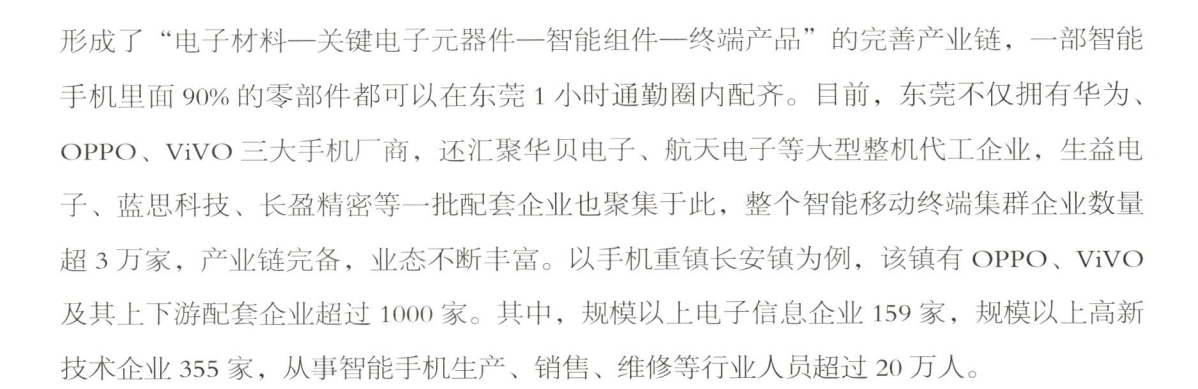

形成了"电子材料—关键电子元器件—智能组件—终端产品"的完善产业链，一部智能手机里面90%的零部件都可以在东莞1小时通勤圈内配齐。目前，东莞不仅拥有华为、OPPO、ViVO三大手机厂商，还汇聚华贝电子、航天电子等大型整机代工企业，生益电子、蓝思科技、长盈精密等一批配套企业也聚集于此，整个智能移动终端集群企业数量超3万家，产业链完备，业态不断丰富。以手机重镇长安镇为例，该镇有OPPO、ViVO及其上下游配套企业超过1000家。其中，规模以上电子信息企业159家，规模以上高新技术企业355家，从事智能手机生产、销售、维修等行业人员超过20万人。

三部手机是东莞支柱产业的缩影

改革开放40多年来，在"三来一补"外源型经济的带动下，东莞逐步形成了电子信息制造业、装备制造业、纺织服装鞋帽制造业、食品饮料加工制造业、造纸及纸制品业等五大支柱产业。电子信息制造业方面，2022年完成规上工业增加值1673.3亿元，占规上工业比重达31.77%，集群营业收入达到10521.2亿元；装备制造业方面，2022年完成规上工业增加值1193.9亿元，占规上工业比重22.67%，集群营业收入达到4697.8亿元，并培育了长安五金模具、横沥模具、虎门电子线缆等特色鲜明的细分产业集群。

拓斯达：抢抓战略新兴产业新赛道

广东拓斯达科技股份有限公司（简称拓斯达）成立于2007年，总部位于广东省东莞市大岭山镇，注册资本4.25亿元，是一家登陆创业板的机器人骨干企业，拓斯达从注塑机辅助设备起家，继而转到工业机器人产业，再切入"工业母机"行业，专注于以工业机器人为代表的智能装备的研发、制造、销售。通过以工业机器人、注塑机、五轴联动数控机床（CNC）为核心的智能装备，以及控制、伺服、视觉三大核心技术，发展成为"系统集成＋本体制造＋软件开发＋工业互联网"四位一体的智能制造综合服务商，为制造企业提供智能工厂整体解决方案。

2008年国际金融危机过后，珠三角制造业加速转型升级，机器换人的需求越来越多，当时ABB、发那科、安川和库卡国外"四大家族"牢牢把控市场，高昂的价格让不少工厂望而却步。2010年，拓斯达组建研发团队，推出第一款自主研发的机械手控制系统。相比国外同类产品，性能相差不大，成本却低很多，由此迅速抢占了市场。2014年，拓斯达组建自动化团队。一年之后，公司研发多关节机器人，逐步实现运动算法优化、视觉系统等核心技术突破，并完成了多关节机器人本体开发。2017年，拓斯达在深交所敲钟上市，成为广东首家登陆创业板的机器人骨干企业。随着国内制造业不断升级，对加工制造的精度、效率、稳定性提出了更高的要求。在机器人领域深耕多年之后，拓斯达又将目光瞄准了数控机床行业。作为一家国家高新技术企业，拓斯达高度重视产学研合作，并长期与清华大学、华中科技大学、华南理工大学等研究机构和知名高校保持紧密联系。截至2023年6月，拓斯达已获得授权专利706项，其中发明专利116项（另有处于实审阶段的发明专利214项），各类软件著作权72项，有多项产品荣获"广东省名牌产品""广东省名优高新技术产品"，并通过欧洲CE认证。目前，公司触达客户超过20万家，已累计服务客户超过15000家，包括比亚迪、长城汽车、伯恩光学等知名企业。

以拓斯达为代表的智能装备制造业兴起

截至2022年年底，东莞市共有各类机器人生产制造企业主体4689家，其中注册资本在5000万元以上的有116家，智能机器人产量合计159.39万套。仅松山湖国际机器人产业基地，从2014年创立以来就培育孵化出超过60家公司，被孵团队存活率高达80%以上，头部公司估值累计已达800亿元，其中15%的公司已成长为独角兽/准独角兽企业。东莞的高端设备制造业实现了跨越式发展，成为国家第二批先进制造业集群——"广深佛莞智能装备产业集群"关键一环。培育高端装备产业，是东莞产业"立新柱"的重要一环。

"产业立新柱"瞄准新赛道

当前，我国经济发展已转向高质量发展阶段，阶段的转换要求产业价值链不断攀升，以新一代电子信息、智能制造、生物医药、新材料等为代表的战略性新兴产业发展迅速，一方面，世界百年未有之大变局加速演进，中美博弈更是加速了全球产业链、价值链、供应链重构，发展战略性新兴产业关系中国在未来发展和国际竞争中能否赢得战略主动；另一方面，党的二十大报告明确要求，构建新一代信息技术、人工智能、生物技术、新能源、新材料、高端装备、绿色环保等一批新的增长引擎。发展战略性新兴产业，是建设现代化产业体系的内在要求。此外，战略性新兴产业具有强大的战略引领力、不可估量的发展潜力和显著的竞争优势，积极培育新兴产业和未来产业，能形成新质生产力。

2021年以来，面对严峻复杂的国内外经济形势，东莞高水平谋划现代化产业体系建设，其中关键一环是实施产业立新柱"一号工程"，即瞄准新一代电子信息、智能制造、数字经济、高端装备、新材料、新能源、生物医药七大领域，构建"空间＋基金＋政策＋服务"的产业培育发展体系。"空间"方面，在全市统筹规划约60平方公里土地，首批规划布局建设七大战略性新兴产业基地，每年统筹一批300～1000亩连片产业用地，面向全球揭榜招商；"基金"方面，设立100亿元产业引导基金，撬动各层级财政资金、村组集体资金以及金融资本、产业资本等其他社会资本参与，形成总规模约500亿元的战略性新兴产业母子基金群；"政策"方面，构建"1+N"政策赋能体系（N是指"一基地一政策"），全力打造新兴产业政策高地；"服务"方面，推行"七个一"工作机制（一名市领导挂帅、一个工作专班、一份产业规划、一套支持政策、一张招商地区、一项配套基金、一项督查机制），重点项目提供全程"一对一"服务。

启示

构建现代化产业体系是推进中国式现代化的重要内容。二十届中央财经委员会第一次会议强调，要推进产业智能化、绿色化、融合化，建设具有完整性、先进性、安全性要求的现代化产业体系。改革开放40多年的实践表明，在遵循产业现代化规律基础上，东莞以实体经济为本、坚持制造业当家，大胆探索出了一条具有地方特色的产业转型升级之路，为中国产业体系现代化建设贡献了"东莞经验"。

推进智能化转型

从大力实施"机器换人"行动，推动制造业企业开展自动化、数字化和智能化改造，到智能制造、"数字工厂"，东莞一直在行动。特别是智能装备制造领域，从工业级制造场景到生活应用领域，东莞智能装备制造企业均有涉及。

推进绿色化转型

东莞发挥生态环境保护的引领、优化、倒逼和促进作用,推动清洁生产和循环经济,发展新能源产业,推广清洁能源和低碳技术应用,构建绿色供应链和生态工业园区。

推进融合化转型

东莞加快发展生产性服务业,促进生产性服务业与先进制造业深度融合,走产业集群发展道路。特别是在研发设计、生产制造、品牌销售等多个环节,企业将数字化转型贯穿工业制造全流程,推动数字技术和实体经济深度融合。

推进产业完整性、先进性、安全性

产业完整性方面,东莞产业体系健全,从商品农业到四大特色产业、五大支柱产业,再到五大重点新兴产业,都拥有较为完善的产业配套体系。产业先进性方面,东莞按照发展新质生产力的要求,围绕"创新型一线城市"建设目标,加强政策引导,营造良好创新氛围,强化企业创新主体地位,推动产业链向研发、智能制造、品牌等高端环节演变。产业安全性方面,围绕"卡脖子"技术,以散裂中子源、材料实验室等国之重器为支撑,加强原创性、颠覆性科技创新,并成功闯出了一条具有地方特色的协同创新、科技成果转化之路。

何以东莞

IP 蝶变

飞跃"双万"特大城市

城市化是伴随着人口生产方式的转变，人口向特定空间（城市）集聚的过程。随着城市化建设步伐加快，城市人口比例逐步提高、整体经济结构发生改变、人们的生活也发生转变。城市化涉及社会生产力的发展、科学技术的进步以及产业结构的调整，是以农业（第一产业）为主的传统乡村型社会向以工业（第二产业）和服务业（第三产业）等非农产业为主的现代城市型社会逐渐转变的动态过程。

东莞工业化的快速推进，形成了大量的专业镇，专业镇的加速发展又带动了城市化的进程，通过中心城区和各镇街不断成长的双重运动，东莞实现了由一个典型的南方农业县向颇具现代化水平的城市转变。

改革开放 40 多年，东莞完成了从农业大县到制造名城的跨越，以工业化带动城市化发展，城市化水平快速突破到 90%，城市面貌发生翻天覆地的变化。东莞从改革开放前的农业县发展为如今的千万人口、万亿 GDP 的特大城市。

城市现代化的 三级跨越

1985 年：撤县设市（县级）

东莞在改革开放前是一个农业县，1978 年全市工农业总产值只有 6.11 亿元，工业基础十分薄弱，东莞城镇发展缓慢，至 1980 年东莞城市化水平仅有 17.6%，与广东省 17.4% 的城市化水平相当，远低于珠三角地区 28.6% 的城市化水平。

随着改革开放的推进，东莞成为广深经济轴上的重要节点，20 世纪 80 年代初期，东莞人抓住国际产业结构调整的机遇，充分利用海外侨胞多和毗邻港澳的人缘地缘优势，以"三来一补"加工业起步，大胆利用香港和国外资金、技术和管理经验发展乡镇企业，在短短几年内打下了东莞工业发展的基础，从而使农村走向了城市化。1984年9月，东莞县第五次党代表大会召开。大会提出向农村工业化进军的奋斗目标，"向农村工业化进军"战略目标的提出，启动了东莞农村工业化和城市化进程，使得产业结构从以农业为主转向以工业为主。但是"村村点火，处处冒烟"的产业布局也影响了东莞城市的功能和布局。

彼时"东莞县"的名头给进一步招商引资造成了障碍，特别是涉及大项目投资时，许多人一听东莞"县"，都认为县不是搞大项目的地方。同时，县域架构下的办事效率也影响了东莞的进一步发展。当时东莞属于惠阳专区，镇里要搞项目，要通过县、地区再到省里。投资项目如雨后春笋，但审批时间太长，影响了项目引进和建设进度。另外，受限于建制，东莞县搞大工业园区、城市规划建设和资源整合也遇到一些困难。

为了适应改革开放和社会主义现代化建设的发展需要，1985年9月5日，国务院向广东省人民政府发出《国务院关于广东省惠阳、肇庆、梅县三地区行政体制问题的批复》函，同意撤销东莞县，设立东莞市（县级）。这为东莞社会经济的发展提供了十分有利的条件，大大鼓舞了东莞人民加快改革开放和社会主义现代化建设步伐的信心和决心。

1988年：升格地级市

1988年1月，国务院批复广东省人民政府，同意将东莞市的级别由县级市升格为地级市，结束了1000多年县级建制的历史。东莞更是首创市辖镇（街）的行政管理体制，精简了县区一级行政机构，一方面，使得指令上传下达效率更高，进而最高限度提高行政服务效率；另一方面，可以减少财政供养人员，减轻纳税人负担，将省下来的钱用于基础设施建设，加速东莞的工业化、城市化进程。东莞直接管辖乡镇的扁平化行政管理体制的独特优势，极大地促进了生产力的解放。1992年，东莞提出实施按现代化城市格局建设东莞战略，以高标准和超前意识抓城市规划，以现代化城市的标准抓城市建设和管理。东莞在独创的行政架构基础上不断推进行政体制改革，大胆向各镇（街）简政放权，形成高效、精简的行政体制，造就了东莞在改革开放后40多年GDP年均增速20%以上，城镇化率自2019年起超过90%的经济社会发展奇迹（见表1）。

表 1　东莞不同年份城镇化率

年份	1978	1984	2000	2012	2019	2023
城镇化率	16.6%	18.9%	60.04%	88.7%	90.3%	92.2%

2017年：晋升新一线城市

进入 21 世纪，东莞以每年投资过百亿元的气魄，以史无前例的规模和速度开始了城市化"急行军"。2018 年，华为的终端总部和企业数据中心从深圳搬到东莞，成为东莞城市发展的标志性大事件。

自 2013 年以来，第一财经传媒有限公司的新一线城市研究所，每年按照商业资源聚集度、城市枢纽性、城市人活跃度、生活方式多样性和未来可塑性五个维度加权计算，对中国 338 个地级以上城市进行排名。其中，商业资源集聚度通过品牌、商圈和基础商业的表现评估城市商业实力；城市枢纽性从城市间交通、物流、商业联系度及区域影响力评价城市的枢纽地位；城市人活跃度主要关注城市人在社交、娱乐、消费上的活跃程度，生活方式多样性的量化主要分析城市休闲娱乐方式的多元程度；未来可塑性主要测算城市在创新、产业、人才、消费上的发展潜力。

在 2017 年发布的"2017 城市商业魅力综合排行榜"中，东莞首次上榜，晋升新一线城市，其综合排名自 2019 年起连续 5 年排名第 15 位（见表 2）。

表 2　东莞城市商业魅力综合排行榜（2017—2023 年）

年份	2017	2018	2019	2020	2021	2022	2023
排名	18	18	15	15	15	15	15

2021 年，东莞 GDP 达到 1.086 万亿元，常住人口达到 1053.68 万人，正式迈入"双万"城市之列。

通过 2023 年城市商业魅力排行榜五个一级维度的比较，东莞在商业资源集聚度、城市枢纽性、城市人活跃度、生活方式多样性、未来可塑性 5 个一级指标中，商业资源集聚度、城市人活跃度、未来可塑性、生活方式多样性具有一定优势（见表 3）。

表3　东莞城市商业魅力综合排行榜（2017—2023年）

指标	商业资源集聚度	城市枢纽性	城市人活跃度	生活方式多样性	未来可塑性
排名	14	26	9	17	15
得分	33.96	25.83	50.96	31.14	31.14

组团式城市布局

完善基础设施：一网两区三张牌

改革开放以来，东莞形成了市、镇、村、组的"四轮驱动"发展格局，有力地促进了东莞镇（街）、村级经济的快速腾飞，但由于缺乏统一的规划和布局，到了21世纪初，东莞还是农业味十足。乡村环绕着的一座小城，稻田裹住的工业厂房散布在道路两侧，看上去"村村像城市，又处处像农村"。"村村点火，户户冒烟"的发展模式令东莞城镇界线不分明，进入21世纪，东莞市委把城市建设作为今后东莞发展的重点。

2001年伊始，东莞市人大常委会审议通过的《东莞市城市总体规划（2000—2015）》，成为构建新城市中心的谋篇之作、布局之纲。同年5月，东莞市委确立了"一网两区三张牌"的战略思路，把城市建设提到"纲"的位置上。东莞市委提出以建设国际制造业名城为战略目标，确定"一网两区三张牌"的战略思路。

一网：指把东莞作为一个城市整体来规划建设，构筑全市的高标准基础设施网，使城市规划更符合建设现代化中心城市的要求。在此期间，多项重点工程竣工，总投资92.7亿元的常虎高速、东部快速干线及东深路、莞长路、莞樟路、莞龙路等共6条主干道正式通车，东莞"1小时生活圈"基本形成，16个镇区通高速公路。重点推进"五个一百工程"，高标准整治160公里海堤、120公里江堤、103公里运河，完成了莞深高速公路、中西部供水以及文化广场、南门广场、北门广场、旗峰广场等一批重点工程，逐步完善城市功能。

两区：指建设城市新区和松山湖科技产业园区。为了提升中心城区首位度，东莞适时启动了城市新区建设。城市新区以东莞大道为中轴，横向约1公里，总面积约15平方公里。新区重点工程东莞大道、国际会展中心、行政办事中心、会议大厦先后竣工。投资过亿元的东莞市图书馆新馆、东莞市青少年活动中心也正式启用，东莞首届读书节同年也捆绑推出。此外，投资超过 6 亿元的玉兰大剧院正式竣工，耗资近 2 亿元的科学技术博物馆也开馆迎客。以图书馆、展览馆、科技馆、大剧院、行政办事中心为代表，"三位一体"的大城区初步形成。2001 年 7 月，东莞市委讨论通过兴办大型工业园的设想，把大岭山、寮步、大朗三镇交会处的松木山规划出一片全新的热土，并定名为松山湖科技产业园。2001 年 11 月 9 日，松山湖科技产业园经广东省政府批准成为省级高新区，并更名为东莞松山湖科技产业园区。"科技共山水一色，新城与产业齐飞"，这个从诞生之初就获得万众瞩目的高新区，一步步完成自身的蝶变：2010 年成功获评国家级高新区；2015 年 9 月，经国务院批准，建设珠三角国家自主创新示范区。

三张牌：指打造城市牌、外资牌、民营牌。2001 年 4 月，东莞市委市政府进一步提出"一年一大步，五年见新城"的口号，"新城"的概念被首次提出。东莞市围绕建设"现代制造业名城"的城市牌总体目标，掀起了新一轮城市建设热潮。经过近 5 年的建设，东莞城市基础设施功能日臻完善，城乡环境发生较大变化，城市形象得到大幅提升。

统筹组团：一核三心六片区

一核：强化中心城区的首位度。东莞中心城区具备山、水、城的空间资源优势，为此围绕中心区提出"一心两轴三片区"的概念，其中三片区包含东莞国际商务区、"三江六岸"历史休闲区、黄旗南生态科创区。"三江六岸"作为中心城区"山水城"战略下"水"战略的主要承载空间，致力于实现"让滨水空间回归城市生活核心，让城市拥抱三江六岸"的发展愿景。"三江六岸"片区，依托东江南支流（含东莞水道）、中堂水道、汾溪河三条水系，总长约 35 公里，岸线长约 70 公里；总规划面积 48.7 平方公里，是全市滨水资源最丰富、开发条件最成熟、特色要素最集中的区域，涉及莞城、东城、万江、高埗、石碣共 5 个镇街；长约 17 公里的中央活力段位于东莞的城市中心，规划以文化娱乐、商业休闲、商业办公等为主，可以有效连接万江、莞城、东城、南城 4 个中心主城区；分布于万江、东城、石碣、高埗的 21 公里居住生活段，将打造出多元住区并完善居住配套，提升人居品质。

三心：明确提出要加快建设中心城区、松山湖、滨海湾新区"三位一体"的都市核心区空间格局。作为东莞三大都市核心区之一的滨海湾新区全力加快城市品质提升，组建高水平规划团队，打造集"山、海、城"于一体的世界一流滨海城市风貌。重点围绕

"一廊三绿心三水系"规划体系，加快推进滨海景观活力长廊，沙涌、苗涌整体景观提升，威远岛森林公园、海战博物馆周边环境提升，磨碟河片区水利工程、太平水道一河两岸启动段等一大批项目建设，持续深化中心农业公园设计与开发方案。滨海湾新区还积极推进新型智慧城市建设工作，持续探索园区治理现代化的新场景、新应用，推动交椅湾板块市政道路全面智慧化，不断加快"一网统管"治理机制建设，提升城市治理的精度和效能，向着"数字滨海湾，智慧未来城"的目标大步迈进。

六片区：在不改变现有园区、镇、街道行政架构和空间范围的前提下，将全市划分为城区片区、松山湖片区、滨海片区、水乡新城片区、东部产业园片区和东南临深片区六大片区。其中，松山湖片区以松山湖（生态园）为中心，水乡新城片区以水乡新城为中心，滨海片区以滨海湾新区为中心，东南临深片区以塘厦镇为中心，东部产业园片区以常平镇为中心。

城市现代化的高光靓影

涌口社区：城市更新打造品质社区

涌口社区地处厚街镇的西南面，辖区总面积 3.98 平方公里，户籍居民约 6100 人，常住人口约 3.2 万人。社区以乡村振兴为契机，打造绿美社区，弘扬文明新风。自 2020 年启动创建"特色精品示范村"以来，以"公园社区、美好家园"为目标，积极探索乡村振兴的发展之路。虽然社区经济发展缺乏产业支持，在谋划一些重大项目时常受到资金的制约，但社区通过积极争取省市镇的政策资金支持、借助上级部门的项目、专项行动来实现社区乡村振兴的蝶变。

打好"绿美牌"。过去的涌口，一些巷里屋后垃圾堆积、闲置地无人打理、杂草丛生、"僵尸车"占道违停、田地窝棚乱搭建等人居环境问题突出。为强力整治人居环境，社区拿出实招，狠抓基层执行力，打好专项行动"组合拳"，使出环境美化"连环招"，擦亮社区人居环境治理幸福底色。

进行环境整治。依托 7 个小组网格服务点，配足配强工作人员队伍，充分发挥"头雁"引领作用，由干部带头干，开展"僵尸车"专项整治、"六乱"专项整治、田间窝棚整治、旧村整治、主干道路升级和街巷美化亮化工程，使辖区人居环境实现从量变到质变的飞跃。

何以东莞

厚街镇涌口社区（东莞图库 叶瑞和 摄）

完善公共配套。升级改造海月公园，将原来的海月舞台停车场升级改造成占地约1万平方米的海月广场；新增榕树广场、瀑布等景观；把西区闲置地改造成为占地约3.5万平方米的大草坪，新建儿童公园，扩大休闲娱乐空间。将海月公园与社区水岸、各小组的九大公园串联，围绕公园、门户、巷道进行整体提升，为居民群众打造舒适宜居的公园社区。因地制宜增添多处街头小景，努力打造家门口的公园，让群众推窗见绿，出门进园。落实人居环境管理制度化、规范化，制定《居民公约》，倡导移风易俗，树立文明新风，形成"我参与、我制订、我承诺、我执行"的良好氛围；与每家商户签订门前三包协议，通过网格化管理加强巡查，切实规范辖区经营秩序。不断完善公共基础设施，主干道路铺设沥青、安装明亮路灯、新建停车场，方便居民和商户出入。现在的涌口"山、水、村"交相辉映，"人、园、景"相得益彰，居民群众的幸福感持续攀升。

打好"文明牌"。涌口社区积极倡导和培养社会文明新风尚。打造新时代文明实践站，设立市民学校、社区综合服务站等10多个功能室，开展各种文化活动，丰富居民群众精神文化生活，改善居民生活质量，提升居民幸福指数。打造村史馆，留住乡愁，为乡村振兴增添历史韵味。通过文字和展品直观地展现身边的发展变化，引导群众忆苦思甜，激发大家建设美好家乡的干劲，发挥凝聚人心、教化群众、淳化民风的重要作用。以龙舟文化艺术节、水北洪拳等为载体，加强传统民俗节庆、曲艺等传统优秀文化的保护与传承，通过举办龙舟文化艺术节，擦亮"海月风帆"旅游名片，实现"海月风情，旧景新韵"。修缮宗祠公祠，积极探索"祠堂＋文化"的模式，发挥家风家教的亲和力、感染力和影响力，大力弘扬家风家训和村规民约，引领文明乡风。

近年来，涌口社区先后获评"全国绿色小康村""广东省宜居示范村庄""广东省宜居社区""东莞市绿化模范村（社区）""东莞市生态社区""东莞市先进基层党组织""东莞市美丽圩镇建设攻坚行动示范圩镇"等称号。

"头雁"领飞城市更新。2021年年初东莞市政府工作报告中首次提出，将启动城市更新"头雁计划"；随后，2021年市政府一号文件再次明确提出：优先选取一批具有引领示范意义、具有大规模连片特点、具有有力组织队伍保障、具有近期可实施性的更新单元纳入"头雁计划"，建立市、村、企联动机制，在规划调整、产业占比、招商引资、项目审批等方面实行特殊资源、政策、工作支持倾斜，努力打造全市乃至全省、全国领先的城市更新（"三旧"改造）标杆。

深入实施城中村改造，是东莞进一步改善城市综合环境，拓展发展空间，促进产业转型升级，推动经济高质量发展的重要支撑，对东莞转变城市发展方式、改善人民生活品质具有重要作用和意义。自党中央、国务院作出在超大特大城市推进城中村改造重大战略部署以来，东莞作为超大城市，"拆、治、兴"并举，强化政府主导、公共利益，全力推进新一轮城中村改造，积极做好城中村治理大文章，多个"落后村"实现了"示范村"的蝶变跨越。

石鼓社区：现代产业园区促进产业空间重塑

石鼓社区位于东莞市南城街道西南部，距离东莞市行政中心仅7公里，道路纵横，交通便利，地理位置十分优越，是东莞中心城区的南大门，也是东莞经济发展规划中的重要节点。石鼓社区率先谋划了48个近、中、远期项目，着力把社区培育成为"集体经济倍增、现代产业升级、幸福生活提升、本外居民融合"的产城人深度融合发展美丽乡村。作为省、市典型村的石鼓社区，以新型集体经济为"突破口"通过盘活集体资源、优化发展路径，持续壮大农村集体经济，已由"城中村"化身为"城中景"。

何以东莞

南城街道石鼓社区（东莞图库 翟嘉欣 摄）

亚创智慧新城建设。在培育现代化产业体系方面，石鼓社区积极推进亚创智慧新城项目建设，在大龙路两侧的一片空地上，部分土地已经完成平整，新城项目蓄势待发。该项目占地面积244.1亩，分两期开发，首期投资约12亿元，占地面积约74亩。作为广深科技创新走廊省级节点项目、东莞市重点产业创新载体项目、东莞市城市更新连片改造示范项目及东莞市2023年重大项目，这里将崛起一座新一代信息技术、新能源、现代服务业等高附加值产业集聚的产城综合体，推动辖区汽车服务业、物流和制造业转型升级，打造一座集总部研发、中试、检测、先进制造、商务休闲、生活居住为一体的新一代智慧低碳产城融合社区，实现社区经济"双轮驱动"。

倾力打造都市田园。在石鼓河的下游，南城街道整理石鼓与白马交界处的将军洲地块，统筹了540亩的农田资源，计划打造集观光、休闲、科普于一体的都市田园，成为市区群众休闲放松的好去处。同时，社区还大力推进城中村改造提升。开展"平改坡"及外立面改造示范工程，把市场路、石鼓公园路沿街界面及附近零星农房作为改造试点，对石鼓河沿岸的滨河建筑立面统一规划设计，划分不同的风貌提升分区和重点，培育

"一河两岸"美丽景观。实施旧村街巷立面整治，依托李氏宗祠、财子巷等历史特色资源，选择重要街巷房屋进行统一的风貌设计，推进一批旧民居改造提升。

探索集体经济多元化发展。石鼓社区积极探索集体经济多元化发展新模式，研究制定政策措施促进集体资产利用多元化，盘活集体富余资金拓展股权、债权、基金等投资新路径，撬动村组集体经济组织资金、社区集体闲置资金积极参与重大项目建设。完善社区土地整备、物业统筹、租税联动等利益共享机制，鼓励村组集体回购土地物业，促进经济结构优化升级。

通过改善环境吸引产业项目落地，石鼓社区有力地推动了经济发展，2023年，社区总资产5.71亿元。展望未来，石鼓社区将力争5年内将总资产从5亿元增至15亿元、3年经济收入从5000万元增至1亿元。

空间革命加速演进。现代化产业园区是指以产业为基础，融入城市生活生态功能，产业要素与城市协同发展的新型产业社区，是城市发展的重要细胞单元。有别于传统工业园区按单体项目、工业园区开发建设模式，现代化产业园按"产业社区"模式开发建设，作为城市配套功能细胞，打造"产城人"融合的高质量园区，重点强化产业、空间、运营"三位一体"规划。打造高品质低成本的产业空间是东莞产业高质量发展的必经之路，推动低效镇村工业集聚区真正整合改造打造现代化产业园区、建设低成本产业空间，提高东莞城市竞争力，为东莞制造业高质量发展提供空间支撑。

2023年，东莞提出打造一批符合国土空间规划、有利于城市形态功能完善的现代化产业园区，通过综合运用"三旧"改造、土地整备、闲置用地盘活等手段，在5年内整理释放出3万亩产业净地，构建1.5亿平方米高品质工业上楼空间，建设3000万平方米低成本产业空间，形成多个特色产业集群，加快构建现代化产业体系。东莞已在全市识别划定了60片现代化产业园区，在5年内将整备10万亩连片产业空间，承载大产业、大项目、大设施，促进形成龙头带动、上下游协同、产业链集聚的产业发展格局，改善现有镇村工业园小、散、乱问题。

莞城街道："绣花功夫"提升城市品质

东莞莞城街道是老城区，城市化起步早、建设早，土地空间不足和基础设施欠账较多等因素一直是城市管理的难题，也是制约莞城高质量发展的瓶颈。近年来，莞城街道

何以东莞

紧紧围绕城市管理"精细化、品质化、常态化"工作目标，下足"绣花功夫"，重点深化片长制、环卫保洁、美丽圩镇、生活垃圾分类等各项工作，取得了明显成效，也大大提升了人民群众的满意度和获得感。

推进"城管片长制"。2021年莞城实施"城管片长制"，在7个社区建立城市服务驿站，设立7个片长，执法关口前移，变末端执法为前端服务，片长紧紧围绕"六巡三防一执法"，肩挑"门前三包"、环卫保洁、"六乱"违建、市政管养、园林绿化、燃气安全等六大重点工作，扎根基层一线，面对面服务群众，加强沟通快速处置，做到事事有回音、件件有落实，不但提升了城市精细化管理水平，而且实现了执法效率、市容市貌、群众满意度三个维度提升，让城管工作更有效能、城管服务更有温度。

让市政设施有序管理常态化。一是释放道路空间。在全市统一部署指导下开展城市秩序优化提升专项行动，日常加大市政基础设施养护力度，及时修复补齐缺损设施，管理好、维护好市政设施，实现功能和形象双提升。消除人行道空间不连续、路口高低差、铺装破损等现象，完善人行道无障碍设施，清理人行道空间内废弃设施等，确保道路畅通、平整。二是开展环境卫生整治攻坚。组织查漏补缺，联合社区地毯式排查、清单式整治卫生死角、闲置地，落实常态化巡查保洁；重点提升"三边三地"薄弱区域环境卫生，全力清除内街小巷卫生死角、盲点，大力整治市场周边脏乱差现象，主要道路干净整洁，内街小巷清爽宜人；强化城市乱象源头治理，落实片长巡查机制，加大巡查执法频率，城市"六乱"明显减少，城市秩序大幅改善。三是有序推进口袋公园建设。积极配合全市生态园林城市创建工作，见缝插绿、见空补绿，实现"一社区一公园"，社区公园普及率达到100%。

搭建城管共商共议平台。借助城管片长、城市驿站等，以深入推进"放管服"改革为抓手，强化服务意识，探索筹备城管共商共议平台，让市民成为城市管理的新主角。通过实行"全民城管""智慧城管"的具体实践，积极搭建沟通平台和桥梁，充分调动蕴含在广大人民群众中的智慧和资源，结合"我为群众办实事"主题活动深入开展，不断强化城管队伍岗位责任意识，推进城市管理全民化、一体化，构建共建共治共享的新格局，进一步提升群众的获得感和满意度。

全面推广运用"E"执法。以"小微执法"为抓手，刚柔并济，全面整治环境卫生、市容秩序等方面的突出问题。科技赋能实施"包容免罚""三教而罚"，全面推广应用

"E"执法，应用上线率达100%。通过"绿、黄、红"三色赋码实现主干道"门前三包"全覆盖，提高商家履约率，积极打造市桥路、西正路、东正路等20条道路为"门前三包"示范路。东莞城市精细化管理始终坚持"以人为本、对标先进、依法治理"的原则，并形成了可复制可推广的先进经验。近年来，东莞城乡环境优美宜居，城市洁净度向国内一流城市看齐，群众满意度明显提高。

莞城街道的精细化管理是东莞城市品质提升行动计划的缩影。2017年年初，城市品质提升计划写入市政府工作报告。同年7月，召开城市品质三年提升计划工作动员会，全面部署城市品质三年提升计划各项工作。2018年年初，政府一号文件首次聚焦"推动美丽东莞建设，满足人民日益增长的优美环境需要"，并从规划引领、补齐短板、提升品质、彰显品位等方面提出20条政策"干货"。东莞不断聚焦城市规划、建设、管理三大环节，以规划管理、城市更新、"两违"整治、轨道交通建设、魅力小城和美丽幸福村居建设等为牵引，充分发挥城市规划统筹引领作用，全面提高城市建设水平，打造综合承载能力强、文化内涵丰富、城市特色鲜明、宜居宜业宜游的国际制造名城、现代生态都市。城市精细化管理工作，显著提升了东莞的城市品质和内涵。

启示

党的二十大报告强调，要提高城市规划、建设、治理水平，加快转变超大特大城市发展方式，实施城市更新行动，加强城市基础设施建设，打造宜居、韧性、智慧城市。东莞城市化的巨变，给我们以下启示。

充分尊重城市发展规律

城市发展有其自身规律，东莞始终将城市发展规模与经济发展相适应。东莞的城市化是中心城区发展和镇街组团成长的双重运动。中心城区在城市体系中居核心地位，在城市化进程中发散巨大的辐射能。镇街通过自身的高质量发展，从城市体系的基部向上推进，逐渐发展为城市功能区的一部分，进而实现融合。中心城区扩散和镇街集中并交互发生作用，由上而下、由下而上两股力量互相推动，最终促进东莞城市体系的发展和完善。

注重统筹好城市发展中的基本关系

城市建设不是一项孤立的工作，而是一项复杂的系统工程，涉及方方面面。在城市现代化建设的过程中，东莞始终坚持统筹好空间、规模、产业三大结构，合理确定各区域的功能和地位，从建设大东莞角度布局城市，构建组合型大城市；始终坚持统筹好规划、建设、管理三大环节，提高城市工作的系统性，保证城市规划政策的延续性；始终坚持统筹好生产、生活、生态三大方向，完善公共配套，创造优良人居环境。

做好城市治理的"绣花功夫"

一个城市的治理水平，不仅决定和影响着一个城市的形象，也制约和影响城市的可持续发展。东莞在推进城市现代化健康发展的过程中，坚持从治理着手，下好城市治理"绣花功夫"，提高城市治理整体能力和水平，强化城市精细化治理。以创新精细化管理手段为着力点，使城市环境更干净更整洁；以法治化与规范化、信息化与智慧化"双轮驱动"为着力点，让城市运转更规范更智慧；提升了城市品质和内涵，助力东莞城市品质持续提升。

迈上"双万"新起点，东莞将始终坚持以习近平总书记关于城市工作的重要论述作为推动城市工作的根本遵循，树立起新的城市思维，存量提质改造和增量结构调整并重，以城市更新迭代城市空间拓展，进而提升城市的质量和功能。凭借精细的治理能力提高居民归属感和幸福感，立足现有资源禀赋，建设好和谐宜居、富有活力、独具特色的现代化城市。

身份巨变
礼赞就地"市民化"

马克思主义认为，人是社会实践的主体，既被现实社会所塑造，又在推动社会进步中实现自身发展。习近平总书记指出，"现代化的本质是人的现代化"。这一重要论断对于我们深入系统理解中国式现代化理论、推进新征程上的现代化实践，具有重要意义。

中国式现代化中人的现代化，就是既要让每一位国民充分彰显现代人的核心素质，即主体性、创造性、文明性，掌握现代科学技术、能够从事现代生产、拥有不断革新的观念，又要不断提升全体中国人民的生活水平、身体素质、精神文明素养等。

在东莞，庞大的外来务工人员群体脚踏实地、辛勤劳动，是东莞迈入"双万"新赛道、走向高质量发展的参与者与见证者。如何让外来务工人员留下来，让"城市过客"成为"城市主人"，是东莞持续探索的重要方向。近年来，东莞不断完善教育、医疗、住房、就业等服务体系，从工作、生活各方面关心外来人员，让常住人口也能享受到与户籍人口相当的基本公共服务，让每一位外来人员实现与城市的融合、同频共振，感受到这座友善之城的善意和温情。

新时代新征程，产业现代化对现代人才提出了更高的能力要求。东莞深度聚焦产业转型升级的技能人才需求，大力培育技能人才，助推制造业高质量发展，从而为中国式现代化东莞实践提供强有力的人才支撑，涌现出李政等众多莞邑工匠。2022年，东莞技能人才培育模式获评全国人才工作创新最佳案例，东莞模式被国家发展改革委《改革内参》刊发。

近年来，东莞市聚焦"科技创新+先进制造"城市特色，加快实施创新驱动发展战略，始终坚持人才是科技创新的第一资源的理念，大力引进科创人才，凝聚科创动能，为其他城市推进相关工作积累了宝贵的经验和做法。2023年，东莞引进了全市首支战略科学家团队——"集成电路及半导体器件特色工艺"团队。目前东莞高层次人才达23.6万人，仅松山湖科学城就集聚博士人才超过5000人，东莞已初步形成科创人才集聚效应。

打工妹曾香桂：成长为**全国人大代表**

曾香桂参加十三届全国人大四次会议

1979年，曾香桂出生在湖南省新宁县飞仙桥乡岩口冲村。在改革开放初期，那里是"十旱九不收"的贫困村。在曾香桂读四年级那年，岩口冲村遭受了旱灾，农作物几乎无收成。迫于生计，父亲让她辍学务农，但善良的母亲还是背着父亲送她继续读书。

曾香桂初中毕业后，在家乡做了两年代课老师，但她没有放弃学习，利用业余时间"充电"，并顺利考入中专。为了圆大学梦，曾香桂还参加了高考冲刺班，但在高考报名前，迫于生活压力，母亲不得不劝她放弃，因为即便考上了，高昂的大学费用也让她望而却步。曾香桂最终因为生活压力放弃高考，中专毕业后在东莞的一家餐厅打工。

曾香桂是东莞外来务工人员群体中普普通通的一员，经过20多年的奋斗，在东莞这片热土上，从一名打工妹成长为广东省劳动模范、广东省政协委员，她还是十二届、十三届全国人大代表，是东莞首位从农民工中走出来的全国人大代表。

对于这段奋斗经历，曾香桂感激地说道："东莞工青妇组织各种活动把我们这些外来务工人员紧紧团结在一起，给了我们更多的机会提升自我。""生活在东莞，安全有效、方便优质的公共卫生和基本医疗服务在家门口就能享受到。""我来东莞20年了，见证了东莞飞速的发展，无论是政治、经济、文化、生态都有翻天覆地的变化。作为改革开放的前沿阵地，东莞散发着越来越大的魅力，吸引着更多的人来这里创业、就业，这是一个能够让我们梦想开花的地方。"

"圆梦计划"圆了大学梦

2012年，仅有中专文凭的曾香桂报名参加了"东莞市新生代产业工人圆梦计划"（以下简称"圆梦计划"）。通过考试，曾香桂顺利就读于东莞理工学院成人教育学院工商管理专业。"通过深造让自己学到更多知识，进一步提升了竞争力。"曾香桂说。

"圆梦计划"是东莞从2011年开始实施的，每年资助2000名在职工作人员读大学。入选"圆梦计划"的学生每天只需一元（在校期间共交1000元学费），便可轻松读大学，完成自己的学习梦、大学梦。至今，已资助数万名在职工作人员读大学，并成功取得专科、本科毕业证。

如何让新生代产业工人更好地融入城市发展，知识无疑是提升自我价值最好的通道。和曾香桂一样，知识的提升更加夯实了他们融入和扎根城市发展的底气。一批又一批的外来务工人员留在东莞，积极融入广东各个时期改革发展的浪潮，他们中也产生了很多产业转型、科技创新的东莞新力量。

就业培训助力职业成长

1999年中专毕业后，曾香桂来到东莞市横沥镇的一家西餐厅当服务员。2000年，她凭借其勤恳的工作态度，进入横沥镇瑞康工贸有限公司从事文员工作。第二年，她受公司派遣参加市人社局开办的物业管理知识培训，并取得了经理上岗证，开始从一个文员踏进从未涉猎的物业管理行业。进入物业公司20余年来，她从文员做起，到副主任、主任、副经理、经理，及至团支部书记、工会主席，一路奋斗不息，这一路走来，曾香桂在不断成长并实现着自己的梦想。

如今，曾香桂已是一名业务精湛的物业管理师，担任东莞瑞丰物业公司的助理总经理、工会主席和东莞市物业管理协会副会长。2013年，作为杰出农民工代表的她，更是有幸当选为东莞首位农民工全国人大代表；2018年，她又连续当选；2023年，曾香桂卸任全国人大代表，当选省政协委员。

习近平总书记指出："无论时代条件如何变化，我们始终都要崇尚劳动、尊重劳动

何以东莞

者，始终重视发挥工人阶级和广大劳动群众的主力军作用。"[1]东莞一直积极关注和保障农民工的切身利益。近年来，出台了《保障农民工工资支付条例》《关于持续推进"三项工程"深化"技能人才之都"建设的工作方案》等政策文件，完善了转岗培训再就业等机制，直接保障了外来务工人员权益，助力提升他们的技能水平与竞争力。同时，东莞还提供均等化职业技能培训服务，开展实施劳动力技能晋升培训工作。数据显示，2014年以来，全市享受劳动力技能晋升培训补贴近10万人次。2018年8月，东莞实施百万劳动力提升工程，提出要打造"技能人才之都"，让每一位来莞在莞人员都能得到技能培训、技能提升。2021年以来，东莞打造"技能培训人人享"品牌，近两年新增完成各类学历技能素质提升82.1万人次。

播撒包容和友善的种子

如今，曾香桂通过奋斗已在东莞成家立业，她早已把东莞当成了新故乡。她说："广东是外来务工人员大省，我希望和我一样的外来务工人员都能在这里找到'家'。"曾香桂发出感慨："横沥的'小城大爱'、东莞的'开放包容'一直激励着我们热爱这个城市，扎根这个城市，愿意去跟这个城市共命运，为东莞贡献绵薄之力。"

2007年，东莞市提出实施"新东莞人工程"，逐步给予外来常住人员市民化待遇。2012年以来，东莞不断完善人才入户政策，逐步降低入户门槛，开通了条件准入、企业自评人才入户、积分入户3种入户通道。这无不体现了东莞"海纳百川，厚德务实"的城市精神，凸显了东莞开放包容的姿态。

近年来，外来务工人员的身影更加多元且鲜活，他们脚踏实地，是东莞迈入"双万"新赛道、走向高质量发展的参与者与见证者。曾香桂与千千万万外来务工人员一样，走进东莞、寻梦东莞、扎根东莞，以亲身行动诠释了东莞"海纳百川，厚德务实"的城市精神，并将这种精神播撒至更广阔的天地。

2023年，东莞市非户籍人口占常住人口比重高达76%。如何让外来务工人员留下来，让"城市过客"成为"城市主人"，是东莞持续探索的重要方向。东莞不断完善教育、医

---

[1] 《习近平在庆祝"五一"国际劳动节暨表彰全国劳动模范和先进工作者大会上的讲话》，《人民日报》2015年4月29日。

疗、住房、就业等服务体系，从工作、生活各方面关心外来人员，让常住人口也能享受到与户籍人口相当的基本公共服务。东莞以开放包容让外来务工人员安居乐业，外来务工人员以努力回馈东莞。正是这种良性循环，让他们与东莞在这场"双向奔赴"中同频共振、共荣共生。

首席技师李政：世界工厂的工匠梦

李政是广东鼎泰机器人科技有限公司（以下简称"鼎泰机器人"）的研发部经理，东莞市"首席技师"，东莞十大"莞邑工匠"，全国人大代表。他有太多的荣誉，2024年他又多了一个荣誉——"全国五一劳动奖章"获得者。

李政出生在河南省唐河县的一个农民家庭，从小就对机械有着浓厚的兴趣，并且动手能力非常强。2000年，他来到东莞后就进入一家外企开始接触自动化生产设备的研发，从拿着扳手跟师傅学习组装调试开始，到后来自己动手做设计，经过9年时间的成长磨炼，李政独立研发了多款自动化设备，成了一名技术过硬的高级机械工程师。

首席技师李政（东莞图库 罗嘉怡 摄）

2011年，李政辞去外企的工作，进入鼎泰机器人担任研发部经理，正式与刀具打交道。"记得12年前，PCB线路板行业正处于快速上升期，这让微钻头的需求急速增长，市场出现严重的供不应求现象，而当时高端的微钻头刀具加工设备因关键技术被国外垄断，只能长期依赖进口，价格昂贵，维修成本高，严重制约我国微钻头加工行业的发展。"李政回忆道。

为了突破短板，李政一头扎进了微钻头加工设备研发中，带领团队加班加点，从结构设计到零件加工，从组装调试到软件开发，每个环节都做到极致。经过6年的潜心钻研，终于成功研制出新一代多站式微钻加工机，填补了国内该领域技术的空白，实现了多工站微型钻头加工机的国产化，为企业降低40%的生产成本，成为国产精密刀具的开路先锋。

据悉，20多年来，李政成功研发了50多款精密装备，其中包括"多工站微钻加工设备""五轴数控刀具磨床"等重大技术创新开发项目，获得国家相关专利67项，其中发明专利7项。此外，他领衔研发的"5G通讯基板加工用精密微型钻针的关键技术及产业化应用"还获评河南省科学技术进步奖二等奖。

2023年3月，这位精密刀具专家当选全国人大代表。从河南普通农村到东莞，从一名普通技工到当选全国人大代表。对于所取得的成就，李政说："这一切离不开政府部门对技能人才的扶持，感谢东莞这座开放、包容的城市对技能人才的厚爱，我看到了技能人才的美好前景，也感受到了东莞引才爱才的政策落到了实处，让更多的技能人才安心做研发。"

完善技能人才引育留用

对于李政来说，东莞很发达，但是不高冷。李政说："在我所接触的多个城市中，东莞是最包容开放的城市。这一点离不开政府对人才的关爱。首先是对技能人才非常认同。其次，对于各类人才给予平等的政策，无论是对研发人员还是产业工人都同样重视。最后，对于人才给予各种补贴，涉及生活的方方面面，从住房到子女教育、医疗以及文化生活，可以说是无微不至。"

东莞注重系统谋划，构建全面完整的技能人才引育留用体制机制。一是健全政策体系。积极发挥东莞"粤菜师傅""广东技工""南粤家政"三项工程领导小组及办公室的统筹协调作用，一体出台"技能人才之都2.0"1+N政策体系，打响"技能培训人人享"品牌，使技能人才引进、培养、使用、评价、激励和保障制度体系更加完善。二是强化资金保障。将"技能人才之都2.0"建设资金纳入全市新一轮"十百千万百万"人才工程资金总盘子，各级财政已投入资金超23亿元，有力保障政策落地见效。

东莞始终致力于提升技能人才社会地位，其中"1+8"政策认定评定100名技能领军人才，提供15万～30万元生活补贴、100万～600万元购房补贴、每月2000～5000

元租房补贴、最高 100 万元引才奖励，扶持力度全国领先。同时，提供高品质公共服务，为高技能人才发放东莞市优才卡，享受入户、子女入学、住房保障等配套服务。

李政还担任东莞市技师工作站站长，截至目前，培养相关专业技能人才 230 多人，14 人完成职称评定，4 人取得高级工程师职称，1 人取得高级技师职称，2 人取得技师职称，为推动专业技能人才建设作出了重要贡献。李政表示，未来将继续以实际行动为东莞打造技能人才之都尽一份绵薄之力。

技能人才之都成就更多"工匠梦"

实际上，像李政这样的工匠代表，他们都在与东莞这个城市脉搏共振，随城市的成长而成长。这成长背后显然离不开政府政策的支持，更多的东莞工匠们得以成就"工匠梦"，得益于东莞提出打造的"技能人才之都"行动。

自 2018 年"技能人才之都"政策实施以来，已累计推动 164 万人次提升技能学历素质，全市技能劳动者增至 125 万人，占就业人员比例提升 11.5%，"技能人才之都"成为在全省全国均有较大影响力的职业技能提升城市品牌。

2022 年，东莞市人力资源和社会保障局发布《关于持续推进"三项工程"深化"技能人才之都"建设的工作方案》（以下简称"技能人才之都 2.0"）和 8 份配套子政策（以下简称"1+8"政策），启动"技能人才之都 2.0"建设，持续构建"以政府为引领、以企业为主导、以各类院校为依托"的多主体协作培育技能人才的工作格局。2022 年，被东莞工匠们称为他们的"新纪元"。

两年来，东莞技能人才各项工作扎实推进，各类主体动力激发，有效建立了适应产业高质量发展的技能人才培养体系和工作落实机制。近两年新增技术技能人才超 21 万人，技能人才总量从 2021 年年底的 125 万人增至 2023 年年底的 146.3 万人（居全省第三），增长 17%；技能劳动者占就业人员比例从 23.4% 提升至 28.6%，提高 5.2 个百分点；新增高技能人才 11 万人，高技能人才从 42.5 万人增加至 53.5 万人，增长 25.6%；高技能人才占技能人才比例从 34.1% 提升至 36.6%，提高 2.5 个百分点。

一方面，在院校教育培养体系上，东莞注重产教融合，大力构建服务制造业高质量发展的职业教育模式。一是围绕产业群建设专业群。全市 31 所职业院校（含 8 所技工院校，下同）立足国家省市战略，开设模具设计与制造等 400 多个专业，增设 73 个专业点，年均毕业生 4 万余人，3 所市属技工院校共 9 个专业入选全国技工院校工学一体化专业建设单位。二是围绕产业链建设教育链。成为广东省首批产教融合试点城市，110 家企业成为省产教融合型企业。推动东莞与广东省职教城签订人力资源供需对接合作框架协议，建设产业学院 35 个，与 1100 多家企业建立产教融合、校企合作育才模式。三是围绕城市发展强基培优。推动东莞职业技术学院试点建设职教本科，指导东莞市技师学院成为广东省第一批 10 所高水平技师学院，升级 1 所技工院校为省重点，新建 1 所民办技工学校，技工院校达标工程达标率提升至 100%，居全省第一。

另一方面，在社会培养体系上，东莞注重企业需求，持续加强支撑制造业高质量发展的技能平台建设。一是争创国家、省级平台。新增国家技能大师工作室 1 个，累计建成 6 个国家级技能平台（世赛国家培训基地 2 个、国家培训基地 2 个、国家技能大师工作室 2 个）。建成 11 个省级"粤菜师傅""南粤家政"等示范培训基地。二是扩容市级平台。聚焦"4+5"产业集群，新增 90 家技能大师工作室、7 家高技能公共实训分基地，累计建成市级平台 242 个。如祥鑫科技股份有限公司，依托技能大师工作室，致力解决模具反复加工和额外反复调试等问题，实现改模成本总体节约 20%、人力成本节约 15%。2023 年产值 55 亿元，比 2022 年增长约 28%。三是新建线上平台。建成"莞易学""技能莞家"等线上平台，提供涵盖信息技术等 2000 多门免费线上培训课程，提升技能培训公共服务水平。

战略科学家团队：支撑大湾区科创高地

党的二十大报告指出，要完善党中央对科技工作统一领导的体制，健全新型举国体制，强化国家战略科技力量。

东莞比以往任何时候都更加渴求人才，必须实施新时代人才强市战略，推动人才工作跨越式发展，努力把东莞打造成为粤港澳大湾区最具人才吸引力的城市之一。东莞市第十五次党代会提出，东莞将力争 3 年内面向全球招揽引进 10 个战略科学家团队。

2023 年 2 月 21 日，东莞率先引进全市第一支战略科学家团队——"集成电路及半导体器件特色工艺"团队，汇聚了全国创新争先奖获得者、迈科科技创始人张继华，电子科技大学原副校长杨晓波，以及国家百千万人才工程专家张万里、陈雷霆等 20 余位顶尖人才。组团引进了 TGV 三维集成、微波毫米波、钙钛矿太阳能电池等 5 个集成电路特色工艺技术来莞转化，部分项目已获千万级创投融资。

打造创业孵化"磁力场"

"集成电路及半导体器件特色工艺"团队成员都有"双重身份"：一面是电子科技大学的教授、博士生导师，一面是产业化专家。他们总是两地奔波，对张继华来说，成都是"放不下的乡愁"，东莞是干事创业的热土。得益于优质的科创生态环境，团队落地的消息一传出去，东莞集成电路产业界便刮起一阵"飓风"，请求合作的方案像雪花一样飞向他们，用张继华教授的一句话来说明："我们在这边一个月所接触的客户可能比在成都一年接触的客户还多。"

近年来，东莞围绕创业孵化优化引才生态环境，打造科创生态"磁力场"。完善的创业生态是科技人才项目落地发展的重要保障，东莞着力从落地空间、创业扶持和融资服务等方面为人才创业提供服务。张继华为东莞点赞道："从技术落地的角度来看，东莞的客户主动性更强、政府服务意识更强烈。整个大湾区更重视高科技企业。"

第一，以优质空间和服务吸引人才项目落地。东莞以"校区、园区、社区"融合模式，与松山湖管委会、东实集团共同打造松山湖国际创新创业社区，导入科创训练营等创业服务资源，建设完善的商业和居住设施配套，树立全市人才创新创业社区的标杆和示范。目前该社区集聚了 366 家科技企业和 4500 名创业人才，人才集聚效应日益显著。同时推动社区经验模式向镇街复制推广，在滨海湾新区建设国际开放创新创业社区、在凤岗和寮步成立声学创新创业综合体、在石排镇建设新能源新材料专区等。

第二，以科技人才创业项目孵化推动新动能培育。实施扶持科技人才创业政策，针对"学院派"人才和二次创业者的需求，提供落地租金补贴以及企业发展的里程碑奖励，目前已有 53 个创业团队项目入库并注册企业，主要集中在松山湖以及凤岗、大岭山、寮步、常平等镇街。入库企业累计实现产值超 2 亿元，湃泊科技、科诗特、三叠纪等企业分别获百万级和千万级天使融资。

第三，以科技金融手段支持科技型中小企业发展。实施科技金融信用贷款贴息政策，今年共发放贴息补贴 1753.31 万元，惠及企业 717 家；谋划设立东莞市天使投资母基金，针对科技型中小企业和人才创业项目设立子基金，力争补齐创投融资的短板。

架起科技成果转化"铁索桥"

作为全国著名的电子信息产业名城,东莞对半导体及集成电路前沿技术的需求强烈,而推动政产学研用合作是提升集成电路产业发展能效的有效路径。为此,东莞市人民政府与电子科技大学携手合作,由东莞市科技局、东莞市发展改革局联合支持授牌,依托电子科技大学集成电路科学与工程学院、电子薄膜与集成器件国家重点实验室,联合多家产业链企业和东实集团等东莞市市属国企共建半导体与集成电路专业创新平台——东莞市集成电路创新中心。

自东莞市集成电路创新中心成立以来,已成功吸引近20家产业链优质企业入驻,包括三叠纪、元合智造、德诺半导体、集芯封测等项目,总投资额近10亿元,第一年预计总产值将达3.5亿元,初步形成了东莞区域领先的集成电路创新产业生态平台。

与国内其他城市建设的集成电路创新中心不同,东莞市集成电路创新中心不是采用国有制度建设,而是由电研院牵头,联合气派科技、东电检测、三叠纪科技等产业链企业合作共建,以市场化方式运作,更加符合市场发展趋势和产业转型需求。[①]

"短短一年时间,取得这么显著的成绩不容易。"时任东莞电研院院长陈雷霆表示,创新中心成立后将机制改革作为头等大事来抓,摆脱体制束缚,将股份分配给科研工作者,持股者对自己的股权负责;同时缩小国有股份占比,减少层层审批的办事手续,坚持市场为主的导向,只要市场有需求,创新中心总能快速响应。[②]

东莞市集成电路创新中心打破了以往的成果转化机制,新的机制"造血能力"很强。以往的成果转化基地,通常是政府出资吸引专家学者,政府一"断奶",产业化项目就难以为继;创新中心不同,不仅不需要"供血",反而带着数亿元的投资来,用市场驱动力驱使项目由无到有、由小到大。[③]

同时,针对产业公共服务平台体系建设不完善、缺少专业化技术创新平台这一短板,

[①] 《把学问做在车间里 把论文写在大地上》,《南方日报》,https://it.sohu.com/a/583601245_161794。

[②] 《蓉城"学院派"来莞创业记》,南方Plus公众号,https://baijiahao.baidu.com/s?id=1758559055609494992&wfr=spider&for=pc。

[③] 《蓉城"学院派"来莞创业记》,南方Plus公众号,https://baijiahao.baidu.com/s?id=1758559055609494992&wfr=spider&for=pc。

东莞在全力行动。在东莞市政府大力支持下，东莞市集成电路创新中心启动了TGV三维封装中试验证平台、EDA设计服务中心、测试验证工程中心、Chiplet设计工程中心、SIP封装工程中心、产教融合培训中心、创"芯"科创训练营等七大公共技术服务平台，初步建设了覆盖企业完整研发周期和全技术服务要素的产品开发、中试制造、测试验证、人才培养和应用示范平台。

依托大装置大平台集聚战略科学家

大科学装置大科研平台是科技人才集聚落地的重要载体，特别是在吸引集聚基础研究、科技成果转化方面人才发挥着重要作用。东莞依托科技创新平台建设引才聚才，栽得"梧桐树"，引得"凤凰来"。截至2023年年底，东莞依托大科学装置散裂中子源吸引了600多名中科院科研人才常驻东莞，引进一大批谱仪科学家、应用专家来莞开展前沿技术研究。松山湖材料实验室集聚了包括7名院士和35名海外人才在内共计超1100名科研人才，吸引25个创新样板工厂科研团队进驻。其中，黄学杰教授团队推动国内一批锂电池企业来莞，共同开展镍锰酸锂新型高密度电池的联合研发和产业化；曹永革教授团队开展先进光电透明陶瓷材料研发获得1.3亿元战略融资；张博研究员2024年申报国家杰青通过专家评审，有望实现本土培育杰青零的突破。

东莞切实加强对新型研发机构的管理扶持和服务保障，聚焦提升准入门槛、政策落地、绩效导向推动新型研发机构发展。截至2022年年底，东莞市共有新型研发机构32家，其中省级新型研发机构25家，市财政支持建设的18家。从2005年第一家新型研发机构建设至今，新型研发机构累计建设了88家省级科研平台，引进近8000名人才，孵化企业2760余家。[①]

人才高地是科创高地的战略支撑

习近平总书记强调："我们要坚持创新是第一动力、人才是第一资源的理念，实施创新驱动发展战略，完善国家创新体系，加快关键核心技术自主创新，为经济社会发展打

---

① 数据来源《2022年东莞市国民经济和社会发展统计公报》。

造新引擎。"①

一座城市的高质量发展，人才是关键因素。一直以来，东莞高度重视人才工作，大力推进人才强市战略，滚动实施"十百千万百万"人才工程，持续吹响"是人才、进莞来"号角。

东莞引进战略科学家团队和省创新科研团队。除了2023年，东莞支持市集成电路创新中心引进的首支战略科学家团队，还支持东莞理工学院引进战略科学家团队，联合华为公司开展新一代通信技术和车联网技术研发，并支撑学校学科建设和博士点申报工作。此外，2024年新增省创新科研团队2个，累计达40个，数量稳居省地级市前列。

2021年12月1日，2021粤港澳院士峰会在松山湖开幕（东莞图库 郑志波 摄）

以市重大科技项目入库为抓手，建立"产业界出题，科技界答题"机制。挖掘一批成果转化成熟度高、市场应用前景好的科研项目，推动校企对接合作和人才引进培育。2023年上半年，梳理形成了199个以企业为投入主体的重大科技项目入库，预计企业研

---

① 《习近平著作选读》第二卷，人民出版社2023年版，第228页。

发投入达 61.53 亿元。同时，支持企业建立省级以上重点实验室 13 家、工程技术研究中心 498 家，聚集科研人员达到 7.2 万人。

以企业人才需求为导向，打造卓越工程师创新研究院。累计吸引 168 所高校超过 3300 名研究生来莞，向全市先进制造业企业输送了一批亟须的青年工程师，成功获批建设全国首批国家卓越工程创新研究院。2024 年新增获国家、省研究生联合培养专项指标共 353 名（国家级 100 名，省级 253 名），其中博士指标 23 名。截至 7 月底，新报到培养研究生 255 人，目前在莞联合培养研究生达 966 人。

2023 年最新数据显示，东莞全市人才总量 315 万人，占人口比例超过 30%，人才增速快于人口增速，高层次人才达 23.6 万人，仅松山湖科学城就集聚博士人才超过 5000 人，东莞已初步形成科创人才集聚效应。

启示

人的现代化是中国式现代化的重要内容和关键指标。在实现中国式现代化的东莞实践中，东莞不仅注重经济社会发展，也高度重视市民现代化素质的提升，促进人的全面发展，致力于不断提升人的现代化素养，不断优化人才结构，为实现高质量发展提供强有力的人才支撑，为地方实践提供了启示。

实现千万人口与城市深度融合

一直以来，东莞高度重视外来人员的社会融合，以融合工作为创新点，东莞不断完善教育、医疗、住房、就业等服务体系，从工作、生活各方面关心外来人员，努力让广大外来人员深度融入东莞，提升他们对城市的认同感、归属感和幸福感，让每一位外来人员实现与城市的融合、同频共振，感受到这座友善之城的善意和温情。

技能人才成就制造业高质量发展

中国式现代化是以实体经济为支撑的现代化，东莞坚持制造业当家，并且不断推进制造业转型升级，向智能制造、先进制造迈进。制造业的转型升级需要卓越工程师、大国工匠、高技能人才。东莞持续深化"技能人才之都"建设，通过体制机制创新，实施一揽子政策举措；加强高层次、高技能人才引进；搭建多元培训平台等系列政策措施来打造"技能人才之都"，夯实技能人才培养基础，推动东莞制造业高质量发展。

以人才高地建设推进科创高地

2019年，粤港澳大湾区成为继北京怀柔、上海张江、安徽合肥之后的第四个综合性国家科学中心，东莞松山湖科学城成为大湾区综合性国家科学中心的先行启动区，科学中心要承担国家重大科技使命，必须加快汇聚国家战略人才力量，努力培养造就更多大师、战略科学家、一流科技领军人才和创新团队、青年科技人才。2023年，习近平总书记视察广东时，要求广东在提升科技自立自强能力等五个方面走在全国前列。立足"双万"新起点，东莞坚持"科技创新＋先进制造"，加速集聚大科学装置，吸引越来越多的人才资源等科创资源，构建全要素全链条全过程的创新生态系统，为我国高水平科技自立自强贡献东莞力量，奋力推进粤港澳大湾区成为全球科创高地。

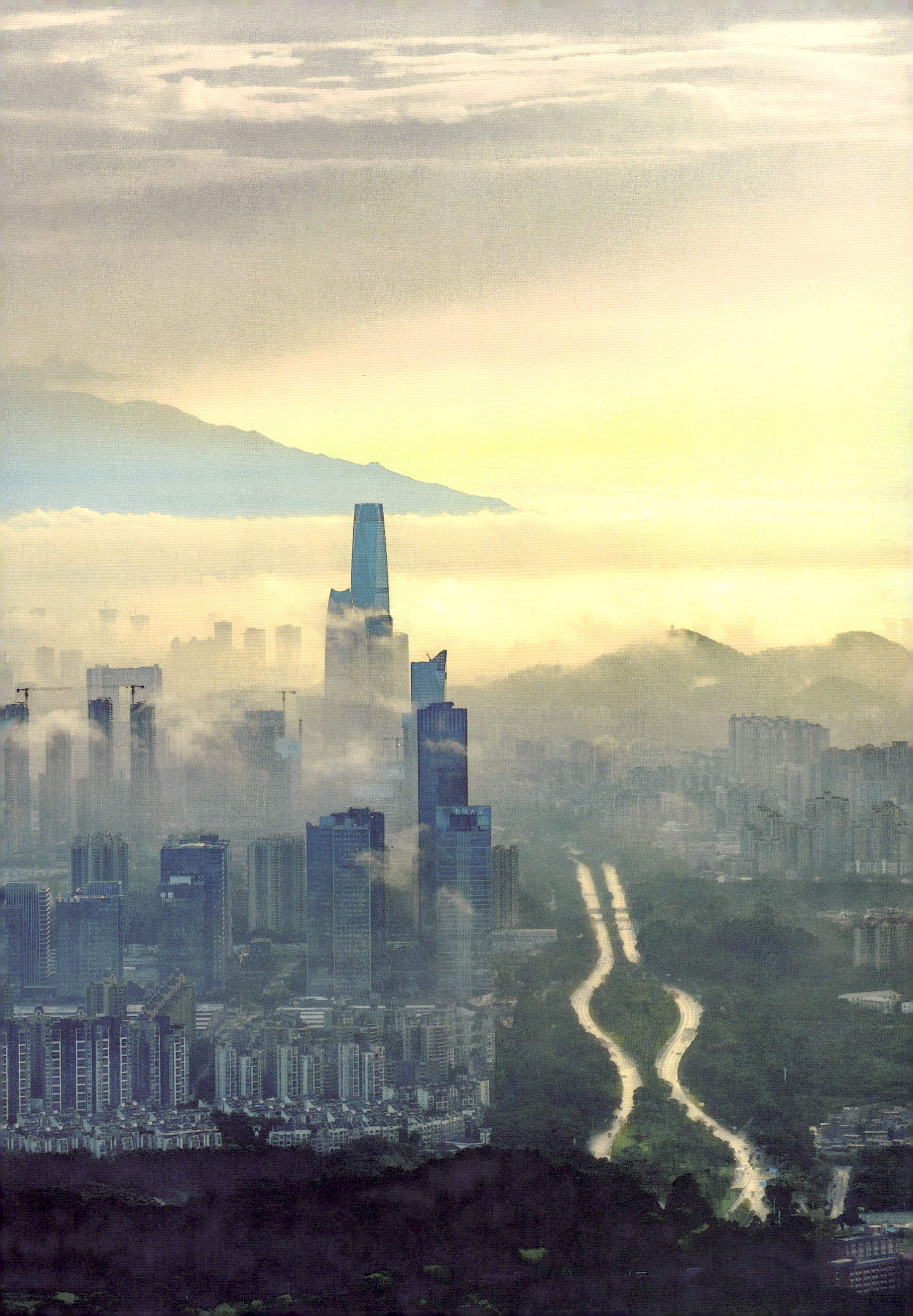

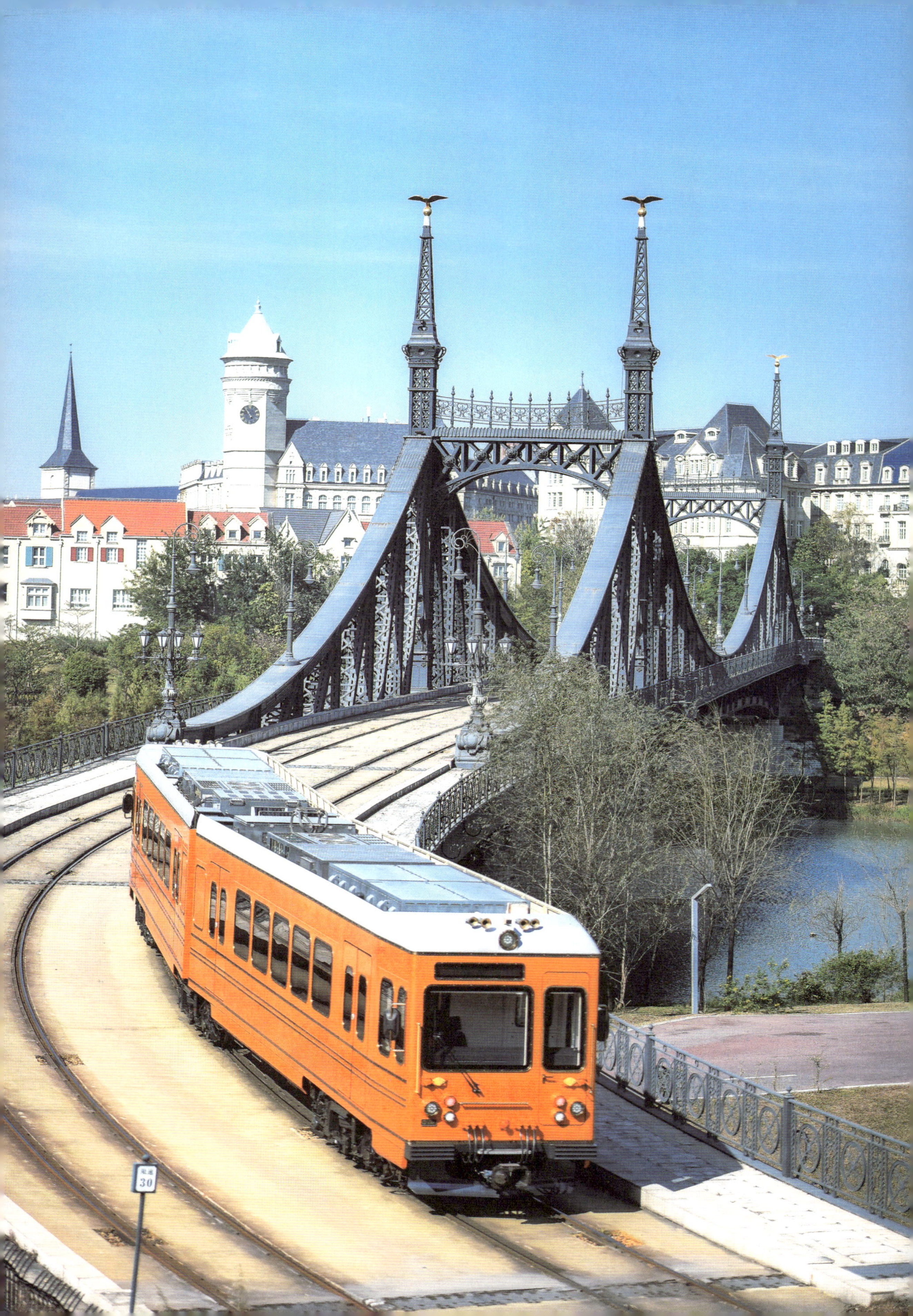
30

3

创新：
从集资建桥到集智科创

　　敢为人先的改革创新精神是东莞的城市基因。全国第一家"三来一补"企业、全国第一个"一条龙""一站式"企业服务办公室、全国第一座集资修建的大桥、全国第一条地级市投资兴建的高速公路等都诞生在东莞。进入新时代，东莞在全国地级市中率先试点商事制度改革、率先推行"三互"大通关模式、率先承担构建开放型经济体系试点等，成为当之无愧的体制改革创新"试验田"。在科技创新中，东莞人抢占科技创新高地，建立了中国散裂中子源、松山湖材料实验室等重大科技设施，将基础研究和应用研究的雄厚实力与大湾区强劲的经济实力以及对科学技术和产业升级的迫切需求结合起来，东莞的磁吸效应对海内外高端创新资源的集聚效应日益显现。展望未来，改革创新也将继续为东莞在中国式现代化进程中提供源源不断的动力。

何以东莞

敢为人先
答好莞式改革考卷

"改革",即变革、革新。公元前307年,赵武灵王下令改变作战服饰,将传统的华夏长裙长袖服装修改为胡人的紧凑短衣长裤。因胡人服饰多为动物毛发、皮革所制,故有"改革"一词。可见,改革精神蕴含于我国历史之中久矣。如今,我们在中国式现代化进程中,以守正创新的姿态,不断地赋予改革精神新时代内涵。改革创新为现代化提供动力和条件。改革创新是推进现代化进程的核心动力,推进经济发展,为经济增长注入强劲动力;改革创新也是社会进步的基础条件,通过改革创新破解难题,更好地满足人民群众对于教育、医疗、养老等方面的需求;改革创新还是满足现代化强国对高水平科技自立自强的核心需求,事关创新引领的强国建设。同时,现代化进程又不断对改革创新提出新的需求和挑战,推动改革创新向更深层次、更广领域发展,使改革创新与现代化成为不可分割的整体。而东莞,正是勇敢、积极、坚定的实践者。

改革开放40多年来,东莞创造了举世瞩目的成就,这些成就充分体现了东莞敢为人先的首创精神,下面我们截取东莞改革的几个经典画面。首先,来到高埗大桥,追溯东莞人民开创集资建桥收费模式的壮丽历程。面对资金不足的困境,当时的高埗公社党委发动群众在全国首创了"农民集资建桥、过桥收费还贷"模式。该模式获得交通运输部的推广,促进了公路建设体制、投融资体制和管理体制的改革。其次,深入东莞各镇村,感受基层工作人员率先推行一站式高效政务服务的智慧与魄力。为优化办公效率和吸引外商投资,当时的东莞县加工办为企业提供了审批权方面的所有业务服务,全面覆盖谈判、审批、报关审核和最终签约投产。这种招商办公模式被港商亲切地称为"一条龙"服务,相关理念也被广泛推广。最后,把目光投向农民养老保险,领略东莞在建立城乡一体社会养老保险制度过程中展现的创新精神。面对农民老年生活缺乏基本保障的问题，东莞市委市政府建立并实施了农（居）民基本养老保险制度，将未参加城镇企业职工基本养老保险的本市户籍城乡居民纳入养老保障范围。新制度保障了民生、带来了福祉，取得了较大的社会效益。

细读这份东莞敢为人先的改革答卷，我们期待它在未来继续书写更辉煌的篇章。

高埗大桥：首创集资建桥收费模式

想致富，先修桥

改革开放初期，高埗的经济发展主要依赖农业种植和农副产品加工。与周边公社相比，高埗的工业发展明显滞后，财政实力比较薄弱。在诸多影响高埗经济发展的因素中，交通不便被认为是关键问题。位于东莞北郊的高埗在挂影洲岛西部，三面环水，受东江河阻隔，陆路交通不便，主要靠渡船与外界往来，给出行带来极大不便。当地民间流传着一句俗语："隔河千里路。"这句俗语表明桥梁的缺失给民众带来了诸多心酸和无奈。交通不便限制了高埗人民的生活圈，阻碍了与外界的交流，使高埗形成了封闭且社会流动性低的局面。为打破这一局限，高埗人民急切期盼建起一座横跨东江水面的大桥，以实现自由往来和更广泛的交流。

高埗大桥（东莞图库 涂涛 摄）

1980年下半年，高埗召开公社党委会议，研究兴建大桥事项。1980年年底，大桥规划设计图完成，预估总造价需150万元。对于当时一年可自由支配资金才8000元的高埗公社来说，这无疑是个天文数字。为解决建桥资金问题，高埗公社党委广泛征求意见，集思广益。1981年年初，高埗召开公社会议，讨论修建高埗大桥资金问题，最后决定采用向农民集资建桥、过桥收费还贷的办法，"每人出十元，户户出劳力，自己修大桥"。当时，全公社18000多人积极集资，共筹得20多万元作为启动资金。1981年5月大桥动工。在资金不足的情况下开工建设，大桥指挥部统筹安排劳动力，公社一边建桥一边筹款，广东省老区办、广东省交通厅、东莞县政府陆续拨款支持，银行发放贷款，保证工程进度，大家齐心协力，力求尽快完成大桥建设。尽管如此，1983年10月，大桥建设后期仍因资金不足而停工。在严峻挑战下，高埗没有退缩，而是另出奇策，与施工单位签订"带资进场"合同，由施工单位出资完成工程，通车后收费结算，从而保证按期保质竣工。1984年1月27日，大桥终于正式建成通车。

高埗大桥的建成提升了高埗在全国的知名度。大桥建成时，时任交通部副部长潘奇恰好在东莞调研，东莞县领导向他汇报了高埗大桥的建造情况。汇报指出，高埗大桥由农民集资集劳建成，高埗人民在建桥过程中自发提出"想致富，先修桥"的口号。潘奇听后非常感慨，深受感动，认为东莞动足了脑筋，解放了思想。潘奇随后把"想致富，先修桥"这六个字带回北京，这一经典口号从此响彻全国。

投资主体多元化、使用有偿化和投资方式市场化

首先，高埗集资建桥实现了投资主体的多元化。高埗大桥总投资250万元，其中由县财政补助50万元，银行贷款100万元，群众集资28万元，其余部分均由高埗政府自筹资金，这反映了高埗大桥建桥模式在资金来源方面的多样性，涵盖政府、银行、群众集资等。投资主体多元化改变了过去我国基础设施建设一元制的惯常做法，是对国家投资体制的改革。其次，高埗集资建桥模式实现了基础设施使用有偿化。通过采用"过桥收费"的办法，高埗收取过桥费以偿还群众的集资款和银行贷款，不仅有效收回前期投资，更开启了有偿使用基础设施的市场化探索。这一创新改变了公共基础设施免费使用的传统，解决了政府投资不足的问题，减轻了政府负担，并进一步积累了基础设施建设资金。最后，高埗集资建桥模式实现了投资方式市场化。这种模式通过集资、贷款方式来解决

资金问题，首次将基础设施建设作为一个产品市场，以开放的方式吸引来自社会各方的投资资金。在高埗大桥建设的后期，更是"用活"了投资的市场化手段，实行"带资进场"，为筹集社会闲散资金打开了大门，提高了路桥建设的积极性。

一座桥带来的社会和经济效益

高埗大桥的建成带来了重要的社会效益。它深刻改变了高埗多年来交通不便的状况。高埗大桥的建成通车，改写了千百年来高埗人举步登舟的历史，也结束了高埗没有桥的历史。高埗大桥连接起莞城和万江，解决了交通出行的问题，使公路运输更为通畅。据《东莞市交通志》记载，建桥前，开车到莞城要绕道28公里，经过石龙渡口，需要3小时才能到莞城。建桥之后，开车过桥只需几分钟。通车后大桥推动了陆路运输业快速发展。根据中共东莞市委党史研究室所提供的数据，1987年高埗共有货运汽车45辆，小汽车112辆，摩托车180辆，自行车1.06万辆。此外，高埗大桥有力推动了高埗经济和社会的发展。大桥建成后，高埗进入了一个快速发展的历史阶段。大桥成为高埗与外界沟通的渠道，直接刺激了工商业的发展，各类企业纷至沓来。高埗原来只有一家工业企业，但通车当年就吸引了7家外资企业入驻。1984年，高埗工农业总收入首次突破3000万元，高埗进入飞速发展的时代。1984年11月21日，《中国交通报》以《建起一座桥，富了一个区》为题报道了高埗大桥给高埗带来的深刻改变，指出交通条件改善吸引了大量企业入驻，人民生活越来越富裕，群众将高埗大桥称为"致富桥"或"幸福桥"。[1]

高埗大桥之所以能顺利落成并实现如此之大的社会效益，关键在于当时高埗公社党委充分发挥了领导作用。1980年，高埗公社党委通过会议确认，为改善高埗经济和人民生活，必须修建高埗大桥。为了让集资建桥这一创新构想获得村民的理解和支持，时任高埗公社党委书记袁仲庆做了大量工作，与广大村民进行了充分讨论，并广泛动员，让更多的人了解集资建桥的意义和作用，提高村民的参与意识和积极性。在建设过程中遇到资金不足的困难时，高埗公社党委带领村民一同集资建桥，确保了高埗大桥的落成。

---

[1] 《见证跨越——纪念高埗大桥通车40周年》，东莞+公众号，http://www.dg165.com/plus/view-87226-1.html。

高埗大桥的建设充分体现了坚持中国共产党领导的必要性、重要性。坚持中国共产党的领导，是中国式现代化的本质要求，党的领导决定中国式现代化的根本性质，中国式现代化，归根到底是中国共产党领导的社会主义现代化。习近平总书记明确指出，"中国特色社会主义最本质的特征是中国共产党领导，中国特色社会主义制度的最大优势是中国共产党领导，党是最高政治领导力量"[①]。

高埗集资建桥模式充分体现了东莞人的创新精神和改革先行者风范。首先，高埗模式为全国路桥建设提供了政策探索。高埗大桥开创了全国第一座地方公路桥梁征收过桥费的先河，大桥收费站也成为全国首个收费站。高埗的创举带动了全国各地的创新。1984年6月，广东省政府正式批准省交通厅的政策建议，相继出台了"贷款修路，收费还贷"等加快公路建设的6项政策。同年12月，国务院第54次常务会议作出"贷款修路，收费还贷"的重要决定。自此，"贷款修路，收费还贷"成为我国公路基础设施建设投融资政策的重要组成部分，打破了单纯依靠政府财政发展公路的体制束缚，为公路事业快速发展奠定了政策和制度基础，极大地推动了公路建设的发展。其次，高埗模式为基础设施建设提供了新的可复制模式。高埗大桥模式走出了"以桥养桥"加快基础设施建设的成功道路，这种模式很快在东莞基础设施建设领域全面推广。借鉴"高埗大桥模式"，东莞的基础设施建设在全国较早实行"以路养路，以桥养桥，以电（电信、电力）养电（电信、电力）"的模式，走出一条"投入－产出－再投入"的良性发展路子，初步实现了基础设施建设市场化，对广东乃至全国的基础设施建设都产生了很大的影响。东莞"以桥养桥""以路养路"的成功探索，在广东基础设施建设各个领域被逐步推广为"以电养电""以港养港""以通信办通信"等各项政策，为广东乃至全国的基础设施建设引进外资和筹集社会闲散资金打开了更广阔的空间，在提高各地基础设施建设积极性等方面获得了巨大的成功。

高埗集资建桥模式书写了东莞乃至广东敢为人先的精神品质。习近平总书记在广东考察时强调，"广东要弘扬敢闯敢试、敢为人先的改革精神，立足自身优势，创造更多经验，把改革开放的旗帜举得更高更稳"[②]。当前，我国已经进入改革的深水区，要勇于冲破

---

① 习近平：《中国共产党领导是中国特色社会主义最本质的特征》，《求是》2020年第14期。
② 《习近平在广东考察时强调：高举新时代改革开放旗帜　把改革开放不断推向深入》，《人民日报》2018年10月26日。

思想观念的束缚，大胆创新、大胆试验，勇于探索前人没走过的道路，推动改革持续走向深入。蕴含高埗集资建桥模式的改革创新精神将支持东莞乃至广东在中国式现代化建设的道路上继续前进。

首推"一条龙"高效政务服务

东莞太平手袋厂投产之时，未在全国其他地区掀起更多涟漪。不少内陆城市认为加工贸易较为低端，因此没有引进的打算。然而，敢为人先的东莞已经喊出"借船出海"的口号。为吸引更多类似"太平手袋厂"的企业落户东莞，1978年12月21日，恰逢党的十一届三中全会闭幕的前一天，东莞县革命委员会成立了全国首个对外来料加工装配业务领导小组，组长由时任县长郑锦滔担任，成员分别由县委、县政府及有关经济职能部门的领导组成。该小组主管全县"三来一补"和合资合作企业的业务洽谈工作，下设对外来料加工装配办公室（以下简称县加工办）承担具体的业务工作。县加工办集中15个有关部门成立了来料加工装配办公室，主管全县"三来一补"、合资合作企业的工作，这也是全国最早成立的"一个窗口对外"工作机构。

随着时代发展，县加工办虽然历经名称、级别和组织架构的多次改变，但"一条龙"服务精神延续至今，服务内容、方式方法、流程等，根据市场主体的需求，依靠信息技术的支撑不断完善、优化。1984年，县加工办设业务洽谈股、生产管理股、人秘股，同年9月增设财统股、交通运输股。1985年，东莞撤县设市后，县加工办改称市加工办。1987年，市加工办撤销业务洽谈股，增设来料加工股、外资股，重新核定编制45名。1988年，东莞升格为地级市后，市加工办升格为正处级单位，原设的6个股室也改称为科室。1991年增设报关科和安全保卫科，与市经贸、海关、公安、中行、工商、税务、环保等部门紧密协作，形成著名的"一条龙"服务。1994年2月，市外经贸委成立后，市加工办撤销其所有的工作职能，人员并入市外经贸委，东莞的对外加工装配业务继续由市外经贸委承担。1999年12月，东莞市外商投资咨询服务中心成立，接受对外加工装配办公室领导和管理，其主要任务是向前来投资的外商介绍本市投资环境、提供有关信息和咨询服务、代拟项目文稿，同时代办和协办引进项目的报批与各种注册管理手续，不断提高办事效率，提升"一条龙"配套服务。

便捷高效

"一条龙"政务服务的突出特征是便捷高效。政务的便捷离不开加工办对各种关键行政业务的整合。县加工办于1984年设立了一家在省备案的服务公司。该公司是具有报关权的一级法人，在引进外资项目中作为甲方代表，从洽谈、签约、工商登记、报关、办理进出口许可证、外汇管理到香港直通车手续等方面为外商实行完整的"一条龙"服务。"一条龙"政务服务的实现离不开各部门之间的通力合作。加工办的成立加大了对各部门的统筹协调，顺畅地为企业提供了从谈判、审批、报关审核到最终签约投产涉及的县审批权项目的所有业务服务。

"一条龙"政务服务的高效则依赖于办事流程的快速与简化。当时，"加工办"专门下设谈判小组，负责与外商谈判，经常是一号房间在谈判，二号房间就接着审批。只要是属于当时县审批权以内的项目，经常是当天谈、当天批。为确保高效，县加工办实行全日办公、全年办公，一般做到一个项目一天办成。有的工厂拿到合约后，当天就到九龙海关报关审核，随即进料加工。从签约到投产，一般只需一个星期。加工办这种简化办事流程、优化办公效率的招商办公模式受到外商的热情欢迎。为进一步提高办事效率，海关在1987年将首批82家企业命名为"信得过"企业，过关时给予免检优惠。

"一条龙"政务服务的便捷高效获得高度关注。1988年8月14日，《人民日报》头版刊发中共中央办公厅调研室的调研报告《东莞十年——对我国沿海农村社会主义建设一个成功典型的考察》，高度评价东莞探索成功的"一条龙"政务服务模式，认为这种举措转变了政府工作作风，搞好了涉外合同的行政管理，提高了办事效率。

以改革促发展

"一条龙"政务服务有力地推动了东莞的经济发展。加工办成立之后的第二年，东莞全县对外加工签订协议达205宗，全年加工费234万美元，净收外汇2118万美元。在加工办的推动下，东莞最高的一年所赚得的加工费达到了全省总额的28.7%。仅仅5年，东莞就吸纳企业过千家，这在当时的条件下堪称奇迹。1978年至2008年，到东莞投资的外资企业多达15000多家，港资企业多达9000家。对此，加工办及其推行的"一条龙"政务服务功不可没。

东莞首推的"一条龙"政务服务充分体现了东莞的改革创新精神。东莞邻近深圳与广州,要在两座城市之间撰写属于自己的现代化故事,东莞必须对基层体制机制进行创新。加工办的成立即是如此。随着"三来一补"业务越来越多,仅靠市区一间办公室来处理所有业务难免捉襟见肘。日益增长的厂房需求与审批效率的滞后,倒逼东莞再次走到改革开放的前沿,大胆改革基层招商政务服务模式。东莞先是把审批权下放到几个镇进行试点,然后在全市推开,各镇村都相应成立加工办或管理组。创新机制所带来的办事效率收效显著,"三来一补"企业如雨后春笋,在东莞大地迅速生长。经过近40年的发展,"一条龙"服务的行政理念越来越深入人心,成为东莞营商环境的重要优势,为东莞谱写现代化篇章持续助力。

构建全域农民养老保险制度

破除社会保障二元体制

2000年12月,东莞在全国率先推行农(居)民基本养老保险制度(东莞图库 张洪波 摄)

何以东莞

改革开放以来，东莞农村城市化和城市现代化步伐不断加快，社会保障机制城乡二元化格局也逐渐加速调整。1984年，东莞开始正式实施城镇企业职工基本养老保险制度。2001年，为进一步解决城乡居民的养老保障问题，东莞市建立起农（居）民基本养老保险制度。经过2006年的深化改革，该制度在一定程度上保障了城乡居民晚年的基本生活。然而，随着东莞市城乡一体化进程的加快发展，农（居）民基本养老保险制度的可持续性逐步下降，出现以下三个方面的问题：第一，农（居）民的养老金水平较低；第二，按不同群体分设运行的养老保险制度不便于参保人衔接养老保险关系且增大了管理难度；第三，养老金难以实现自我平衡、自我发展，统筹能力逐步下降。

党的十七大报告指出，要统筹城乡发展，加快建立覆盖城乡居民的社会保障体系，缩小城乡发展差距，让广大农民共享改革发展成果。其后，党的十七届一中、二中、三中全会均强调"大力推动城乡统筹发展"的要求。《中共广东省委、广东省人民政府关于贯彻实施〈珠江三角洲地区改革发展规划纲要（2008—2020年）〉的决定》更明确提出，"到2020年，珠三角地区全面建立城乡一体化的社会保障体系，实现公共服务均等化"。基于上述背景，东莞市经多年研究、探索、测算、论证，在总结试点经验的基础上全面建立城乡一体的社会养老保险制度。2013年10月，东莞市出台《东莞市社会基本医疗保险规定》等文件，建立起一个涵盖基本险、大病险、补充险的多层次医保体系。

未来，东莞将针对全域养老保险体系的补贴政策进行适当的调整。因为东莞在社会养老保险制度建立初期实施的补贴政策存在一定弊端：一是不利于鼓励和促进年轻农民就业；二是与国家和省有关灵活就业人员缴纳养老保险费做法（即全部由个人负担）不一致；三是财政负担持续加重。因此，东莞近期开展了多次调研及重大行政决策社会风险评估，拟在做好宣传解读、政策知晓等准备工作和就业帮扶等保障服务的前提下，规范东莞市农（居）民参加养老保险，适当调整财政补贴范围的有关方案。

分类办理、建立制度、高强度财政投入

东莞对城乡一体社保体系的先行探索打破了城乡界限，在全国率先建立全域农民养老保险制度，形成了"城乡一体、保障广泛、覆盖全面、水平适度"的社会保险体系。

该制度具有三个突出特征。第一，分类办理。对农（居）民基本养老保险制度中的

农（居）民，按照不同类别，采取不同办法。把未缴费的老年农（居）民从原农（居）民基本养老保险制度中分离出来，由政府筹集资金按原来标准（250元／人／月）继续发放养老金直至终老。对于有参保缴费年限但缴费不足15年的退休人员，按相关规定及标准补足15年后，与缴费已满15年的退休人员统一转入社会养老保险制度。已在农（居）民基本养老保险制度中参保缴费的人员也转入城镇企业职工基本养老保险制度继续参保缴费。第二，基于城镇企业职工基本养老保险的制度框架建立。2010年，东莞把农（居）民基本养老保险、城镇企业职工基本养老保险两个制度整合成统一制度、统一标准、统一管理、统一基金调剂使用的城乡一体社会养老保险制度。整合后的城乡一体社会养老保险制度无论是整体制度框架，还是在缴费费率设定、缴费基数设定、基金管理使用、个人账户构成、养老保险待遇计发标准等方面，都保持同城镇企业职工基本养老保险制度一致。第三，实行高强度的财政投入。在改革过程中，为保证城乡一体社会养老保险制度顺利实施，东莞坚持强化财政用于民生的二次分配。由于农（居）民没有工作单位，无法像企业职工一样由企业承担单位缴费部分资金，为减轻农（居）民参保人负担，对参加社会养老保险的农（居）民的单位缴费部分资金，一直以来都坚持由市、镇（街）、村（社区）三级共同承担。高强度的财政投入充分降低了参保人的经济负担。

东莞城乡一体社会养老保险制度的三大特征能够有力地消除养老保障方面的城乡差别。在城乡经济社会快速融合的背景下，全域农民养老保险制度不仅诞生于东莞现代化的需要，也反过来推动了东莞现代化的进程。

实现了社保的城乡统筹发展、资金统筹调剂、增进民生福祉

东莞市第十三次党代会报告，东莞所开创的全域养老保险制度用统一的制度覆盖了城镇居民、农村居民等不同群体，创造了社会保险的"东莞模式"。自从全域养老保险制度建立并实施以来，制度运行平稳、待遇大幅提升、基金保障有力，取得了三个方面的良好效果。

第一，真正实现了东莞市社会保障的城乡统筹发展。全域养老保险制度的建立，有效地形成了不同单位性质、不同城镇乡村、不同户籍归属的人员均可享受统一政策、均等服务的养老保险参保缴费新格局。该制度产生了巨大的社会效应，建立了与经济水平相适应的社会保障制度，促进了社会保障城乡一体化发展，推动了经济社会发展双转型。

第二，增强了基金的统筹调剂能力。由于城镇企业职工基本养老保险基金增值幅度抵消不了通货膨胀率，城镇企业职工基本养老保险基金积累得越多，基金运用的效用越低。全域农民养老保险制度通过将农（居）民基本养老保险基金和城镇企业职工基本养老保险基金进行整合，可以实现农（居）民基本养老保险和城镇企业职工基本养老保险基金的统筹调剂使用，有利于更好发挥基金的互助共济功能，增强基金的保障能力，促进全市养老保险事业的可持续发展。第三，增强了民生福祉。在全域养老保险制度正式实施前，农（居）民月人均养老金为266元；而在全域养老保险制度正式实施后，农（居）民月人均养老金提升到385元。经过2011年至2023年的年度待遇调整后，农（居）民的月人均养老金更进一步提升至1000元以上。通过基本养老金年度增长机制，全域养老保险制度进一步提高了农（居）民的养老保障水平，有效缩小了城乡差距，让城乡居民共享全面小康社会和现代化建设成果，进而增强城乡居民的公平感和幸福感，有效促进了社会和谐稳定。

全域农民养老保险制度充分体现了中国式现代化在实现全体人民共同富裕方面的要求。党的二十大报告强调，要把"实现全体人民共同富裕"作为中国式现代化本质要求的重要内容，要让"人民生活更加幸福美好""基本公共服务实现均等化"，使"全体人民共同富裕取得更为明显的实质性进展"。东莞所开创的全域农民养老保险制度有效缩小城乡差距，增强社会保障，让农民也能享受现代化所带来的惠益，完美符合中国式现代化的共同富裕要求。

启示

这三大改革成功案例，充分体现了东莞敢为人先的改革精神。首先，东莞的高埗集资建桥收费模式是全国首创。充分发动群众并运用市场经济手段进行基础设施建设，不仅有效解决了基础设施建设的资金困境，还为全国路桥建设改革探路并提供了全新的政策模式，实现了充分调动社会力量、优化政府服务、保障民生福祉的改革综合效应。其次，东莞创建了"一条龙"高效政务服务。通过下放审批权限，推动了政府职能转变，为外商提供了便利高效的服务。最后，东莞开创了社会保险的"东莞模式"。将原有的农（居）民基本养老保险制度和城镇企业职工基本养老保险制度合二为一，利用制度创新保障农民的社会保险权益。蕴含其中最重要的启示是在现代化建设的过程中，要始终坚持以人民为中心，努力实现全体人民共同富裕，积极探索新路径，勇于改革、敢于创新。

  这三大改革成功案例，也充分彰显了党的二十大报告中所强调的守正创新，它既是认识论也是方法论。习近平总书记指出："中国式现代化的探索就是一个在继承中发展、在守正中创新的历史过程。"[①] "我们从事的是前无古人的伟大事业，守正才能不迷失方向、不犯颠覆性错误，创新才能把握时代、引领时代。"[②] 东莞，一座在改革创新中蜕变的城市，秉持敢为人先的精神与守正创新的思路，未来必将在中国式现代化进程中再创辉煌。

---

  ① 习近平：《推进中国式现代化需要处理好若干重大关系》，《求是》2023年第19期。
  ② 习近平：《高举中国特色社会主义伟大旗帜 为全面建设社会主义现代化国家而团结奋斗——在中国共产党第二十次全国代表大会上的报告》，人民出版社2022年版，第20页。

对标广深
亲清关系"优"无止境

"营商环境"概念源于 2001 年世界银行正式提出的 Doing Business（简称 DB）项目。世界银行认为，营商环境是指企业特别是私营企业在其全生命周期中开设、经营、贸易、纳税、执行合约及退出等环节遵循政策法规所需付出的时间及其他成本。我国在此基础上进行了提炼，指企业等市场主体在市场经济活动中所涉及的体制机制性因素和条件。世界银行多年的跟踪研究发现，营商环境是一个国家或地区有效开展国际交流合作、参与国际竞争的重要依托，是一个国家或地区经济软实力的重要体现，是提高国际竞争力的重要内容。

我国自 2015 年"放管服"改革启动以来，营商环境日益受到党和政府及社会各界的高度重视。世界银行自 2003 年开始发布的年度《全球营商环境报告》显示，党的十八大以来，我国的营商环境国际排名大幅提升，成为营商环境改善最快的国家之一。围绕市场化法治化国际化目标，在国务院统一部署前提下，全国各地积极探索优化营商环境路径。

作为改革开放的前沿阵地，作为广东省经济大市、产业大市和对外开放大市，东莞优化营商环境的需求更为迫切。自 2018 年获省委深改委批准成为广东省开展营商环境综合改革试点城市开始，东莞优化营商环境工作驶入"快车道"。2018 年 8 月，广东省委全面深化改革领导小组印发了《东莞市营商环境综合改革试点实施方案》，针对企业全生命周期的痛点、堵点和难点问题，从八大方面提出了 38 项改革任务措施，以期形成以一流营商环境吸引高端经济要素的新局面，使东莞营商环境改革走在全国前列；2019 年至 2022 年，东莞市人民政府办公室先后印发《东莞市 2019 年"放管服"改革六大品牌行动方案》《东莞市深化"放管服"改革优化营商环境2020年工作要点》《东莞市深化"放管服"改革优化营商环境2021年重点工作方案》《东莞市实施2022年度"放管服"改革九大攻坚行动打造企业全生命周期"莞家"服务品牌工作方案》，明确每年优化营商环境的工作要点；2023年印发《关于加快打造与广深一体化的营商环境行动方案》，要求对照指标评价体系加快实现与广深营商环境的无差异化；2024年印发《东莞市打造与广深一体化的营商环境2024年行动方案》，要求更大力度激发市场主体活力，以提高市场主体获得感为中心，坚持对标广深、深化改革，充分学习借鉴各地先进经验做法，持续打造与广深一体化的营商环境；2024年3月1日，《东莞市优化营商环境条例》正式实施，着力回应市场主体关切，通过立法将有效的政策措施以法规制度固化下来，将优化营商环境工作纳入法治化轨道。

多年的持续推进，使得东莞优化营商环境工作成效显著。从获得的荣誉来看：2020年，东莞首次参评国家发展改革委组织的中国营商环境评价，营商环境便利度在80个参评城市中位列第16位，获评全国标杆城市；连续入选中央广播电视总台2022年、2023年城市营商环境创新报告榜单；2023年位列全国工商联本年度万家民营企业评营商环境最佳口碑地级市前10、位列北京大学光华管理学院《中国城市营商环境研究报告2023》296个评估对象中的第5；位居2022年、2023年广东省营商环境评价前列。从激发市场活力的效果来看：东莞各类市场主体连续10年保持10万户以上增长，截至2024年4月底，各类市场主体突破177.49万户，稳居全省地级市第1，龙头企业镇街覆盖率突破90%；2023年，东莞新登记经营主体31.3万户，创东莞史上新增数新高。骄人成绩的背后，东莞商事制度改革、健全"亲""清"政商关系、数字政府建设等改革举措功不可没。

在全国地级市率先开展**商事制度改革**

开办企业是企业经营发展的第一步，也是世界银行营商环境评价的首项指标，开办企业的难易程度对市场主体树立经营信心、保持长足发展具有至关重要的影响。2012年开始，东莞从开办企业着手，在全国地级市中率先开展商事登记制度改革，旨在对前端的"宽放"；成效初显后，针对后续监管问题及时进行"放"与"管"统筹推进，进入全链条的商事制度改革阶段[①]，逐步探索出"商事制度改革—行政审批制度改革—'放管服'改革—营商环境优化"的成功之路。

外资企业茗莎公司们的"痛"

2012年3月28日，《南方日报》一篇题为《一家外企注册一年未成功》的新闻报道披露，一家从事普通商品进出口贸易的外资有限公司（茗莎公司）准备落户东莞，历时一年都未能办好营业执照，而同一时期在香港注册公司却非常便利，最快甚至只需一个小时。鲜明的对比，暴露出的不仅是东莞企业的"痛"，也是其他城市普遍存在的问题。冗繁、刻板的行政审批制度弊端困扰着企业，阻碍着城市发展步伐。广东省委、省政府决定选择商事登记制度改革作为行政审批制度改革的"先手棋"。东莞痛定思痛，积极争取成为4个改革试点城市之一。[②] 2012年4月，东莞将大朗镇确定为全市商事登记制度改革试点镇，获得广东省委、省政府批复后，大朗镇正式开始"企业登记注册行政审批改革"，借鉴香港商事登记制度，推出《东莞市企业登记注册行政审批试点改革方案》，按照"宽进严管"的核心思路，实施了最大限度压缩前置审批事项、精简后置审批项目、推行全程电子化网上登记年检等10项措施，极大地提高了市场主体登记注册的便利度。同年5月，东莞市正式印发《东莞市商事登记制度改革试点工作实施方案》，将改革名称更加规范地表述为"商事登记制度改革"，继续在大朗镇试点实施。改革的亮点主要有：取消了负面清单之外的企业登记注册所有前置审批许可事项，实行注册资本认缴制和实收资本备案制，实现"零首付"开公司，极大地放宽了市场准入之门。大朗的改革试点实现了阶段性预期目标。

一纸证照激活一座城[③]

打造东莞商改的"1.0版"。2012年12月，在大朗成功试点的基础上，东莞召开全市行政审批制度改革暨商事登记制度改革工作动员大会，印发《东莞市商事登记制度改

---

① 前端的商事登记制度改革与事中事后科学监管体系改革共同构成商事制度改革。
② 2012年，国务院常务会议批准广东开展行政审批制度改革试点，随后国家工商总局批准深圳、东莞、珠海、顺德成为最早推行商事制度改革的试点城市。
③ 《一纸证照激活一座城市——来自"世界工厂"东莞的改革报告》，新华网，http://www.xinhuanet.com/politics/2015-08/12/c_1116233381_2.htm。

革实施方案》,商事登记制度改革在全市推开,改革驶入"快车道"。此阶段的"先照后证"、注册资本认缴等多项具有开创性的措施打造了东莞商改的"1.0版"。"先照后证"是对传统"先证后照"模式的颠覆性改革。在原有制度框架下,开办企业需要跨越许多"门槛",其中以注册资本和繁杂的前置审批最难逾越。东莞通过大量论证、多部门协商,成功将原有许可项目予以分类,最终确定"保留一部分前置、取消一部分后置、转化一部分前置为后置"的改革思路,将审批事项从 188 项压减到 109 项,把 81 项前置改为后置。在"先照后证"模式下,创业者只需到当时的工商部门申办一个营业执照,即可从事一般性生产经营活动;若从事许可类生产经营活动,则在获得营业执照后再向许可部门申请。在等待许可期间,可凭借营业执照赋予的主体资格顺利开展各项企业筹备工作,极大地节约了时间成本[1]。"先照后证"改革通过一纸证照连锁撬动了 30 多个政府部门、330 多项改革,改革红利充分、持续释放,东莞这座制造之城再次获得奋勇进发的活力与生机。2013 年新登记市场主体 10.6 万户,此后一直保持每年十万户以上级别增长,稳居全省地级市首位。改革取得突破,得到了党中央、国务院以及原国家工商总局等的充分认可。2013 年,东莞作为唯一的地级市代表,参与了全国商事制度改革(当时称注册资本制度改革)方案的研讨。

打造东莞商改的"2.0版"。2014 年 3 月,全国商改全面推开,东莞在主动对接的同时,在全国首创"住所信息申报+负面清单"登记管理、新业态企业集群注册等模式,东莞商改迈入"2.0 时代"。因历史原因,当时东莞相当一部分房产没有房产证,企业在办理商事登记时,所租赁的经营场所往往需要由村(居)委会出具产权证明,要求高且手续繁杂,成为投资创业的一大堵点。针对这一问题,依据 2013 年国务院及广东省的授权,东莞采用"信任在先""自主申报"原则,对商事主体住所的登记条件和监管方式进行独具"东莞特色"的改革,于 2015 年 7 月正式印发《东莞市市场主体住所(经营场所)登记管理试行办法》,在全国地级市率先实行"住所信息申报+负面清单"登记模式,全方位放宽住所登记限制。2018 年 10 月,东莞市人民政府重新修订并印发《东莞市市场主体住所(经营场所)登记管理办法》。此次修订,以减证便民、优化服务为导向,将

---

[1] 《企业跑审批的酸甜苦辣(经济热点·聚焦行政审批改革②)》,人民网,http://www.people.com.cn/24hour/n/2013/0624/c25408-21942389.html。

规范便捷前端准入与完善强化后续监管相结合，最大限度地优化办事流程、简化申请材料。同时，针对一些创业者和新业态企业无固定办公场所的办照难题，东莞在全国首创集群注册登记模式，允许托管公司以自己的住所地址作为多个集群企业的住所登记，为其提供地址托管、商务秘书、创业培训等服务，集群企业无须租赁经营场所即可办理工商登记。新业态企业集群注册制度为电子商务企业、文化企业、创新型企业等提供了低成本进入市场的通道，尤其催生了东莞电商产业的蓬勃发展。2018年全市跨境电商进出口370.1亿元，排名全国第一，同比增长133%。

打造东莞商改的"3.0版"。2016年3月，设立全国首个现代化工商登记网上审批中心，以"互联网+审批中心"为标志，东莞开启了智慧工商新模式，进入商改"3.0时代"。对比传统登记，网上登记有便捷、安全、高效、经济四大优势。申请人足不出户，利用互联网即可提交申请材料，通过双向快递的方式换领执照，实现了业务办理的"零跑动"；申请人利用数字证书或银行证书进行身份认证，电子签名取代纸质签名，保证了签名的有效性和安全性；该系统运用云技术，电子数据在异地自动进行容灾备份。网上登记模式推行后的10个月内，东莞全市新登记市场主体同比增长40.5%（其中新登记企业同比增长46%），增速在珠三角九市中排名第一。2016年11月，东莞全程电子化工商登记管理系统成功入选第二届中国"互联网+政务"50强优秀实践案例；2017年，东莞因推动工商注册制度便利化工作及时到位、落实事中事后监管等相关政策措施社会反响好，受到国务院表彰。

打造东莞商改的"4.0版"。2016年12月以来，东莞商改致力于"放开"与"管活""管好"同步，在事中事后监管方面引入现代社会治理思维，在全国首创"一平台三工程"科学市场监管体系，开始打造商改"4.0版"。"一平台三工程"是以网格化为基础，以"互联网+"为牵引，在市场监管协同创新平台"一平台"的基础上，嵌入智慧监管、协同监管和信用监管"三工程"。该模式引入企业、行业协会等多元治理主体，让社会各方共同参与市场监管体系建构、共同治理社会公共事务、共同分享机制创新及市场规范管理成果，有效破解了监管力量不足、监管难度加大、"治乱循环"等监管困局，大幅提升了监管效能；通过智慧监管和协同监管解决监管力量不足问题后，东莞又利用自主开发的协同监管信息化系统，将涉及行政许可的主体信息以及网格员登记上报的无证照线索，通过系统智能推送给有关单位，各部门自动认领、限期办结、结果共享、全程跟踪，有效地解决了各职能部门因职能交叉不清、监管步调不一致造成的"办照容易办证难""准入不准营"等问题，实现了由单个部门分头监管向多部门协同监管转变、由审批监管向信用监管转变、由撒网式巡查监管向信息化精准监管转变，形成时间、空间、人员上的"乘数效应"，使有限的监管资源发挥最大效能。2018年10月，"构建'一平台三工程'科学市场监管体系——东莞市深化商事制度改革创新实践"项目荣获"中国法治政府奖"。

在全国率先打造港企开办"1小时办事圈"

2023年12月，东莞市市场监督管理局修订后印发《东莞市市场主体全程电子化登记办法》，新增了港资企业全程电子化登记等相关内容。这是贯彻落实国务院2023年8月13日发布的《关于进一步优化外商投资环境加大吸引外商投资力度的意见》的重要改革举措，也是对2018年以来东莞在建立莞港商事登记合作机制探索经验的总结提炼与制度固化。2022年10月13日，东莞颁发了全国首张全程电子化登记港资企业营业执照，形成了港企在东莞开办企业无纸化、零跑动的"1小时办事圈"。促进了大湾区规则衔接，从制度设计、系统设置、校验规则等方面保障港人港企信息安全，为港资企业提供安全、

2022年10月13日，东莞颁发了全国首张通过企业开办一网通办系统发出的港资企业营业执照。（东莞图库 郑家雄 摄）

放心的登记审批服务；显著降低了港企开办的时间与人力、交通成本[①]，进一步激活了粤港澳大湾区投资新动能，自系统上线以来，全市新登记成立港资企业位居全省第二，仅次于深圳。

从试点先行到全国样本，东莞商事制度改革呈现六大特点。一是起步早。因为从2012年主动争取到试点机会，到2014年全国全面推开商事制度改革时，东莞已积累了不少宝贵经验，充分体现了先发优势。二是持续性强。2012年开始的试点获得充分肯定后，东莞又主动承担了10多项全国、全省商事制度改革中的后续试点任务，每年都能在之前的改革基础上获得新突破。三是原创性强。以问题为导向，因地制宜地探索出一系列具有全国或全省首创性质的改革举措，形成极富特色的改革品牌。四是系统性强。坚持"放""管"并重，让市场主体"宽进"的同时，打造与此相适应的事中、事后科学监管体系。五是可复制性强。坚持以人民为中心、以问题为导向，东莞商事制度改革接地气，体现了共性特征，可复制性强。六是逻辑性强。遵循"局部试点—总结经验—立规推广"思路，改革主线清晰，循序渐进。

构建**新型**政商关系

政商关系是营商环境的风向标，东莞始终把构建新型政商关系作为优化营商环境的关键举措。

构建"亲而有度、清而有为"新型政商关系

东莞浓厚的重商亲商氛围，可追溯至改革开放初期。对全国首家"三来一补"企业太平手袋厂等港商、台商及本土企业群体真诚且全面的服务意识，是东莞健康政商关系的基石。为东莞带来步步高、小天才、ViVO和OPPO的段永平回忆，当年从中山"小霸王"离职的自己正是被东莞的诚意所打动。

[①] 改革前，申请一家港资企业人力与交通成本约5000～8000元，包括内地中介机构代理登记，代理费用约5000元（如企业自己申请费用约2000元，其中准备材料需要1个工作日，窗口申请需半天时间，时间交通成本约2000元），申请材料准备好，需股东、高管集中签署文件，若集中签署需要时间与交通成本约3000元，有关人员在外地则成本更高。改革后，网上填报并提交材料1小时可完成，签署文件无空间与时间限制。

党的十八大以来，习近平总书记站在全局和战略高度，提出要构建亲清新型政商关系。这一重要指示精神，引领东莞进一步明确了新时代构建政商关系的具体目标，为正确处理政府与企业、领导干部与企业家的关系提供了重要遵循。2016年3月4日，习近平总书记在看望出席全国政协十二届四次会议的民建、工商联界委员并参加讨论时提出，新型政商关系概括起来就是"亲""清"二字。2016年4月22日，广东省委、省政府批准同意《省纪委省监察厅关于推动构建新型政商关系的若干意见（试行）》（以下简称《意见》），重点规范机关单位及工作人员尤其是领导干部与非公有制企业及其负责人的交往。2016年5月，东莞在全国首创式地提出"有能力素养和社会责任的优秀企业家群体是东莞经济发展的脊梁"与"愿做企业发展的服务员"。这是贯彻落实习近平总书记重要讲话精神和广东省委、省政府《意见》相关要求的具体体现，也是对东莞重商亲商传统的重申与升华。东莞深刻认识到，"亲"与"清"是有机整体，必须一体把握。"亲"是前提、"清"是保障，"亲"则两悦、"清"则相安；"亲"不逾矩、"清"不远疏，"亲而有度，清而有为"，才能推动有效市场和有为政府更好结合。

健全知企爱企帮企机制

东莞持续健全亲清新型政商关系下的知企爱企帮企机制，通过制度创新不断为企业发展创造优良营商环境，更好地构建新型政商关系。重要时间节点及改革亮点如下。

构建"千干扶千企"线上线下服务企业机制。2016年6月，《东莞市开展"亲企清政"工程促进非公经济发展实施方案》（以下简称《方案》）印发，目的是加快解决制约企业发展的共性问题，提振企业信心，促进东莞非公经济创新驱动发展。《方案》部署了36项工作。最大亮点在于构建了"千干扶千企"线上线下服务企业机制。线上，构建"问题搜集－协调办理－跟踪督办"信息化处理机制；线下，由市镇领导干部挂点1100家骨干企业，开展"一对一"政企对接。2016年，东莞市民营经济实现了历史性三大突破，民营登记注册户数突破80万人大关，民营登记注册资金突破9000亿元大关，规模以上民营工业企业增加值首次突破1000亿元大关，对工业增长贡献率达90.7%。

探索"一企一策"精准服务助企业倍增发展。2017年东莞出台市政府一号文件《关于实施重点企业规模与效益倍增计划全面提升产业集约发展水平的意见》和配套文件《关于实施重点企业规模与效益倍增计划的行动方案》，从政策、产业、土地、资本、人才

5个方面创新提出20条扶持政策，最大亮点在于探索"一企一策"精准服务助企业倍增发展。提供"点对点"贴身服务和构建高效政企纽带，精准和及时地解决企业个性化诉求；完善具备跟踪服务、预警督办、统计分析和资源对接功能的"倍增计划"政府服务平台，通过信息化手段打造有利于亲清新型政商关系形成的阳光平台；同时，举办高成长性企业沙龙活动，创新打造线下互动式政企沟通平台；建立涉企政策库，构建专业资源池，为企业整合社会资源。2017年东莞市私营企业达37.63万户，民营经济完成增加值3739.48亿元，对全市经济增长的贡献率为54.2%，民营经济占GDP比重从2011年的37.5%提高到2017年的49.3%。

东莞市民服务中心（视觉中国）

持续健全亲清新型政商关系下的知企爱企帮企机制。近年来，东莞的知企爱企意识更强、帮企力度更大。2021年东莞获批成为广东省要素市场化配置综合改革试点。2022年东莞市政府工作报告强调，要持续健全亲清新型政商关系下的知企爱企帮企机制，更好地当好"服务员"。建立了政企直通车工作机制，重点产业项目由市领导牵头跟踪服务，建立全市规上企业服务专员机制，依托"企莞家"平台完善企业问题诉求闭环处理机制；建立了12345热线与政务服务大厅联动调度机制，12345热线设置"营商环境"专席，为企业提供24小时政务咨询和政策解答。2023年2月印发《关于进一步促进民营经济高质量发展的若干措施》，旨在不断优化民营企业发展环境和创新生态，进一步促进民营经济发展壮大。主要内容如下：其一，建立健全政策扶持体系。打造"1+8+3"的综合政策工具箱，从顶层设计、产业发展和企业培育三个维度推动民营经济发展壮大；针对纺织服装、潮玩产业和食品饮料产业出台专项扶持政策，出台稳增长、技术创新、数字化转型、产业链提升、企业培育等八大扶持领域、23个项目、46个子项的暖企惠企政策。其二，逐步完善企业梯度培育体系。建立起"规上工业企业—专精特新企业—单项冠军"的梯度培育体系，全市各级共94家单项冠军企业纳入市库管理；储备超过6000家专精特新培育库企业，其中，专精特新"小巨人"企业、省级专精特新中小企业、创新型中小企业总量均居全省地级市第一，2023年新升规工业企业继续蝉联全省第一。同时，着力解决融资难和拖欠账款问题，出台《东莞市清理拖欠民营企业中小企业账款和保障支付长效工作机制》。2023年、2024年，东莞连续发布年度《关于加快打造与广深一体化的营商环境行动方案》，对标广深推动构建亲清新型政商关系。要求对照指标评价体系建立常态化学习借鉴机制；健全营商环境问题发现、反馈、纠正闭环机制；强化对窗口审批、一线执法等直接面对企业群众的工作人员的监督；将政企"早餐会""下午茶"活动常态化，由市领导与民营企业家面对面交流，倾听企业家心声、共谋发展良策；借鉴深圳"设立企业家日"做法，从2023年开始，办好"东莞民营企业家日"（11月1日）活动，举办高规格的"东莞民营企业家大会"，评选民营企业100强、民营工业企业100强、高质量领军企业、优秀民营企业家、优秀青年民营企业家；在全国首设"工程师日"，将每年12月8日定为东莞市工程师日，按照制造业类、软件信息类、其他非制造业类等3个类别，在全市遴选出100名"最美工程师"，打造东莞作为工程师群体的最佳目的地形象，提升工程师群体的职业认同感、自豪感和荣誉感。2024年3月1日正式施行《东莞优化营商环境条例》，除了将以上经验纳入，还有一个重要亮点，即提出建立公平竞争审查制度。明确镇街（园区）和市属部门在起草制定产业发展、招商引资、政府采购等涉及市场主体经济活动的政策措施时应进行公平竞争审查；坚持广泛实施公平竞争审查，将22个部门组成的全市公平竞争审查工作联席会议常态化；建立抽查、会审及举报处理制度，将公平竞争审查事项纳入"法治东莞"考核指标，为落实公平竞争审查制度提供有效保障。

中国政商关系健康总指数连续位居前列

《中国城市政商关系排行榜》[①]显示，自 2017 年以来，东莞健康指数连续 5 年位居全国前列，其中，2017—2019 年连续 3 年位居全国地级市首位。《中国城市政商关系排行榜》依据中国人民大学国家发展与战略研究院创建的政商关系健康指数评价体系评估而产生。该评价体系结合了国内外政商关系的理论文献和评价实践，创新性地从"亲""清"两方面入手。"亲"的方面，包含政府对企业的关心（10%）、政府对企业的服务（40%）、企业的税费负担（10%）三个一级指标；"清"的方面，包含政府廉洁度（10%）和政府透明度（30%）两个一级指标。该指标体系充分体现了习近平总书记关于构建新型政商关系的重要讲话精神，年度《中国城市政商关系排行榜》被广泛认可，东莞能够连续 5 年位居前列，是对东莞近年来构建新型政商关系工作的充分肯定。另外，东莞促进民间投资典型经验也得到国家发展改革委的高度肯定。在 2023 年 7 月 24 日举行的专题新闻发布会上，国家发展改革委宣布将东莞、温州、泉州、许昌、盐城、株洲等地在实现民间资本"放心投""有得投""投得好""投得顺"方面的经验在全国复制推广。

政商关系健康程度也直接体现在东莞民营经济蓬勃发展的态势中。东莞民营经济向来有"六七八九"的说法，即贡献了六成以上的 GDP 和六成以上的工业增加值、七成以上的税收总额、八成以上的创新成果、九成以上的市场经营主体。2022 年 6 月，由东莞市人民政府办公室等多个单位组成的调研组，开展了关于推动民营经济稳定发展的专题调研，调研成果更加详细地呈现了"六七八九"特征。从消费、投资、进出口来看，东莞民营经济占比分别为六、七、八成；从产值、利润和纳税来看，东莞民营经济占比约 3 个七成；从市场主体、研发投入、专利标准看，东莞民营经济占比达 3 个九成；从房地产、城市更新和建筑业看，东莞民营经济成为城市建设的重要力量。2024 年 4 月 10 日，在 2024 年东莞民营企业家论坛暨吴晓波湾区行活动主旨演讲中，关于东莞民营经济，知名财经作家吴晓波提出他多年跟踪研究的结论之一，"东莞民营经济呈现出的新活力，就像从'草根经济'升级到了'树根经济'"。无论在数量还是质量上，民营经济都已然壮

[①] 中国人民大学国家发展与战略研究院自 2017 年开始对全国地级及以上城市政商关系进行年度评价并发布《中国城市政商关系排行榜》。

大为繁茂的参天大树。

数字政府建设

从单一的制度驱动到数据驱动与制度驱动叠加，这是优化营商环境的动能革新之道。单一的制度驱动简单直接，但它往往是封闭的、难以耦合的；而叠加数据驱动，能实现集成性，将外在的制度驱动转化为自发性的内生动能。在广东省"数字政府"规划总体框架下，2019年8月，东莞市政府常务会议审议通过《东莞市"数字政府"建设总体规划（2019—2021年）》《东莞市"数字政府"建设三年行动计划（2019—2021年）》，东莞"数字政府"建设正式启动。经过近5年的实践探索，东莞的数字政府基础设施建设、部门信息化、政务数据资源汇聚、政务服务体系建设取得了显著成效。在2020年8月发布的《中国城市数字治理报告（2020）》中，东莞市名列数字治理前十强；在2021亚太智慧城市发展论坛中，东莞荣获"中国领军智慧城市"称号；在2021年"全球智慧城市大会·全联接峰会"上，东莞作为广东省唯一的发言城市，在直播平台上向全球分享了东莞数字政府建设成果；在2022数字中国建设峰会上东莞分享数字政府经验。2022年5月，《东莞市数字政府改革建设"十四五"规划》印发实施，东莞数字政府改革建设开始向纵深发展，以数字底座、政务服务、市域治理、政府运行、数据要素五大领域为主要方向，落实广东省关于政务服务"一网通办"、省域治理"一网统管"、政府运行"一网协同"的工作要求，坚持以人民为中心，深化"莞家"系列应用建设，不断丰富各领域数字化应用场景，为政府履职能力提升、营商环境持续向好向优、社会治理体系和治理能力现代化提供后续动力。

数字外驱营商环境

数字政府充分体现了整体性政府理念。对内形成跨部门、跨层级、跨业务的政府部门协同体系，协同政府组织间行为，实现政府职能的整合与整体效应发挥；对外实现一体化服务的便捷与高效、一体化治理的精准与透明。东莞的数字政府建设充分体现了这一理念。国家电子政务专家委员会委员、清华大学国家治理研究院执行院长、博导孟庆国认为，东莞的数字政府建设实现了两个方面的创新：一是模式创新，通过数据的整合共享实现整体化、一体化服务，这是数字政府建设的代表性方向。二是融合创新，数据打通之后，实现跨部门、跨层级、跨区域的数据流通和共享应用，进而实现一网通办、一网共享。

　　以东莞政务服务为例：一体化政务服务体系建设方面，以市民服务中心为枢纽，推进"四集成"政务服务改革，即事权集成、窗口集成、平台集成、数据集成。"四集成"改革推进政务服务线上线下一体化，依托一体化政务服务平台，横向推进审批流程优化再造，纵向联通市、镇、村，构建"一平台、多终端"政务服务体系。政务服务网"一件事"主题集成服务方面，数字服务建设以用户视角的"一件事"为导向，聚焦个人和企业全生命周期，全面梳理场景涉及的政策、事项、流程、办理渠道等，并强化科技赋能和数字化支撑，通过部门协同、政策归集、流程再造、数据共享等措施，打造"一次告知、一表申请、一口受理、一网通办"的集成化服务。2024 年 1 月，印发《东莞市实施政务服务"提升年"行动　推动"高效办成一件事"的工作方案》，提出在 2024 年年底前实现国务院要求的"一件事"主题事项全部上线"一次办成"，审前服务在市镇政务服务大厅 100% 推行，推出不少于 350 项"容缺办理"事项。截至 2024 年 3 月，通过推进审批流程优化再造，2984 项事项实现全程网办。与此同时，东莞着力优化"一网通办"，实现了 2733 项事项全程网办、超 1300 项事项"湾区通办"、近 1500 项事项"跨省通办"，到 2025 年，将实现一窗综合受理率、"最多跑一次"事项覆盖率 100%，高频服务事项 100% 跨省通办、实现"四免"。此外，东莞还打造了"莞家"系列服务品牌，推出"i 莞家""企莞家""电子市民卡"，统一市民综合服务端口、企业服务入口，进一步推动政务服务事项集成化办理。"企莞家"的集成性服务体现为：一方面，通过梳理政府各类政策，构建政策知识库，在企业提出诉求的时候，通过系统识别，能更加及时、精准地获得相关政策资讯；另一方面，利用人工智能、大模型对企业需求深度挖掘和分析，让政策能通过自动推动的智能化方式来帮助企业。"就莞用"的集成性服务体现为：通过健全完善"就莞用" 1+6 服务体系，形成市镇协同、部门联动、企业参与、个人主动的工作格局；推广使用"就莞用"码，企业不受时间或地域限制，可充分利用"就莞用"码登记用工需求或提出意见建议，人社部门据此及时了解企业补员、增员、流动、储备等四类用工需求和意见建议，形成"就莞用"企业用工服务和诉求跟踪台账，建立"一天落实联系、两天落实对接、持续有效服务、实现效果销号"及时响应机制。2022 年系统上线以来，成效显著，成功入选 2023 年全国公共就业服务能力提升示范项目，成为全国

20个入选城市之一,也是广东省唯一入选城市。东莞的工程建设项目审批制度改革集成性体现为:建立"全过程审批流程一张图",对项目落地全过程涉及的政务服务事项、政府内部事项、第三方技术审查事项等进行全面梳理,实现"清单之外无审批",并全部纳入一体化平台监管范畴,规范审批流程、严格审批时限;在全省首创工业项目建设"完工即投产",改革后工程建设投产周期压缩约25%,项目投产时间平均提前3个月;创新推出"莞家代办"服务品牌,成立莞家代办服务中心,上线东莞投资建设代办服务平台,组建市镇两级服务专班,更好地实现对项目的联合服务。同时,东莞还创新打造了"莞惠退"平台,实现了全省首个税务系统与一体化政务服务平台的对接。

数字政府与"智网工程"双轮驱动

与大多数地方数字政府建设不同的是,东莞在推进数字政府建设之时,基于网格化治理的"智网工程"在社会治理方面已卓有成效,形成了数字政府与"智网工程"共同助力营商环境优化的两条并行主线,探索创新了"政府数字化转型赋能网格化治理,网格化支撑政府数字化转型"的互动共存格局,形成了极具东莞特色的营商环境优化方略。比如:数字政府建设优化了企业开办前端"放"的政务服务、生产经营过程中的惠企服务,实现信息共享后,通过"智网工程"及时完成事中事后"管"的部分工作。把消防、食品药品监督、安监、卫生监督、社会治安隐患排查等作为入"格"事项进行精细化动态监管,以数据流通和部门协同实现数字政府与"智网工程"的联动推进。这种联动推进特质更加集中地体现在市域治理的"一网统管"中。

"一网通办""一网统管""一网协同"

"数字政府"建设主要有三大工程,即政府运行"一网协同"、政务服务"一网通办"、市域治理"一网统管"。"一网协同"是基础支撑,"一网通办""一网统管"与营商环境直接关联。

东莞政务服务"一网通办"建设情况对优化营商环境的贡献。除前文所述政务服务一体化,还体现在后续的"一照通行"改革中。这是商事制度改革与数字政府建设融合的新成果。2021年5月20日,广东省政府办公厅印发《广东省"一照通行"涉企审批服务改革试点实施方案》,决定在广州、深圳、珠海、佛山、东莞、中山等地开展"一照通

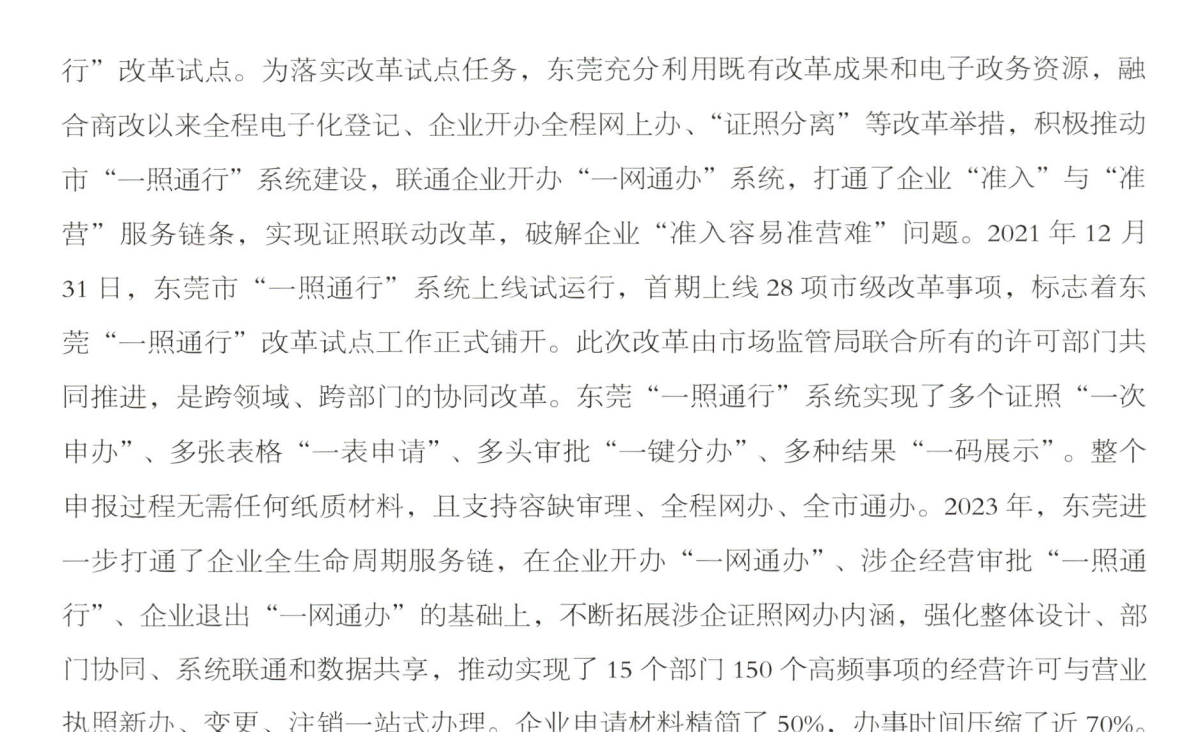

行"改革试点。为落实改革试点任务，东莞充分利用既有改革成果和电子政务资源，融合商改以来全程电子化登记、企业开办全程网上办、"证照分离"等改革举措，积极推动市"一照通行"系统建设，联通企业开办"一网通办"系统，打通了企业"准入"与"准营"服务链条，实现证照联动改革，破解企业"准入容易准营难"问题。2021年12月31日，东莞市"一照通行"系统上线试运行，首期上线28项市级改革事项，标志着东莞"一照通行"改革试点工作正式铺开。此次改革由市场监管局联合所有的许可部门共同推进，是跨领域、跨部门的协同改革。东莞"一照通行"系统实现了多个证照"一次申办"、多张表格"一表申请"、多头审批"一键分办"、多种结果"一码展示"。整个申报过程无需任何纸质材料，且支持容缺审理、全程网办、全市通办。2023年，东莞进一步打通了企业全生命周期服务链，在企业开办"一网通办"、涉企经营审批"一照通行"、企业退出"一网通办"的基础上，不断拓展涉企证照网办内涵，强化整体设计、部门协同、系统联通和数据共享，推动实现了15个部门150个高频事项的经营许可与营业执照新办、变更、注销一站式办理。企业申请材料精简了50%，办事时间压缩了近70%。2024年1月，"证照一网通办"项目获评2023年度东莞市数字政府改革建设十佳优秀案例。

东莞市域治理"一网统管"对优化营商环境的贡献。东莞行政架构特殊、人口规模庞大，人、车、货等各类要素快速流动，千万人口与城市共生共荣，对城市基层治理能力提出了更高要求。2020年，东莞成为全国首批市域社会治理现代化试点城市之一。依托"智网工程"，构建"一张基础网格、一支专业队伍、一组信息系统、一套工作机制"的"四个一"工作理念，东莞进一步推动了社会共建共治共享，这是东莞"一网统管"的雏形。"一张基础网格"推动"多网合一"，将全市各部门475个事项纳入"综合网格"作业；"一支专业队伍"推动"多员合一"，整合出租屋管理员、治安员、消防协管员多重力量，组建1.2万人的专业智网系统队伍；"一组信息系统"推动"数据统一"，汇聚成庞大的社会治理基础数据库；"一套工作机制"推动"标准统一"，推动业务标准化运作。2019年，东莞"智网工程"获评全国社会治理创新典范案例、全国政法智能化建设优秀创新案例。在"一网统管"系统支持下，2021年12月，东莞市城市管理和综合执法局在全国率先推出"小微执法"模式，创新提出整改承诺制。秉承"服务为先、包容审慎"的柔性执法工作理念，在优化营商环境方面，借助"小微执法"模式减轻市场主体负担。具体而言：针对轻微违法行为推出"包容审慎监管四张清单"，实施"三教而罚"，即首次违法进行书面劝导教育、第二次签订包容免罚承诺、第三次采取简易程序处罚。2023年推出"免处罚清单（市场主体版）"，扩大包容免罚制度的覆盖面，共涉及市容环境卫生、园林绿化、市政、燃气、占道经营、建筑施工和社会生活噪声、餐饮油烟等23项城市管理领域的市场主体事项。"小微执法"实施以来，现场整改教育、免予处罚43344宗，其中涉及市场主体的超过80%，包容免罚率达82.4%。"小微执法"模式获评2023年东莞市市直部门优化营商环境十佳典型案例。为提升服务质效、助力"小微执法"工作的开展，2023年1月，东莞城管还在全省首创"e执法"应用。依托科技信息化手段，"e执法"从"纸上办案"转变为"掌上办案"，执法文书从1叠纸整合为1张条，办案时长从1天甚至几周缩短至现场5分钟，执法设备从纸质手写升级为手机、掌上打印机设备，罚款支付方式从"跑银行"到现场"扫一扫"，打造出高效便民的智慧执法。按照《东莞市城市治理"一网统管"三年行动计划（2022—2024年）》（以下简称《行动计划》）部署，东莞在省域治理"一网统管"总体框架下，立足市镇二元行政架构，建成"1+3+N"[①]的"一网统管"基本架构，打造"治莞家"两级基础平台，对接省"粤治慧"平台，构建"数字化+网格化"治理模式，实现跨部门、跨层级、跨区域的整体联动和协同共治，为东莞市提升城市品质、优化营商环境、创新驱动发展注入新动能。"一网统管"是"十四五"期间东莞市数字政府建设的焦点，也成为继政务服务"一网通办"后东莞市数字政府建设新的亮点。

启示

东莞始终秉持习近平总书记提出的"营商环境只有更好，没有最好"的重要指示精神，在优化营商环境工作中坚持以人民为中心的价值取向，在党的领导下谋划、统筹、推进，遵循市场规律，以开放的胸襟保持国际视野，坚持运用法治思维和法治方式，充分体现了市场化法治化国际化要求，构成了完整自洽的改革逻辑。

[①] "1"是指1个数字底座，"3"是指市级统筹、分级管理、上通下达的三级联动机制，"N"是指围绕经济调节、市场监管、社会管理、公共服务和生态环境保护五大职能，打造N类特色应用专题。

优化营商环境要以提高市场主体获得感为中心

营商环境好不好，以市场主体感受为导向。东莞的优化营商环境工作，始终从与市场主体关系最紧密的领域和事项切入，在问题导向下寻找"堵点"与"痛点"，紧扣市场主体需求精准发力；以"看不懂的政策，不是好政策"的质朴标准为基准，努力减少市场主体感受与政府政策之间的温差。

优化营商环境要坚持市场化法治化的要求

一是充分体现市场化要求。东莞优化营商环境工作遵循市场规律，坚守"充分发挥市场在资源配置中的决定性作用，更好发挥政府作用"原则，确保改革方向不偏离。比如：从经济运行的规律来看，市场准入的许可设定越少、程序越简单，市场主体活力越强。因此，世界银行关于营商环境评价的一级指标中，把"企业开办"放在首位。东莞选择从商事登记制度改革入手，降低市场主体准入门槛、提高注册便利度，借鉴香港商事登记经验，与国际规则接轨，顺应了市场需求，改革成效很快显现。二是充分体现法治化要求。东莞坚持以法治思维引领改革创新、坚持以法治方式保障创新实践。严格遵循重大决策程序规定，在法治框架下细化、创新和规范；法律法规尚无明确规定的，严格按照法律程序获得授权或上级政策支持。比如：东莞的商事制度改革，在不与当时法律法规冲突的前提下，探索出可复制的"微创式"改革，成功创造了非特区改革模式，科学把握了法治与改革之间的辩证关系。2018年10月，东莞商事制度改革的"构建'一平台三工程'市场监管体系"项目获评第五届"中国法治政府奖"；2020年8月，东莞"深化商事制度改革"成功入选全国首批法治政府建设示范项目，是继东莞商改两次获得国务院督查激励和荣膺第五届"中国法治政府奖"后，再次获得的国字号殊荣。

优化营商环境要注重与国际接轨

作为改革开放的前沿阵地，作为粤港澳大湾区的重要成员，作为外向型经济的典型代表，东莞在优化营商环境工作中始终注重与国际接轨。比如：借鉴香港商事登记制度内容、借鉴世界银行评价指标并及时更新调整优化营商环境的工作思路。2023年5月，世界银行发布新的营商环境项目概念文件，即"B-READY"项目（暂被译为"宜商环境"）。B-READY改进并取代了Doing Business，测评周期从2023年下半年开始至2025

年。东莞在积极参与广东省发展改革部门组织的新标准研究工作的同时，主动对标广深，2023年8月20日出台的《关于打造与广深一体化的营商环境行动方案》明确提出，对照世界银行最新标准，锚定广深营商环境5.0、6.0版，加快实现与广深营商环境的无差异化，并且准备对上海参与世界银行新的营商环境项目评价过程及结果进行跟踪研究。[①]

步入了"双万之城"队列，将如何继续保持经济高质量发展？东莞非常清醒地认识到，持续打造市场化法治化国际化营商环境是关键。

---

① 上海是代表中国参与世界银行新标准评估的唯一样本城市（但企业调查将覆盖全国）。

何以东莞

锚定科创
挺直工业强市脊梁

创新理论的奠基人，奥地利经济学家约瑟夫·熊彼特认为"创新"是经济增长和发展的核心动力，是生产要素的重新组合，包括产品创新、工艺创新、市场创新、资源配置创新和组织创新五个方面。东莞作为珠江三角洲东岸中心城市，从新中国成立初期的农业县，发展成为国际制造业名城，在全球产业链中占据一席之地，正向全球先进制造业中心的活力都市迈进，其历史进程展现了创新引领经济社会发展的生动实践。

改革开放以来，东莞在国家政策的指导下，迅速明确了发展外向型经济的创新之路。进入新世纪，通过一系列卓有成效的战略部署和政策引领，东莞持续推动产业优化与升级，逐步形成了以先进制造业和高新技术产业为主的经济发展模式。2006年，东莞启动实施"科技东莞"工程，政府投入10亿元并带动社会投资约95亿元人民币用于科技创新。2007年，东莞市第十二次党代会进一步明确了向创新主导型经济发展模式转型的战略，标志着东莞开始系统性地规划和推进经济社会的双转型。2011年，在第十三次党代会上，东莞进一步明确了"加快转型升级、建设幸福东莞、实现高水平崛起"的战略决策，强调了创新在推动东莞发展中的核心地位，并从创新投入、创新载体、创新平台和创新氛围四个维度出台了具体政策。2016年，在第十四次党代会上，东莞提出了在更高起点上实现更高水平发展的目标，明确了深入实施创新驱动发展战略，致力于建设一个更具竞争力的智造强市。2018年东莞成功入选国家创新型城市，在科技创新能力提升、创新资源聚集、创新生态体系的构建等方面得到高度肯定。2022年，在第十五次党代会上，东莞进一步明确了立足"双万"新起点，聚焦"科技创新+先进制造"，努力实现经济在万亿新起点上的可持续高质量发展的宏伟蓝图。

在党和国家的战略推动下，东莞科技创新成效明显。2023年，东莞研发投入强度显著提升至4.1%，高新技术企业数量也突破了1万家。此外，东莞在企业研发机构的建设、技术合同的登记交易以及国家自然科学基金项目的立项数量等关键指标上，均位居广东省的前列。得益于这些成就，东莞在中国城市科技创新竞争力的排名中，从第16位跃升至第14位，其研发投入和创新环境的排名尤为突出。

松山湖科学城的建设和发展堪称东莞科技创新最精彩的一笔和最耀眼的成就。松山湖科学城在不到20年的时间里实现了从科技产业园到综合性国家科学中心的蝶变。2002年1月10日，松山湖科技产业园正式奠基，规划控制面积达72平方公里，拥有近8平方公里的淡水湖，生态环境十分优越。经过多年的发展，松山湖科技产业园在2010年成功升级为国家级高新区，并在2015年被国务院批准建设为珠三角国家自主创新示范区。2018年，以松山湖国家高新区的部分地区为核心，扩展至大朗、大岭山、黄江等邻近镇区，总面积达90.5平方公里，启动了松山湖科学城的规划与建设。到了2020年7月，松山湖科学城与深圳的光明科学城共同被批准为粤港澳大湾区综合性国家科学中心的先行启动区，标志着松山湖进入了创新提速的新阶段。松山湖科学城的经济与科技创新成就显著。2023年，松山湖科学城的GDP总量超过900亿元，同比增长11.8%，增速在全市中排名第一。规模以上工业增加值同比增长10.7%，固定资产投资同比增长10.6%，而R&D投入占GDP比重达到13.4%，位列全国第一梯队，松山湖科学城在引领和服务东莞发展方面发挥着举足轻重的作用。松山湖科学城通过20多年的坚持与追求，已经形成了从源头创新到技术创新、成果转化、企业培育的全链条创新体系，成为科技创新的"国家队"成员。

中国散裂中子源：原始创新的**大国重器**

中国散裂中子源落户东莞，是东莞在科技创新领域迈出的重要一步。2006年，面对全球经济一体化和科技迅猛发展带来的挑战，东莞及珠三角地区迫切需要通过产业升级实现经济的持续发展。在此背景下，中国散裂中子源的引入成为推动地区转型的关键。作为国家重大科技基础设施，散裂中子源不仅对基础科学研究具有深远影响，更对促进高新技术产业发展起到至关重要的作用。它被形象地称为"超级显微镜"，能够深入揭示物质的

何以东莞

微观结构，对于新材料研发、关键零部件性能检测等科技前沿领域具有不可替代的作用。除了东莞的散裂中子源，世界上还有三个散裂中子源，分别在美国橡树岭国家实验室、日本原子能研究机构与高能加速器研究机构、英国卢瑟福实验室，这些散裂中子源都位于当地的科技资源聚集地。在选址过程中，东莞凭借其制造业基础和对科技创新的渴望，成功从北京手中接过了这一重大项目。广东省和东莞市的积极争取和开放合作态度，最终使得散裂中子源在东莞落地生根。这一决策不仅展现了东莞的战略眼光，更为珠三角地区的科技和产业发展注入了新的动力，为东莞科技进步和产业升级开辟了新的道路。

中国散裂中子源（视觉中国）

前瞻布局，强力推动

中国散裂中子源的建设过程和运作模式，是广东省和东莞市科技创新发展蓝图中浓墨重彩的一笔。自 2006 年选址东莞起，这一国家重大科技基础设施便承载了推动地方经济转型升级和前沿科学研究的双重使命。地方政府对这一项目展现出了极大的支持和期盼，不仅在土地资源上规划了 400 亩地用于一期工程，并预留了 600 亩地以布局未来的科技基础设施，并且在经费上也给予了充足的保障。为了配套这一大科学装置的运行，地方政府修建了连接高速的公路，实现了与全国路网的无缝对接，同时为了确保散裂中子源的稳定供电，南方电网专门配建了专用变电站。2011年9月，中国散裂中子源正式开工建设，总投资约23亿元，这一投资不仅标志着中国在国家大科学装置领域的又一重大进展，也结束了我国南方地区无此类设施的历史。历时6年半的精心建设，中国散裂中子源按计划顺利完成，并于2017年8月实现了第一束质子打靶，成功产生了第一束中子，这一调试速度在全球范围内都是领先的，提前达到了打靶束流功率的验收指标，成为工程建设中的一个重大里程碑。2018年3月25日，中国散裂中子源正式建成并通过了中国科学院组织的验收，其综合性能达到了国际同类装置的先进水平。这一成就不仅填补了国内脉冲中子源及应用领域的空白，更为物质科学、生命科学、资源环境、新能源等多个领域的基础研究和高新技术开发提供了强有力的研究平台。散裂中子源的投入运行，对于我国在探索前沿科学问题、攻克产业关键核心技术、解决"卡脖子"问题方面具有重要的战略意义。

科技助推，创新集聚

中国散裂中子源的建设和运行，不仅提升了东莞的科技创新能力，更对整个粤港澳大湾区的科技发展产生了深远影响。散裂中子源的科创集聚效应十分显著，它如同一块磁石，吸引并促进了高校、科研机构的集聚和快速发展。许多高校和研究机构考虑到散裂中子源这一基础研究大科学装置的落地，选择在东莞建设研发机构或校区，随之而来的是大量高端人才的汇聚。在散裂中子源周围2公里处，已有南方光源研究测试平台、松山湖材料实验室等科研平台；4公里外，东莞理工学院坐落其间；而建设中的大湾区大学、香港城市大学（东莞）等也位于中子源10公里范围内。此外，30多家由全国知名院校建立的新型研发机构也分布于此，形成了一个科研创新的密集网络。得益于这些大科学装置和平台，松山湖已经吸引了包括84名国家级人才、21名双聘院士、56个市级以上创新科研团队在内的科研精英，形成了一个由超过50位院士专家和2000多位国内外知名科学家组成的科研人才库，为科学研究注入了源源不断的创新活力。至2022年4月，中国散裂中子源以其卓越的科研能力和广泛的应用探索，完成了约700项用户实验课题，成为东莞乃至全国科技创新的一个重要里程碑。在新型锂电池材料、斯格明子的拓扑磁

何以东莞

性、自旋霍尔磁性薄膜、高强合金的纳米相、太阳能电池结构、航空材料、可燃冰、页岩、催化剂等众多前沿科技领域，散裂中子源的应用取得了显著成果，极大地推动了科学技术的进步和产业的升级发展。特别值得一提的是，散裂中子源在国际顶级学术期刊如 Science、Nature Communication、Advanced Material 上发表的用户实验成果文章超过 120 篇，其成果产生水平远超同期国外同类散裂中子源，标志着中国散裂中子源的技术和综合性能已跻身国际先进行列。

松山湖材料实验室：应用创新的**标杆**

成立于 2018 年的松山湖材料实验室是我国新材料研发的南方基地、国家物质科学研究的重要组成部分和粤港澳交叉开放的新窗口。松山湖材料实验室由中国科学院高能物理研究所主导，广东省科学技术厅提供指导，东莞市人民政府与中国科学院高能物理研究所共同建设，是广东省首批启动的四家省级实验室之一。

松山湖材料实验室（东莞图库 陈栋 摄）

松山湖材料实验室致力于架起科技成果从基础研究到产业转化的桥梁，解决科技成果转化过程中的难题。作为广东省首批省级实验室之一，实验室采取了基础研究与产业转化并行的发展策略。实验室的口号"在科技成果向产业化转移的死亡谷上，架一座铁索桥！"彰显了其使命感和决心。高校在实验室中进行的研究工作主要是原理验证，即从0到1的创新过程，而松山湖材料实验室则专注于将这些原理验证的成果进一步发展，实现从1到10的转化，最终推动科技成果走向市场，实现产业化。

体制改革为科技创新松绑

松山湖材料实验室在应用创新方面采取了一系列创新做法，旨在打破传统束缚，激发科研活力。首先，松山湖材料实验室在促进科技成果转化方面采取了创新的中试生产线策略。实验室不仅允许建立中试生产线，还支持通过创业公司销售这些中试产品，以快速响应客户需求并进行产品改进。这种模式相当于为企业提供了一条助力科技成果转化的"船"，实验室在资金、研发条件和团队支持方面提供全面保障，显著提高了科研成果的市场化成功率。此外，实验室还对学术研究成果进行实际应用的"装饰"，将理论成果转化为实际可触摸的产品。其次，实验室在体制机制改革方面发挥了示范作用。作为东莞市科技体制机制改革的"试验田"，松山湖材料实验室通过体制创新为科技创新"解绑"。实验室实行了与国际创新规律相符合的新型管理体制和运营机制，赋予实验室在科研立项、技术路线调整、人才引进培养、职称评审、科研成果处置和经费使用等方面更大的自主权。再次，实验室在经费使用和人才管理上展现了灵活性。实验室作为专项经费使用和管理的责任主体，采用负面清单制度，确保了科研人员在经费使用上拥有更大的自主性，即科研人员可以根据实际需要灵活调配资源。同时，实验室在科研项目管理上拥有自主立项权，人员管理上不设定行政级别和工资总额限制，实行社会化用人和市场化薪酬制度。最后，实验室在人才评价和引进上突破了传统框架。面向全球招聘人才，评价标准不局限于论文和学历，更注重候选人的实际能力和贡献。这种评价机制鼓励了科研人员集中精力攻克科研难题，同时充分信任科学家，允许他们在科研探索中拥有更大的自由度。通过这些创新做法，松山湖材料实验室不仅优化了科研成果的转化流程，还为科研人员提供了一个更加开放、灵活和高效的科研环境。

从样品到产品再到商品

经过 5 年多的不懈努力，松山湖材料实验室已经迅速崛起，成为大湾区综合性国家科学中心建设的关键支撑平台，并在应用创新方面取得了显著成效。实验室团队从 3 人扩展至千人规模，成功构建了四大核心板块，并在十大科学研究方向上取得了突破。相关资料显示，松山湖材料实验室已经吸引了 25 个团队进驻，并直接孵化了 42 家产业化公司。截至 2023 年 8 月，已经有 17 个团队在资本市场完成融资，总融资规模约 7.5 亿元人民币，整体项目估值超过 40 亿元人民币。实验室不仅见证了松山湖从"科技产业园区"到"大湾区综合性国家科学中心先行启动区"的华丽转变，还探索实践了一条包括"项目开源－概念验证－融通资本－先奖后投－联合中心－滚动发展－品质管理"的成果转化体制机制。这一机制有效地推动了科技成果"从样品到产品再到商品"的转化应用，逐步在科技成果转移转化的"死亡谷"上架起了一座"铁索桥"，赢得了市场的认可，并形成了具有创新性的"松山湖模式"。

广东华中科技大学工业技术研究院：高校成果转化先锋

原始创新和应用创新到完成科技成果转化是科技领域长期面临的挑战。为应对这一挑战，华中科技大学与东莞市政府、广东省科技厅基于"把学问做在车间里，把文章写在大地上"的共同信念，于 2007 年合作共建了广东华中科技大学工业技术研究院（以下简称工研院）。工研院是一个促进科技成果转化、服务地方产业发展的新型平台。东莞提供资金支持，而华中科技大学则贡献其专业团队，共同推进这一新生事物——工研院，也被称作新型研发机构。工研院的成立标志着政府与高校合作的新模式，通过这种合作，可以有效地将学术研究成果转化为实际的工业应用，从而推动地方经济的创新和发展。这种模式不仅加强了科研成果与市场需求的对接，还促进了高校研究成果的社会价值实现，为地方产业的升级和转型提供了强有力的科技支撑。

"三无"特点、"三有"优势

这一创新不仅激发了科研活力，还有效推动了科技成果的转化。首先，工研院的

"三无"特点——无编制、无级别、无固定运行经费，这种管理模式打破了传统科研机构的束缚，为科研人员提供了更大的创新自由度和灵活性。这种自由度使得科研人员能够更加专注于科研创新，而不是受到行政级别和固定经费的限制，从而激发了他们的创造力和主动性。面对初期的生计问题，工研院巧妙地利用了东莞产业集群的优势，尤其是大朗毛纺织产业的5000多家企业。通过开发并销售全自动毛纺织编织机，工研院不仅解决了自身的生存问题，还为当地产业的升级提供了技术支持。这一举措充分体现了工研院的市场导向和产业服务能力，也展示了其在科技成果转化为实际生产力方面的实际成效。其次，工研院的"三有"优势——政府的大力支持、市场化盈利能力和创新创业与创富相结合的激励机制，为工研院的发展注入了强劲动力。华中科技大学的灵活决策权和东莞市政府的开明思想及高效率决策，共同为工研院的快速成长提供了有力支持。这种支持不仅体现在政策和资金上，更体现在对科研人员的信任和放权上，使得科研人员能够在宽松的环境中自由探索，大胆创新。再次，人才是工研院发展的核心动力。工研院通过创新的激励机制，如将知识产权形成的无形资产价值的大部分归创造团队所有，成功吸引了来自国内外知名高校的1800多名人才。这种以人为本的人才策略，不仅为工研院聚集了一大批高水平的科研人才，也为科研人员的创新活动提供了强大的动力。这些人才的加入，为工研院的科研创新和产业发展提供了源源不断的智力支持。最后，工研院经过集思广益，形成了三项核心工作理念——创新是立足之本，创造是生存之道，创业是发展之路。这些理念不仅指导着工研院的各项工作，也成为推动其持续发展的强大动力。创新是科研工作的生命线，是推动科技进步和社会发展的关键；创造则是将创新成果转化为实际产品和应用的过程，是科研工作的重要目标；而创业则是将科研成果转化为经济效益，实现科研与产业的结合，是科研工作的重要方向。这三项理念相互促进，相得益彰，共同构成了工研院的核心价值观和行动指南。通过这一系列的体制创新和战略布局，工研院不仅在科研领域取得了显著的成绩，也在推动科技成果转化为实际生产力方面走在了前列。

松湖华科产业孵化园

工研院在推动科技成果转化和产业孵化方面取得了显著成效，其发展历程可圈可点。2011年，工研院迈出了关键一步，开始投资建设松湖华科产业孵化园，这不仅是东莞市首个国家级孵化器，更是工研院在科技成果转化和产业孵化领域的重要里程碑。松湖华科产业孵化园的建立，标志着工研院在科技企业孵化方面迈出了坚实的步伐。此后，工研院不断拓展孵化网络，大岭山、厚街、韶关等地的华科城相继建成，形成了一个覆盖广泛、功能完善的孵化体系。整个华科城孵化面积达到了50万平方米，为科技企业提供了充足的发展空间。2012年，华科城·松湖华科正式投入使用，仅一年后就被科技部认定为国家级科技企业孵化器，这不仅是对工研院孵化能力的认可，也是对其在科技成果转化方面所做工作的肯定。在52万平方米的科技孵化载体里，工研院累计孵化了科技企业1184家，其中包括国家高新技术企业和上市企业，这些企业不仅推动了地方经济的发展，也为我国的科技进步作出了贡献。工研院的孵化成效，得益于其先进的孵化理念和完善的孵化体系。工研院坚持以市场为导向，以企业为主体，以创新为核心，构建了一个集研发、孵化、投资于一体的全链条孵化体系。通过提供全方位的孵化服务，包括技术支持、资金扶持、市场对接等，工研院帮助科技企业快速成长，实现了科技成果的产业化。此外，工研院还积极探索与地方政府、高校、企业的合作模式，形成了一个多方参与、资源共享、互利共赢的孵化生态。截至2022年年底，东莞市已有32家新型研发机构，这些机构累计服务企业超过2万家，创办和孵化企业950家。

松山湖国际创新创业社区：综合性创新服务平台

松山湖国际创新创业社区（以下简称双创社区）自2020年7月正式揭牌以来，肩负着打通科技成果转化"最后一公里"的使命，致力于将科技成果转化为企业培育的强大动力。在短短的几年时间里，双创社区内的高新技术企业数量实现了从不足10家到2023年年底突破116家的飞跃，这一显著成就的背后，是双创社区在创新生态构建上的卓越努力和持续赋能。双创社区之所以能够展现出如此强大的吸引力，关键在于其完善的创新生态系统。作为东莞市创新创业的示范窗口，双创社区得到了东莞市科技局、松山湖管委会、东实集团等多方的大力支持和资源注入。

外引内育策略

双创社区通过其创新成功实现了科技成果转化到企业培育，形成了一个充满活力的创新生态系统。首先，双创社区不仅确保了优质企业能够顺利入驻并长期发展，还建立了一个覆盖企业全周期的综合服务平台。位于双创社区G4栋一楼的"综合服务中心"，提供一站式服务，涉及工商税法、人力资源、营销推广、金融服务等多个领域，极大地便利了企业的运营和发展。其次，双创社区不断创新服务机制，提供全过程跟踪服务，并为企业量身定制专业服务，通过优化软环境来增强企业的硬实力。同时，双创社区还加强了企业入驻前的评估工作，并与市高新技术产业协会合作，提前介入项目评审和政策宣讲，为高企申报和跟踪辅导提供支持。社区注重引导企业与高校、科研院所建立高水平的科研平台，推动产学研的深度融合，并通过引进和培养高层次人才，推动企业增加研发投入，从而提升知识产权的数量和质量，增强科研成果的转化能力。最后，除了赛事招引，社区还围绕已入驻企业的上下游产业链，开展精准招商和企业培育，成功吸引了包括新材料、新能源等多个领域的优质和高成长性项目，形成了明显的产业链发展趋势。依托大科学城装置集群、重大平台、高端人才团队和成熟的产业配套，双创社区加快构建全链条全要素创新生态体系，为源头创新、技术创新、成果转化和企业培育提供了有力支撑，并为全球人才打造了最优的创新创业创富生态。

企业成长摇篮

双创社区以其卓越的建设成效，已成为珠三角地区创新资源的集中高地。截至2023年，双创社区已成功集聚了12家新型研发机构，这些机构不仅代表了科研创新的前沿，也是推动科技成果转化的关键力量。此外，双创社区内还设有2个国家级孵化器和6个省市级孵化器，这些孵化器作为企业成长的摇篮，为初创企业提供了宝贵的资源和支持。更值得一提的是，双创社区拥有超过200个专业研发平台和5000多台先进的科研仪器设备，这些平台和设备为科研人员提供了强大的技术支持，极大地促进了科研项目的进展和科技成果的产出。这些设施的集聚，不仅提升了社区的科研实力，也为区域内外的科研合作和技术交流提供了便利条件。人才是创新的核心。双创社区凭借其优质的科研环境和政策支持，吸引了约5000名创业者和科研人才。这些人才的加入，为双创社区的创新发展注入了新鲜血液，也为双创社区的长远发展奠定了坚实的人才基础。双创社区通过提供良好的工作和生活条件，确保了人才的稳定和持续发展。此外，双创社区还积极构建开放合作的创新生态，通过与高校、科研机构、企业等多方的紧密合作，形成了产学研用一体化的创新链条。这种跨界合作模式，不仅加速了科技成果的转化，也促进了不同领域间的技术融合和创新。

启示

党的二十大报告明确提出，中国共产党的中心任务，就是团结带领全国各族人民全面建成社会主义现代化强国、实现第二个百年奋斗目标，以中国式现代化全面推进中华民族伟大复兴。2023年，习近平总书记在广东考察时指出，实现高水平科技自立自强，是中国式现代化建设的关键。科技创新是现代化的动力来源，推进现代化进程的内生动力和关键变量是颠覆式的科技创新。中国式现代化是一条前人未曾走过的路，需要以前所未有的创新精神去探索，更需要高水平科技创新保驾护航。东莞松山湖科学城的建设是实现中国式现代化过程中推动科技创新的一个典型案例，对科技创新推动中国式现代化有以下启示。

创新之本，在于远见规划先行

早在2001年，松山湖科技园区的提前规划就为未来的科技城奠定了坚实的基础。随后，2006年引入的中国散裂中子源，不仅为科技城的科研能力提供了有力支撑，也为后续综合性国家科学中心的建设奠定了基础。2007年，通过与华中科技大学的合作，共建了工研院，进一步推动了科技城的科研实力和产业升级。这些举措充分展现了松山湖科技城在科技创新方面的远见卓识和战略眼光，为产业的持续升级和科技的长远发展奠定了坚实基础。

创新之链，需全要素系统贯穿

松山湖科学城构筑了"四梁八柱"的科技创新体系[1]，"四梁"指的是源头创新、技术创新、成果转化和企业培育，而"八柱"则包括重大科技设施、科研平台、高水平研究型大学、新型研发机构、科技型龙头企业、高端创新人才、城市配套和创新环境。该

---

[1] 朱汉斌：《松山湖科学城：以"四梁八柱"构筑原始创新高地》，《中国科学报》2021年12月8日。

系统实现了从原始创新到技术创新，再到成果转化和企业培育的无缝衔接。大科学装置集群的依托，为原始创新提供了坚实基础。松山湖材料实验室在此基础上不断推动技术创新，而与高等院校合作的新型研发机构则有效促进了科技成果的转化。此外，双创社区等孵化园，为创新型企业的培育提供了优质环境和资源支持。这一系统化的创新模式，不仅增强了松山湖科学城的科研实力，也为区域产业的转型升级注入了新动力。

创新之进，得益高效机制支撑

东莞松山湖科学城的工研院以其"三无"特点——无编制、无级别、无固定运行经费，颠覆了传统科研机构的管理模式，赋予了科研人员更大的自主权和创新自由度。这种灵活的管理机制，不仅提升了科研效率，也激发了科研人员的创新潜能。松山湖材料实验室在应用创新领域也采取了创新性做法，如在经费使用和职称评审等方面进行改革，进一步打破传统束缚，为科研人员提供了更加宽松和激励的创新环境。这些措施的实施，激发了科研活力，推动了科技创新成果的产出。

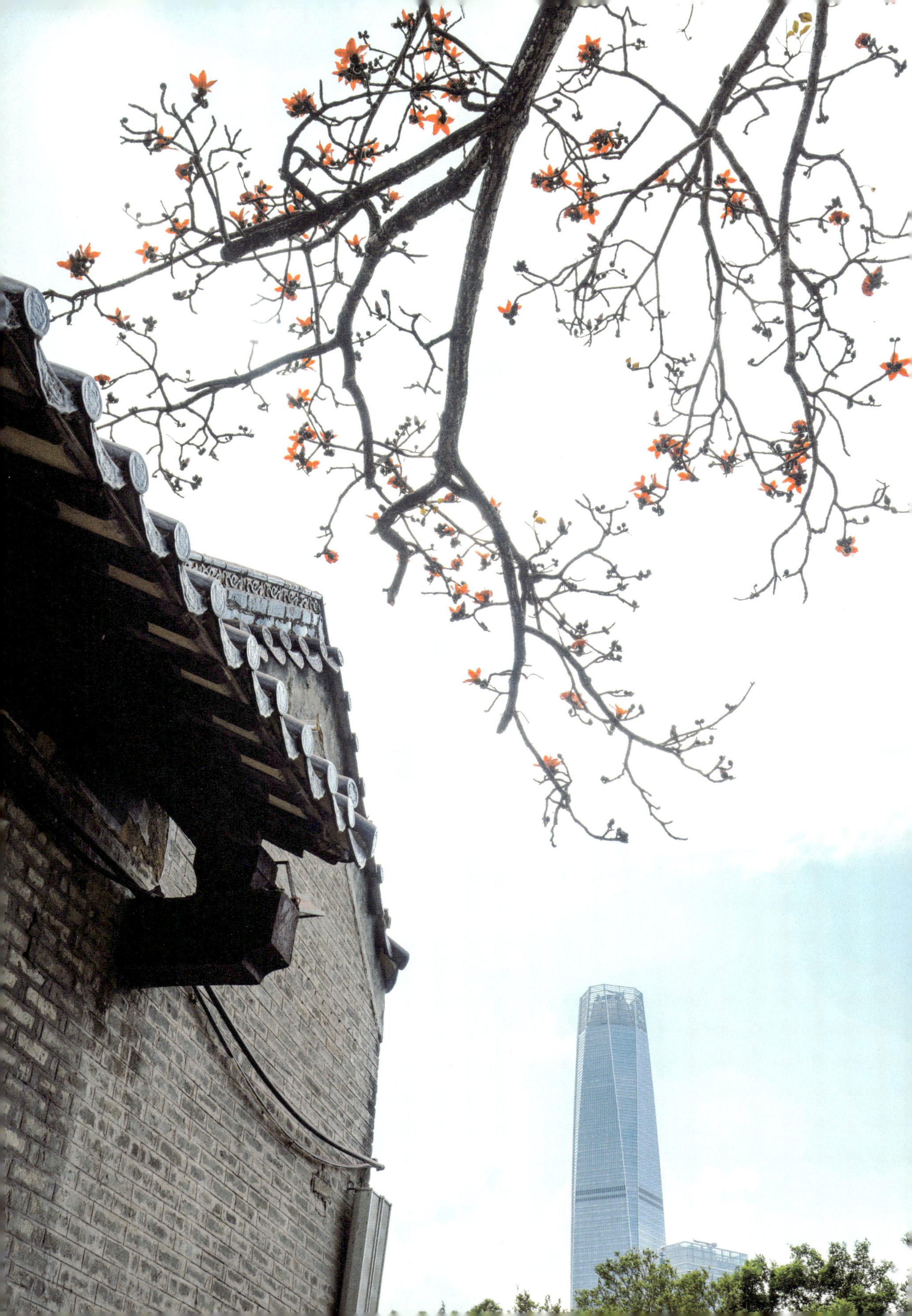

4

融合：
从二元分割到一体融合

2023年4月，习近平总书记视察广东，对城乡区域融合发展提出了明确要求，城乡区域发展不平衡是广东高质量发展最大短板，强调要着力解决城乡二元问题，努力把短板变成"潜力板"，提高发展平衡性和协调性。

进入新时代，东莞积极探索多措并举的融合发展策略，快速缩小区域和城乡差距，补齐精神文明短板，大幅提升生态环境治理，有力推动东莞在新的起点上再创发展奇迹。促进新型农村集体经济发展壮大，基本实现公共服务均衡可及高质量发展，推动全面乡村振兴。构建多层次、高水平的文化产品供给体系，发展历史与现代交织的特色文化，推动精神文明建设工作再上新台阶。扎实推进生态环境治理，提升优质生态产品供给能力，让绿色成为高质量发展最亮丽的底色。在新的征程上，东莞将继续以均衡发展夯实共富根基，在守正创新中推动精神文明建设，推进高水平环境保护，为高质量发展和扎实推进中国式现代化提供更坚实、更可持续的动力保障。

何以东莞

全域共富
展示深度融合范式

改革开放以来，尤其是邓小平同志视察南方发表系列讲话后，东莞以引进"三来一补"为突破口，大力推进农村工业化，发展农村集体经济，坚持市、镇、村、组"四个轮子"一起转，乡镇企业呈现出"村村点火，户户冒烟"的局面。党的十八大以来，东莞不断推动农村集体经济转型升级，增强镇村集体经济持续发展能力。截至2023年底，全市村、组两级27917个股份经济组织总资产达2696亿元，占全省农村集体经济股份资产的1/5左右。东莞613个村（社区）经济组织中，总资产1亿元以上的村（社区）有485个，其中5亿~10亿元的村（社区）有93个，10亿~50亿元的村（社区）有45个，50亿~100亿元的村（社区）有2个；净资产超1亿元的村（社区）有461个，超10亿元的有33个；纯收入超亿元的村（社区）有44个。一部分人富不算富，大家富才是真的富。近两年，东莞实行先富带动后富、结对帮扶政策，50个乡村振兴重点帮扶村（社区）总收入、纯收入快速增长，增幅分别是全市增长水平的290%、280%。在农村集体经济和集体收入取得长足发展的同时，村民收入也稳步增长，获得感持续增强。2018—2023年，全市农村集体经营纯收入增长75.9%，股份分红增长67.3%，实现了集体经济收益和股份分红的快速增长。2023年，农村居民人均可支配收入达46865元，连续六年位居全省第一。其中，村民股东人均分红9324元，占农村居民人均可支配收入的20%左右。

改革开放40多年来，东莞坚持全域统筹，着力构建城乡一体的现代化快捷交通体系和基本公共服务体系，实现了村村都有高等级公路、多功能图书馆、幼儿园、卫生服务中心。农村工业化与城市化互促融合，有力推动了城乡、镇村和全域协调并进。那种"一边是城市繁荣，一边是农村凋敝"的二元景象在东莞已不复存在，城乡一体、融合发展、共同繁荣的新型城乡关系和发展格局正在东莞大地上形成。

雁田：藏富于民的百亿元村

东莞市凤岗镇雁田村，南连深圳市龙岗区和平湖区，距罗湖中心区21公里、香港30公里。雁田村史悠久、人杰地灵，下辖9个自然村，现有常住人口约15万。在改革开放政策的春风吹拂下，在上级党委、政府的领导和支持下，历届村委团结带领广大群众，将一个山区农业村发展为现代化工业城。2023年底，凤岗镇雁田村村组两级总资产（含下属资产公司）达102.6亿元，比上年增长10.3%，成为东莞首个"百亿村",[①] 村民人均分红超过4.7万元。如今的雁田已成为工商业占主导的中国特色社会主义现代化典型村，成为闻名遐迩的"金凤凰"。

东莞首个"百亿村"凤岗镇雁田村（东莞图库 叶瑞和 摄）

[①] 施美：《东莞诞生首个"百亿村"》，《南方日报》2024年2月1日。

何以东莞

雁田村是东莞农村集体经济转型升级和持续发展的缩影，是新时代推进乡村振兴的东莞样板。雁田的蜕变，展现了中国特色社会主义先行示范区辐射带动下东莞乡村的锦绣画卷，成为着眼世界、立足湾区、对标深圳的精彩典范，谱写了中国特色社会主义现代化强村的绚丽华章。

创新引领，"小雁"变凤凰

雁田村的发展得益于党组织的坚强领导，关键在于选好村委带头人和"领头雁"。从老书记邓耀辉到现任书记邓泽荣，都非常注重运用改革创新思维，激发群众首创精神，紧紧依靠广大群众，以宽广的眼界、坚定的魄力和强大的动员力，团结带领群众，不断创造新业绩，实现新跨越。

20世纪八九十年代，雁田村凭借毗邻凤岗深圳的优越地理位置，大力引进外资，兴办"三来一补"企业，大量建设厂房住房，村组工业迅速崛起，产业结构发生了根本变化，工业占据主导地位。进入新世纪，雁田以"强基固本"为战略，以提质增效为动力，进一步调整村组经济结构，整合原有传统加工业，引进"三资企业"，推动企业形态和产业结构脱胎换骨，不断向高附加值产业迈进。

进入新时代，雁田村坚持创新发展理念，坚定实施"创新驱动"发展战略，紧紧抓住建设粤港澳大湾区和深圳建设中国特色社会主义先行示范区的大好机遇，确立打造粤港澳大湾区"乡村振兴智造示范新城"的发展目标，建设"智慧雁田、金融雁田、宜居雁田"，全面建设宜居宜业的区域性科技金融创新中心。

近年来，雁田村着力抓好新兴产业的培育和新兴业态的发展，积极构建"1+2+3"创新型智慧产业生态体系，逐步形成以新一代信息技术为引领、以智能制造和科技金融产业为主导，以绿色科技产业、现代科技服务业、现代商贸服务业为支撑的产业布局。在重大产业基地和载体建设上，立足自身产业基础和配套优势，重点规划建设智慧创新产业带、智能制造产业带和绿色科技产业带。如智慧创新产业带建设，将充分把握新一代人工智能及相关技术、产业发展机遇，依托京东、天安等重大创新产业平台，聚合粤港澳大湾区创新产业、人才及资源要素，引进和培育一批优质创新企业，形成区域性新兴产业集群，打造凤岗人工智能特色小镇的核心引擎。京东、天安等重大创新产业平台全部建成投产后，每年预计创造约580亿元产值、45亿元税收。又如，智能制造产业带建设，将打造以智能制造为核心的"智能化＋产业"与科技金融产业承载空间，引导智能制造产业链上下游各环节加速集聚，推动数字技术与传统制造业深度融合，大力开展传统产业企业数字化智能化改造，加快制造业创新发展。

产城一体，社区新典范

雁田始终以产业为龙头，坚持工业立村，稳步增加集体经济收入，推动集体经济高质量发展。扶持村内20家规上集体企业做大做强，带动中小微企业同步发展。推行集体经济多元化发展，盘活集体资产，拓展资本运营方式，入股优质项目、投资金融产品，每年为集体经济创收逾2亿元。

雁田村还凭借毗邻深圳市龙岗区和平湖区，近水楼台先得月的有利条件，充分学习借鉴深圳的新型产业社区和现代化产业园区建设经验，坚持"产城人一体融合"发展理念，统筹协调区域功能布局，科学规划功能分区，打造"一廊两区三带"（一廊指生态品质绿色廊，两区指现代服务人才居住区和现代服务商务中心，三带是指智慧创新产业带、智能制造产业带和绿色科技产业带），建设产城一体、城乡融合、区域协调的现代化社区的新典范。

发展经济的同时，雁田村非常注重产城配套设施建设和功能完善。响应东莞市委市政府的号召，大力实施城市品质提升工程，大手笔改造升级雁湖公园及街心公园，新建文化中心、老年活动中心、新莞人活动中心、阳光雨党员服务中心以及村篮球馆、羽毛球馆、乒乓球馆等公共服务设施。全面深入组织实施系列文明创建工作，建设美丽和谐幸福家园，村民归属感大大增强。先后获得广东省卫生村、东莞文化建设标兵村、南粤尊师重教先进单位、全国绿化千佳村等荣誉，成为名副其实的现代化社区新典范。

本外融合，共享活样板

党的十九大以来，雁田村坚持以"提升社会治理能力现代化"为抓手，着力打造幸福宜居的现代化乡村。

力促教育均等化，为外来工子女教育解决后顾之忧。雁田村被评为"南粤尊师重教先进单位"，村内有2所公办学校，9所民办学校和幼儿园。其中2所公办小学每年为500多名外来工子女提供学位。其中雁田小学是东莞第一家新莞人子女公办学校，拥有藏书 5 万册的图书馆一座、大小公园数处。雁田村通过出台一系列奖教奖学措施，积极营造良好的教育氛围，最大限度解决外来务工人口子女最为关心的教育问题。

广纳英才，提供优质居住环境。雁田村内先后建设了多处高档小区、十多家三星级以上酒店，引入广济集团投资 3 亿元建成广济医院（三甲）。通过大力整合医疗、教育、休闲等配套功能，打造集多种都市服务功能为一体的创新型现代生活空间，为高端人才提供优质居住环境，提升人才的吸引力、承载力。

抓好文化共建共享，弘扬文明风尚。全国文明村雁田拥有优秀的民俗文化和乡土文化，历史底蕴深厚。村里定期举办"雁田杯"篮球赛、乒乓球赛、羽毛球赛、才艺大赛、文艺晚会等各类文体活动，通过雁田图书馆等文教综合平台，举办"客侨大讲堂"和"道德讲堂"等文化教育活动，弘扬文明风尚，提升生活质量，倡导良风美俗，培育文明乡风、良好家风、淳朴民风，树立雁田良好形象。走进雁田村，高楼林立，商贸繁荣，街道整洁，车水马龙，人文鼎盛，现代文明气息扑面而来。

长安："百千万工程"典型镇

长安镇位于东莞市南端，珠江口东岸，南与深圳市宝安区松岗街道接壤，西接虎门镇。镇域面积 79.69 平方公里，下辖 15 个社区（含 3 个新型社区）。截至 2024 年 2 月，常住人口 80.4 万人，其中户籍人口 9.7 万人，旅港乡亲约 1.1 万人。2023 年，全镇实现生产总值 965.2 亿元，排名全市第一。连续多年位居全国综合实力"千强镇"前列。

三大百亿级制造业集群

千百年来，长安以农业为主，至 1979 年，农业总产值为 1088 万元，工业总产值仅 50 万元，占比为 4.4%。[①]1978 年以来，长安充分利用临近深圳、香港和珠江口的区位优势，改革开放的政策优势，大量外来劳动者涌入的人口优势，大力发展"三来一补"和"三资"企业，工业化快速推进，形成了以电子信息产业、五金模具产业等为特色的集群

---

① 东莞市地方志编纂委员会：《东莞市志（1979—2000）》下册，广东人民出版社 2013 年版，第 1630 页。

化发展。2023年，长安工业总产值2972亿元，44年增长594倍，实现了工业化质的飞跃。

长安镇坚定"实体经济为本、制造业当家"不动摇，全力巩固产业集群优势。立足15万市场主体雄厚基础，厚植OPPO、ViVO等总部经济优势，持续推进2000亿电子信息、500亿五金模具及机器视觉、新能源配套、电子大健康3个百亿级产业集群梯队固本强基，2023年工业总产值2972亿元。用好5000万元镇级产业及创新配套奖励资金，鼓励企业加大研发投入，推动传统企业加快数字化转型，2023年新增国家级"小巨人"企业7家，新增省级"专精特新"企业105家。

长安镇（视觉中国）

宜居宜业城乡空间

农业时代的长安生态环境优美，1987年全镇有水田55000亩和香蕉园5500亩，但没有一栋五层以上的楼房，也没有一米硬化的马路。40余年来，长安以工业化促进城市化，以城市化推动现代化，一代又一代长安人接力塑造宜居宜业的城乡空间。近年投入约3.8亿元实施16个美丽圩镇"七个一"项目，截至2023年底已完成11个。坚持人居环境整治先行，健全环境提升激励机制，设立8000万元奖励资金，撬动社区将不低于5%的集体年收入、总额不低于1.5亿的资金用于提升人居环境。全方位支持新民社区打造省级典型社区，带动全域社区对标争先。率先启动锦厦新村、霄边下洋小区两个城中村项目建设，支持该项目在城中村高品质改造中当示范、树标杆。

此外，长安全力推进"绿美长安"建设。落实林长制，保护森林资源和古树名木。以80千米"绿道+碧道"慢行系统串联全域生态、人文要素，绣出"满城山水画、处处皆风景、步步有诗意"的美好生活新图景，加快"滨海湾至松山湖碧道建设工程（长安镇段）一期"建设，碧荷园入选绿美广东建设示范点。持续开展"五边""四旁"绿化，累计建成"四小园"258个，口袋公园30个，绿美长安成色更足。发挥工青妇群体组织力量，开展"美丽庭院"、长安"青年林"植绿护绿工作，形成人人关心、共同参与的社会氛围。

共建共治共享幸福家园

长安人口众多，结构复杂，高峰时人口超过百万，社会矛盾频发。为促进人口与城市深度融合共生共荣，长安始终把强化党建引领基层治理作为指导思想，创建"平安住宅小区"16个、"平安出租屋"2979栋。投入17亿元共建滨海湾中心医院长安院区，实现民生配套与城市能级"双提升"。依托"两馆一中心一书苑"加强惠民文化供给，启用莲花山风景区水上活动中心，推动生态文明与文化旅游体育深度融合，2024年3月获评全省首批优秀公共文化服务体系示范区。投入5000万元实施"十百千万百万"人才工程，建设"长安技谷"，成立长安镇人才发展联盟和技能人才服务协会，全镇人才总量达20万人，力争两年内高层次人才数量翻倍。

东莞医保：探路**普惠公平**医保之路

1985年东莞撤县设市，原先的社会劳动保险公司改制为东莞市社会劳动保险公司，探索改革开放初期适合东莞市民的医疗保障制度。2019年1月，东莞市医疗保障局成立，标志着东莞医保进入新阶段。40多年来，东莞以"人人公平享有基本医疗保障"为理念，勇于探索，走出了一条务实、创新、包容、稳健，充分体现社会主义公平正义的医保之路。

1992年，邓小平同志亲临广东等地并发表南方谈话，东莞迎来了新一波发展热潮，随着工业迅猛发展，外来务工人员的大量流入，医保制度的压力日益增大。第一部《中华人民共和国劳动保险条例》于 1951 年 2 月公布、1953 年 1 月修订实施（"文化大革命"期间暂停），其中第七条规定：劳动保险的各项费用，"全部由实行劳动保险的企业行政方面或资方负担"。这就是后来所谓"劳保医疗""公费医疗"的主要依据。到 1992 年，由于大量外来劳动者涌入，由资方全额负担职工保险费用的制度造成了东莞巨大的医保资金缺口……这种情况不仅出现在珠三角，也出现在北京、上海等大城市。一些中小企业，"一人生病住院，全厂医保基金亏空"。

东莞面临巨大挑战，也在艰难探索。1992 年 3 月，东莞出台了职工社会医疗保险试行办法，将职工医疗保障由企业统包改革为社会统筹，推出了"部分个人专户、部分社会基金"的医保模式，按职工工资总额的 6% 征收医保基金，其中企业缴纳 4.5%，个人缴纳 1.5%。个人出资占比不大却意义重大，这一模式领先广东乃至全国。同年 5 月，国务院办公厅发布《关于进一步做好职工医疗制度改革工作的通知》，首次提出医疗保险改革要走社会化道路，在某种意义上充分肯定了东莞的改革方向。

1998 年 12 月，国务院颁布《关于建立城镇职工基本医疗保险制度的决定》（国发〔1998〕44 号）。这份被民间称为"44 号文"的纲领性文件，是我国医保制度规模最大、范围最广的一次根本性变革，该决定要求全国城镇统一实行"统筹基金"和"个人账户"结合（即"统账结合"）的医保模式。而东莞当时的情况是：很多产业工人认为，钱只有拿到手里才放心，要把钱交给社保机构，怎么看也有点不靠谱。因此参保意愿不强。更关键的是，东莞资产总额在 1000 万元以下的中小企业占总数的 85%，如果严格按照国家规定的"统账结合"的模式筹资，筹资比例将达到职工月工资的 8%～9%，其中 6% 由企业负担，这对于"处于产业链中低端、利润微薄"的大多数企业来说，无异于是沉重的负担。

东莞医保人审时度势，深入调研，在省市相关部门的理解支持下，于 1999 年 3 月推出了被称为"21 号文"的《东莞市职工基本医疗保险暂行规定》，并于 2000 年 3 月正式实施。这一规定的创新之处在于：机关事业单位、市属企业等按照国家规定"统账结合"，建立综合基本医疗保险；其他用人单位如"三来一补"企业、外资和民营企业建立住院基本医疗保险。因为在民企、外资企业，住院花费是医保的重点，抓住这一重点，也就抓住了主要矛盾。向来务实的东莞医保人也深知：某些企业商会宣称的"你全覆盖，我卷铺盖"绝不是威胁，而是实实在在表达了对企业生存发展的担忧。某些企业受社保新政影响迁往周边城市也是事实。①

2002年11月，党的十六大提出全面建设小康社会的奋斗目标。2004年，东莞GDP达1155亿元，综合实力位居全国前列。在城乡加速一体化的大背景下，2004年1月、2月，东莞先后颁布《农（居）民基本医疗保险暂行办法》及实施细则，参照职工基本医保模式，在全国率先将农村合作医疗"一步到位"调整为农（居）民基本医疗保险，将户籍城乡居民全部纳入医保体系。这一改革是东莞医保的第二次"重大改革"，意义在于未设区县的"直筒子市"实现了统一的医保管理系统，结束了各镇街新型农村合作医疗（"新农合"）各自为战、"诸侯医保"的乱象。②

2007年7月，国务院发布《关于开展城镇居民基本医疗保险试点的指导意见》，重点是要解决城镇非从业人员尤其是中小学生（包括职业高中、中专、技校学生）、少年儿童、老人、残疾人的医保问题。东莞人口结构特殊，中小学生中的非户籍随迁子女、非户籍少儿、老人数量庞大，要达到国家提出的要求，不是短期内能实现的。2009年9月，东莞首先将非户籍大中专院校在校生纳入基本医保，2012年9月又将非户籍职工在莞就读子女纳入医保，首次全面实现了基本医保从户籍向非户籍人口、就业向非就业人口扩展。至2013年，东莞医保最后的差别终被打破——完成了全民医保"一个制度"的顶层设计，即所有职工、城乡居民、机关事业单位及国企员工"真正统一基数、统一费率参加社会基本医疗保险，按同等标准享受住院、特定门诊、社区门诊待遇，更好地体现了公共服务的均等化"③。在基本险以外，所有单位和个人都可以自愿参加补充险，主要用于补助参保人的自费医疗项目，不设最高支付限额。截至2022年，东莞医保基金累计支付近1000亿元。

2022年4月，"莞家福"普惠型商业健康险在东莞上线，将商业险与基本险结合。2020年8月，"东莞市民保"项目上线。作为普惠型补充医疗保险项目，具有"高额保障、老少同价、无需体检、一键投保"的特点，凡是东莞市基本医保参保人员，不限年龄、

---

① 林岚、张亚林、江强：《求索：东莞医保改革三十年纪实》，南方日报出版社2022年版，第21页。
② 林岚、张亚林、江强：《求索：东莞医保改革三十年纪实》，南方日报出版社2022年版，第31页。
③ 林岚、张亚林、江强：《求索：东莞医保改革三十年纪实》，南方日报出版社2022年版，第48页。

职业、户籍，不分职工还是居民，每年只需缴费 69 元，均可获得一年最高 300 万元的保障。"东莞市民保"是全国首个"补充医疗保险＋医保电子凭证"的创新应用模式，以移动互联网打通线上、线下，连接医院、保险公司和金融机构，满足医疗机构和保险行业的创新服务需求。

2022 年 12 月，《东莞市基本医疗保险门诊共济保障实施细则》出台，医保从住院向门诊扩展，进一步减轻了参保人的医疗负担。截至 2023 年 9 月底，东莞市基本医保参保人数达 663.01 万人。2023 年底，旧的《东莞市社会医疗保险办法》有效期满，2024 年 1 月 1 日起，新的《东莞市医疗保障办法》实施。新办法按照国家医保制度改革精神，明确了政府医保的权责边界以及制度框架；同时参照广东省医疗保障待遇清单制度，确立了基本医保（含单建统筹职工医保、统账结合职工医保及居民医保）、补充医保（含大病保险）、医疗救助的三重医保制度，从制度架构上理顺了国家、省、市的关系，对东莞市医保制度纵向衔接、规范高效具有重要意义。

启示

党的二十大报告指出，"全面建设社会主义现代化国家，最艰巨最繁重的任务仍然在农村"，并把"全面推进乡村振兴""促进区域协调发展"作为加快构建新发展格局，着力推动高质量发展的重要任务。2022 年 12 月 8 日，中共广东省委通过《关于实施"百县千镇万村高质量发展工程"促进城乡区域协调发展的决定》。2023 年 5 月，东莞发出全面推进"百千万工程"动员令。"百千万工程"，目标是实现区域协调发展和城乡融合发展，探索中国式现代化的广东路径。从 40 多年的实践来看，东莞推进城乡融合发展，实现共同富裕，体现了三大理念。

统筹理念

经济、政治、社会、文化、生态看似是各自独立的领域，实则互相联系、深度关联。东莞的工业化、城市化得益于农村提供的富余劳动力和土地，城市高度发展之后反哺农村，既是社会伦理的要求，也是社会稳定的重要保障。同理，大量外来务工者来到东莞，既为东莞提供了必要的产业工人，也解决了内地富余劳动力的转型问题。国家、省、市

何以东莞

各个层面、各个行业的统筹，使得东莞赢得了巨大的发展机遇。东莞雁田就是这一统筹理念结出的硕果。

系统理念

"统筹"突出主体实践，"系统"突出客体规律。世界是有机联系的，割裂开来只会违背规律，损害我们的事业。长安镇在"百千万工程"中脱颖而出，是40多年来尊重客观规律、持守系统思维的回报。这一"系统"即包括城市与乡村系统、居民与农民系统、本土与外来系统、经济与环境系统、个体与社会系统、现实与理想系统、习俗与文化系统，等等。只有运用系统思维，我们才能抓住主要矛盾，解决核心问题，推进经济社会有序发展。

人本理念

毛泽东同志在新中国成立前夕所写的《唯心历史观的破产》一文中指出："世间一切事物中，人是第一个可宝贵的。"东莞在40多年的发展中，也充分认识到——离开人就什么都做不成。东莞40多年的医保改革史始终把"普惠公平"作为最高的追求，实质就是要把"人"作为共享基本价值的主体，发展依靠人、发展为了人，发展成果为人所共享。正因如此，东莞才从改革开放初的110多万人口，汇聚为如今的千万人口，这是"人"的胜利，也是东莞践行"以人为本"理念的最好证明。

4　融合：从二元分割到一体融合

文化强市
描绘文明东莞底蕴

　　精神文明是指人类在改造客观世界和主观世界的过程中所取得的精神成果的总和。党的二十大报告指出，中国式现代化是物质文明和精神文明相协调的现代化，物质富足、精神富有是社会主义现代化的根本要求。中国共产党历来十分重视精神文明建设，改革开放以后更是创造性地确立了物质文明和精神文明"两手抓、两手都要硬"的战略方针。1980年12月，邓小平同志在中央工作会议上指出："我们要建设的社会主义国家，不但要有高度的物质文明，而且要有高度的精神文明。所谓精神文明，不但是指教育、科学、文化（这是完全必要的），而且是指共产主义的思想、理想、信念、道德、纪律，革命的立场和原则，人与人的同志式关系，等等。"党的十八大以来，习近平总书记高度重视精神文明建设，提出并形成了习近平文化思想，为精神文明建设提供了根本遵循。

　　东莞作为岭南文明重要发祥地，在加强物质文明建设的同时，也十分重视精神文明建设。2001—2010年东莞实施了"文化新城"发展战略，在文化建设理念以及硬件、软件等方面都有了跨越式发展，形成了图书馆之城、博物馆之城、文化广场之城、音乐剧之都"三城一都"的文化发展格局。2010年，东莞又确立了"文化名城"发展战略，提出打造全国公共文化服务名城、国家历史文化名城、全国现代文化产业名城、岭南文化精品名城等"四大名城"建设任务。经过十年的接续发展，东莞公共文化服务成为全国示范，文化遗产得到有效保护，文艺创演精品迭出，文化产业体系逐渐完善。2020年，东莞制定出台了"品质文化之都"三年行动计划，大力推动文化新一轮繁荣发展。这一年，东莞连续第五次获得"全国文明城市"荣誉称号。站在"双万"新起点上，2023年东莞以文化强市建设为抓手，制定出台"1+8"政策文件，提出重点打造"七大文化"、

何以东莞

擦亮四张城市文化名片的建设任务。从"文化新城"到"文化名城",再到"品质文化之都"以及"文化强市"建设,东莞以包容、务实、敢闯、敢干的精神品质努力推进"两个文明协调发展",为中国式现代化发展贡献东莞力量。

推动公共文化服务高质量发展

在公共文化服务领域东莞走在全国前列。2004 年,东莞开创了图书馆总分馆体系,为全国首创;2013 年底东莞成功创建为全国首批、全省第一个国家公共文化服务体系示范区;2014 年,东莞入选国家公共文化服务标准化试点城市;2015 年东莞成功申报全国第一批数字文化馆建设试点城市;2018 年东莞市在广东省率先举办文采会;2023 年,东莞出台《东莞市公共文化服务高质量发展实施方案》,着力打造文化供给引领示范高地。

东莞图书馆首创总分馆制

总分馆制是 21 世纪初期从国外引进的公共图书馆建设经验。东莞图书馆早在 2002 年就开始着手谋划地区图书馆的整体性发展,2004 年正式启动总分馆制建设。目前,东莞图书馆已经建立起总馆、分馆、服务站、图书流动车、24 小时自助图书馆、城市阅读驿站、绘本馆等三级网络、多种形态的全覆盖服务体系,并实现了"一馆办证,多馆借书;一馆借书,多馆还书"的服务模式,形成了新时期公共图书馆全面创新服务的新形态。

2020 年 6 月 24 日,54 岁的湖北农民工吴桂春在即将离别东莞之际,来到东莞图书馆退销读者证。吴桂春在东莞工作 17 年,来东莞图书馆看书 12 年,对东莞图书馆有特别深厚的感情。离别之际,他写下 100 多字读者留言,以表达他对图书馆的不舍,"想起这些年的生活,最好的地方就是图书馆了,虽万般不舍,然生活所迫,余生永不忘你"。语言简朴、情感真挚,让人动容。这页留言被图书馆馆员拍照传至工作群,随后转发扩散,引起社会广泛关注。6 月 26 日,人民日报客户端发表快评《让书香成为一座城市最大的眷恋》,文中评论:"正是这'书肩上的东莞',成了像吴桂春这样的农民工离开前最大的眷恋。"6 月 26 日晚央视新闻频道《新闻 1+1》推出《一家图书馆 一位读者 一座城市》的报道,评论员白岩松感慨"图书馆让东莞这座城市更有温度"。一个人、一座馆、一座城,彼此相互成就,而东莞图书馆作为公共文化的行业标兵,它的故事也因读者留言更加多姿多彩。

4 融合：从二元分割到一体融合

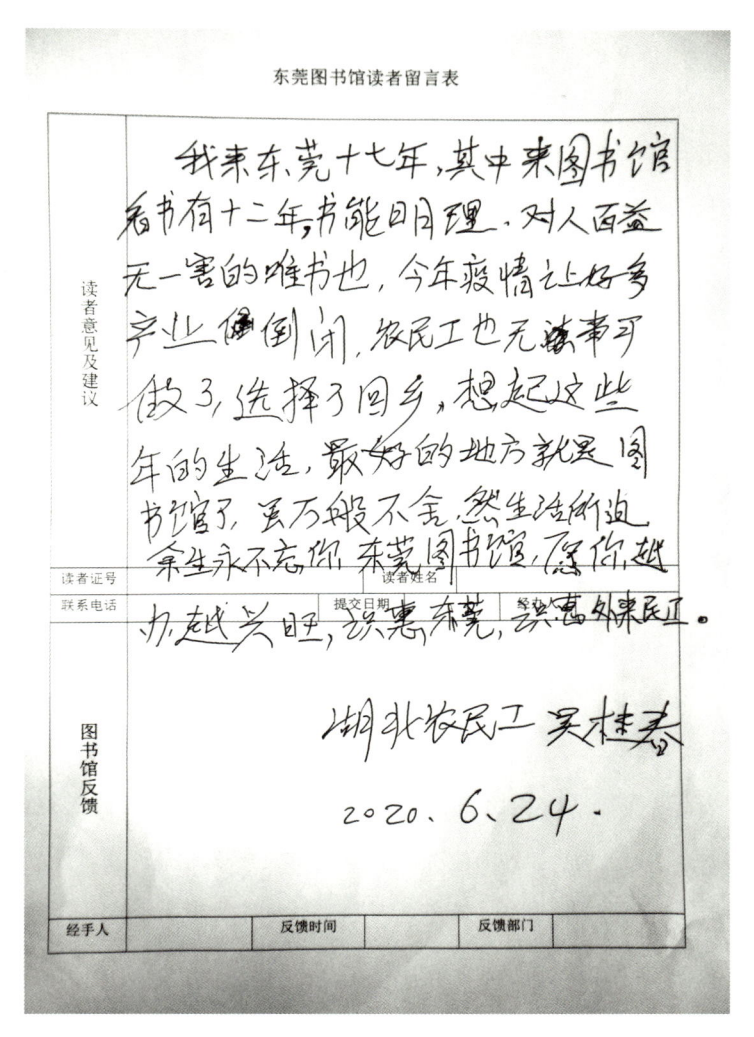

吴桂春留言（东莞图库 郑志波 摄）

2002 年，东莞图书馆面向全国招聘馆长，毕业于北京大学图书馆专业并在辽宁省图书馆工作 18 年的李东来作为高层次人才引进东莞。到东莞后，李东来在调查研究的基础上，借鉴现代城市图书馆的建设理念，牵头制定出台了《东莞市图书馆新馆建设与发展规划纲要（2001—2010）》。纲要的核心思想就是图书馆的集群化协同发展，点面结合，总分馆制由此诞生。在总分馆制推行之初，技术障碍是最大的症结与瓶颈，而作为馆长的李东来在这方面恰好有长期的积累。在李东来的推动下，东莞图书馆从解决技术瓶颈入手，将所有分馆资源都纳入总分馆体系中，资产所有权和使用权分隔明确，各成员馆通过互联网使用同一系统平台，从而实现文献资源共享。有了技术支持，各分馆无需购买昂贵的软件设备，无需配备专业技术人员，只作为一个服务窗口，集中精力提升服务水平。除了技术上的共建共享外，在管理上也由总馆牵头制定各项运行管理制度以及业务工作标准，由市政府制定出台考评激励机制，以此指导总分馆建设，保证总分馆的服务水平。通过技术和管理两个层面的共建共享，东莞图书馆总分馆体系逐步建立起来。

围绕建设有全国影响力的公共图书馆目标，东莞图书馆不断创新总分馆制发展形式，进一步构建更为便民、普惠、均等、高质量的图书馆服务体系。一是推进城市阅读驿站建设。城市阅读驿站是嵌入在市民日常生活的新型阅读空间。2017年东莞启动"城市阅读驿站"建设项目，截至2024年2月，已建成140个（含25个粤书吧）。遍布城市不同角落的各类型城市阅读驿站，"小而精、小而美、小而特"，深受市民喜爱和认可。二是打造全国首个绘本馆服务网络。东莞图书馆于2017年4月启动"东莞图书馆绘本馆体系建设"项目，依托总分馆体系，以绘本为切入点，联合分馆、社区、学校和企业等建立专业化绘本馆，逐步在全市范围内搭建绘本阅读服务网络，为儿童阅读构建良好的市域阅读生态环境。三是推出"我+书房"家庭图书馆。东莞图书馆"我+书房"家庭图书馆项目于2021年4月启动，基于2009年提出的"图书馆服务到户工程"进行延续和创新，充分调动、整合各项资源，联动社会力量，将图书馆资源和服务推送到家庭。四是启动"班级微书馆"项目。为进一步推动馆校合作、使公共图书馆优质阅读资源惠及更多师生，东莞图书馆陆续与多所学校联动合作启动"班级微书馆"项目，并逐步推广至全市各镇街、园区，进一步营造书香校园的浓厚氛围。

东莞市文化馆夯实总分馆制

2015年东莞成功申报为全国第一批数字文化馆建设试点城市。以此为契机，东莞坚持先行先试，大力推进文化馆总分馆制建设，逐渐形成了"一个体系、双线建设、多种模式"的文化馆总分馆制的"东莞样式"。目前，东莞已建成市文化馆1个、镇街（园区）分馆33个、共享文化馆50个、村（社区）支馆（服务点）586个，共享文化空间220个，实现全市文化馆总分馆制建设全覆盖。

在2017年探索推进第一批试点分馆建设之后，东莞于2018年制定出台《东莞市文化馆总分馆制建设实施方案》。此后，为统一标准，东莞先后发布了《东莞市文化馆服务规范》《东莞市文化馆总分馆服务标准》《东莞市文化馆分馆考核标准》等规范性文件，对总分馆的设施与设备、人员、服务、安全和评价提出要求，给出了文化馆总分馆建设和服务的指标"说明书"，并将文化馆总分馆制的建设情况纳入公共文化服务考核指标，并对总分馆服务效能开展公众满意度测评。

作为全国第一批数字文化馆建设试点单位，东莞同步推进数字文化馆与总分馆建设。依托数字文化馆建设的重点成果——"文化莞家"线上服务平台，建立了文化馆总分馆服务工作协调机制，开展现代化的运作管理。按照"总馆统一建设、分馆共同使用"的建设原则，平台由总馆集中开发，总分馆共建共享，实现全市各类公共文化服务产品供给内容线上线下的联动发展。东莞市文化馆设立专门部门——信息技术服务部，统筹数字化工作，负责平台搭建、日常维护管理和技术支持。各部门、各分馆分层级设置管理和内容上传权限，安排专人对接平台工作。同时，通过数据分析和横向对比，倒逼各分馆积极落实公共文化服务的数字化手段革新，提升公共文化服务效能。

"分类推进"是东莞市文化馆总分馆制建设的主要特征，即针对分馆的发展水平，总馆在资源上分类推进配置。一是平台联盟式，对于条件较好的分馆，总分馆互联互通，合作发展。二是业务派驻式，对于亟须提档升级，特别是人才队伍力量较为薄弱的分馆，总馆派驻专业人员担任业务副馆长。三是委托管理式，对于基本服务供给相对短缺的分馆，总馆组建托管团队进行统筹管理。四是品牌连锁式，将一些条件成熟的企事业单位和社会性机构或组织，通过冠名资助、合作举办、出资协办、参与承办、提供服务等方式纳入文化馆总分馆体系，总馆为分馆提供统一标识系统，并给予业务和资源支持。这种"一核多元"分类推进的东莞市文化馆总分馆制，为全国总分馆制建设带来了新思路，得到国内行业专家的高度评价。

打造极具辨识度的城市文化品牌

为更好提升城市文化软实力，促进千万人口共生共荣，增强城市知名度美誉度，讲好东莞故事，2021年东莞围绕"科技创新＋先进制造"城市定位，提出打造"近代史开篇地""国际制造名城""潮流东莞""篮球城市"四张城市文化名片。东莞是一个外来人口占多数、平均年龄只有33.4岁、以制造业为主的城市，基于这样的城市特点，东莞自发自觉地形成了属于自己的城市文化IP。

何以东莞

一座因篮球而疯狂的城市

中国篮球看广东,广东篮球看东莞。东莞篮球铸就的辉煌,来源于东莞篮球的深厚积淀:从1984年常平篮球队勇夺全国"丰收杯"农民篮球赛冠军,到1993年成立全国第一家民营职业篮球俱乐部——广东宏远篮球俱乐部;从1982年成立东莞市篮球协会,到2004年获评"全国篮球城市";从宏远男篮勇夺"十一冠王"创下CBA历史第一、新彤盛女篮问鼎WCBA成就"一城双冠"佳话,到市镇村三级篮球联赛等的全民参与。东莞,因篮球而疯狂,"全国篮球城市"实至名归。

2009年5月3日,广东,08/09CBA总决赛第5回合,广东宏远106-95战胜新疆广汇,总分4-1成功卫冕,6年内5次捧起总冠军奖杯。(视觉中国)

1993年12月28日,在自幼酷爱篮球运动的宏远公司董事长陈林的推动下,广东宏远篮球俱乐部在北京成功注册,成为全国第一家民营篮球俱乐部。此后,东莞相继成立或设立了广东骏达女子篮球俱乐部(1998年5月)、东莞新世纪篮球俱乐部(2003年7

月)、东莞长安柏宁篮球俱乐部(2005年6月)、香港篮球俱乐部凤岗基地(2009年12月)、东莞嘉宏女子篮球队(2010年12月)等。这些篮球俱乐部或篮球队为省队和国家队培养和输送了大批篮球专业人才,杜锋、朱芳雨等篮球明星均培养自东莞。

篮球场馆是篮球运动的基础。东莞篮球场地覆盖面广,可以说是"村村有篮球场,镇镇有篮球馆"。2022年推出的《东莞篮球城市发展报告》显示:东莞记录在册的篮球场地多达6664个,其中室外篮球场6102个,室内篮球馆493个,三人篮球场69个,基本形成15分钟篮球圈。在高端场馆建设方面,2000年为了迎接第九届全国运动会(东莞赛区)篮球比赛,大朗镇政府建立了全国第一个镇级CBA球馆——大朗体育馆。2014年落成的东莞篮球中心,被称为"CBA第一馆",是全国前十、广东最大的篮球场馆,拥有16000多个座位。此外,丰富多彩的篮球赛事是东莞因篮球而疯狂的重要原因。东莞篮球赛事贯穿全年,市镇村三级联赛、公务员联赛、企业联赛、校园篮球赛等,覆盖了各年龄层、各行各业,参与人数多而广,深受市民喜爱。如东莞"村BA",以专业球赛标准设置赛制,部分镇街的村联赛甚至能分成甲、乙、丙三组举行。据统计,按照CBA办赛流程,东莞每年正规比赛多达千场。2019年篮球世界杯赛区之一便选址东莞,东莞也成为当年八个赛区中继北京之后,承接赛事最多的城市之一(与上海并列)。

打造篮球品牌,助力城市形象提升。一是设置篮球地标。东莞以篮球为元素,在重要场所设置篮球地标,如"虎头+火焰"的冠军之师广东宏远队LOGO、"CBA第一馆"寮步篮球中心前的四只巨型手臂争抢金色篮球的"众志拼搏"雕塑、鸿福路商圈的"Laura·篮球城市"超大潮玩雕塑、南城体育中心前的"全国篮球城市"篮球雕塑等。二是举办篮球文化节。2022年,适逢东莞市篮球联赛举办20周年,东莞在国内首次以城市之名举办篮球文化节,活动赛事持续2个多月,共推出赛事互动、品牌传播、消费体验、思想交流、全民参与五大计划。2023东莞篮球城市文化节则实施了赛事提升、交流促进、全民共享和品牌输出等四大计划,为广大市民送上一场又一场盛大的篮球嘉年华。三是建设篮球特色精品示范村。东莞寮步镇缪边社区正计划以篮球为主题,建设全长约1.2千米的文旅参观体验线路,打造东莞首个篮球特色精品示范村及篮球网红打卡基地。

一座充满青春活力的潮流城市

东莞是一座年轻人的城市,全市人口平均年龄只有33.4岁。2021年,东莞提出打造

何以东莞

"潮流东莞"城市文化名片，以一系列潮流演出、潮流文旅、潮流玩具等，为年轻人提供时尚且充满青春活力的文化产品，助推东莞文化强市建设。

穿梭于东莞的大街小巷，不期就会与"火柴盒"相遇，邂逅一场精而美的音乐盛宴。2022年起，东莞市文化馆牵头打造"潮流东莞·火柴盒"城市艺术TIME，2023年共开展342场，线下受众23万人，线上直播观看人次达1784万，并成功入选首届全国群众文化品牌优秀案例。其中，2023年8月份举办的"漫·延"火柴盒音乐节，调动全市33组音乐团队、200多名演员歌手连续11天开展演出，吸引了20多万市民热情参与，在聚人气、促消费的同时，实现了群文活动新实践与艺术新刚需的同频共振。一根根点燃的"火柴"，不仅为市民带来"小而美""在身边"的潮流演出，也为本土音乐人才搭建展示舞台，为"潮流东莞"提供艺术支撑。

为适应现代人亲近自然的需求，2023年以来，东莞举办了"潮流东莞·生态露营节"。潮流东莞·生态露营节暨莞香印巷消费周、潮流东莞·生态露营节汉服专场（隐贤山庄）、潮流东莞·生态露营节（滨海湾专场）等以"露营+"融合多样元素，不断解锁露营新玩法。同时，"潮流东莞·乐购文旅"文旅体专项促消费活动持续开展，通过在春节、开学季、中秋国庆"双节"等文化旅游体育消费热点时段发放文旅体专项消费券，举办一系列线上线下促消费活动，进一步激活文旅体市场消费活力。

"世界玩具看中国，中国玩具看东莞。"潮玩是融入了艺术、设计、潮流、绘画、雕塑、动漫等多种理念的玩具，近年来广受青年人喜爱。全国近85%的潮玩和全球1/4的动漫衍生品都产自东莞。作为全国最大的玩具出口基地，东莞拥有超4000家玩具生产企业和近1500家上下游配套企业。像"一墩难求"的北京冬奥会吉祥物冰墩墩、卡塔尔世界杯吉祥物"拉伊卜"以及成都大运会吉祥物"蓉宝"都来自东莞本土产业链。得益于明显的产业集群化发展特色和较强的区域竞争力，2023年7月20日，在中国国际动漫博览会启动仪式上，中国玩具和婴童用品协会授予东莞"中国潮玩之都"称号。东莞也成为目前全国唯一获得该称号的地级市。而随着产业不断扩大，如今东莞形成了从原创IP设计生产到销售推广的全产业链新模式。著名的潮玩企业ECTOYS于2022年开始做自主品牌，顺林模型公司2016年就成立了自己的品牌，成为国内高端汽车模型领域第一个上市的公司。依托既有的产业链基础和政策支持，东莞玩具产业通过技术创新和自主品牌建设，实现了从传统制造到文化创意产品的转型升级，同时还拓展了与文化、旅游等产业的融合，形成了多元化的发展模式，成功将产品推向国内外市场，展现了其在全球玩具制造业中的竞争力和影响力。

在守正创新中 传承城市文化根脉

东莞历史文化底蕴深厚。2010年，东莞提出创建国家历史文化名城，并投入大量人力物力对文化遗产进行保护和活化，文物古迹得到有效修缮和合理利用，非物质文化遗产得到传承和发展，留住了乡愁，传承了城市文化根脉。

历史文化街区/村镇的保护和活化

东莞有2个历史文化名镇、6处历史文化街区、9个历史文化名村，这些历史文化街区/村镇是留住城市文化根脉的重要载体。近年来，东莞以创建国家历史文化名城为契机、以文化赋能高质量发展为动力，不断创新方式方法，大力推进历史文化街区/村镇的保护和活化。

石龙镇是国家历史文化名镇，而位于石龙镇的中山路是东莞首个被评上的省级历史文化街区，拥有大量民国时期的建筑。由于街区位于老城区，基础设施陈旧，且文物以及历史建筑等较为分散，为了保护街区历史风貌，同时保证街区商业、社会等功能正常运转，因此采用微改造的方式是其保护和发展的主要路径。石龙镇采用"有机微改造，渐进式更新"的改造方式，通过"民生大莞家""民生微实事""见缝造景""四小园"建设等微改造项目，将中山路历史文化街区内破旧和闲置空地以及一些特色建筑进行升级改造。目前，已升级改造或新建了30多处街头小景，微改造了街区附近的5家美食小店。其中，美食小店的微改造引起社会广泛关注。这种既满足需求又保留特色，既期待改变又不想改变的"尺度"拿捏，需要在"熟悉"与"翻新"中取得一个平衡点，在设计师、店主、店员以及顾客之间寻找"最大公约数"。美食小店的微改造无疑是一个大胆尝试。

位于东莞茶山镇的南社村是中国历史文化名村，有着800多年的历史，具有浓厚的岭南特色，是我国保存较为完好的明清古建筑群之一。南社村探索的"政府引导＋社会运营＋村集体管理＋村民参与"的模式被誉为历史文化名村保护和活化的"南社模式"。2014年，南社村与相关高校合作，提出"分类分级保护"的方法。2015年，南社村村委

何以东莞

会与东莞市南社创意文化旅游发展有限公司签订合作协议，将古村开发、运营交由公司管理，村委会则行使统筹与监督职能。此外，南社创意公司还积极引导村民参与古村落的保护与开发，通过雇佣村民、支付房租等方式提高村民收入，同时指导村民从事民宿开发、文创产品经营、特色农产品售卖等工作，形成了企业与村民的良性互动。

茶山镇南社明清古村落（陈培坤 摄）

非物质文化遗产的传承和发展

东莞非遗资源丰富，拥有 10 项国家级、54 项省级、167 项市级非遗项目。一直以来，东莞市不断推进非遗系统性、整体性保护，秉持着见人见物见生活的理念，从衣食住行出发，不断探索东莞非遗保护发展的新方式。

东莞开展从"非遗进校园"到"非遗在校园"活动十年来，通过非遗展览、活态展演、非遗课堂等多种形式，带动学校常态化开设非遗课程，达到"非遗在校园"扎根的目的。每年在全市学校内开展普及教育活动、校园基地建设、校外实践活动、非遗师资培训、成果总结等，将非遗相关项目以"学校点单"形式送进校园，同时带动学生走出校园，走进市非遗展示厅、非遗传承基地和教育营地，沉浸式体验非遗技艺，并通过"我是非遗小小传承人"系列征集活动、"非遗在校园传习基地"评选、非遗进校园总结会暨成果展示等活动，立体推进非遗进校园升级为"非遗在校园"。目前，在全国、全省"非遗进校园""非遗少年学"实践案例征集活动中，东莞入选案例数量位居全省前列。其中，"广东省东莞市非遗进校园实践案例"入选 2021 年全国十大优秀案例（广东唯一），"东莞市莞脉传承之非物质文化遗产进校园实践案例"入选全省"精品案例"。

服装是时尚文化的重要载体，也是广东支柱产业。2017 年，东莞策划举办"发现东莞非遗之美"——东莞非遗原创服装展演项目，并以"专场"形式亮相"广东国际时装周"，成为国内"非遗+服装"融合创新的优秀范例。项目以服装为媒介，以"非遗元素"为创作题材，邀请 49 名业内顶尖服装设计师走进东莞，以东莞代表性非遗项目为灵感，设计出了 44 件富有文化艺术价值的非遗服装作品，拉开了服装产业与非遗元素创新性发展的序篇。自 2017 年以来，东莞非遗原创服装展演在国内多个重要活动平台进行展示，通过线下展示及线上宣传，有力营造了传承弘扬优秀传统文化的良好氛围，探索出一条"非遗+设计""非遗+产业"的创新发展之路。

2020 年，东莞市非物质文化遗产保护中心推出线上形象大使"非遗小姐姐"作为东莞非遗新 IP，以年轻的形象、欢乐的风格介绍东莞非遗相关情况，为非物质文化遗产保护工作在线上发展、传播开辟了新路径。"非遗小姐姐"在"抖音""文化莞家"公众号等线上平台播出了包括"非遗达人""玩转东莞龙舟月""玩转七夕·东莞乞巧会""玩转中秋习俗""非遗新青年""非遗过大年"等系列视频，广受好评；此外，还参与拍摄非遗云课堂，参与录制"城市会客厅"节目，开展线上直播活动。运营以来，"非遗小姐姐"已成为东莞文化圈内小有名气的一个新 IP，受到中国文化报、广州日报、羊城晚报等媒体重点关注并做了专题报道，业界专家学者更以此作为典型案例探讨新时期非遗传播的新模式、新路径。

启示

党的二十大报告指出，物质贫困不是社会主义，精神贫乏也不是社会主义，要大力发展社会主义先进文化，加强理想信念教育，传承中华文明，促进物的全面丰富和人的

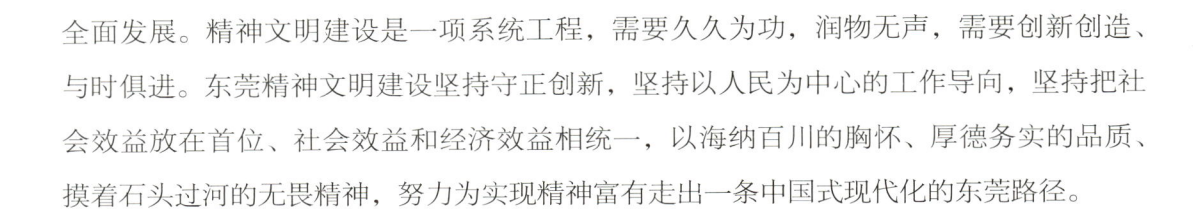

全面发展。精神文明建设是一项系统工程，需要久久为功，润物无声，需要创新创造、与时俱进。东莞精神文明建设坚持守正创新，坚持以人民为中心的工作导向，坚持把社会效益放在首位、社会效益和经济效益相统一，以海纳百川的胸怀、厚德务实的品质、摸着石头过河的无畏精神，努力为实现精神富有走出一条中国式现代化的东莞路径。

盘活城市公共文化服务资源

东莞外来人口占绝大多数，在文化资源的配置上难免出现不均衡。东莞创新图书馆、文化馆总分馆制建设模式，通过技术、管理、服务等的一体化、标准化，很好地解决了发展不平衡问题，而总分馆制的不断创新发展、线上线下联动、社会力量参与等，进一步延展了公共文化服务体系的范围。

打造具有辨识度的城市文化品牌

东莞的城市形象在过去一段时间里曾一度被人歪曲误解。然而，一方水土养育一方人，东莞的文化底蕴和现代气息为其提升城市形象提供了有力支撑。中国近代史开篇地、改革开放先行地、岭南文明重要发祥地的历史坐标，全国篮球城市、潮流东莞的时代符号，东莞正努力向内向外诠释一个与众不同的自己。

推动文化遗产保护与发展的良性互动

文化遗产是不可再生资源，东莞严格遵守文化遗产保护的相关规定，不搞大拆大建，以微改造的方式提升历史文化街区和历史文化名村等的环境品质。同时，在保护的前提下，积极探索文化遗产活化利用的有效路径，如文旅融合、非遗进校园、非遗潮玩等，推动保护与发展的良性互动。

环境友好
赋予发展生态支撑

坚持人与自然和谐共生是新时代坚持和发展中国特色社会主义的基本方略之一，是习近平生态文明思想的鲜明主题，是中国式现代化的重要特征。习近平总书记指出，我们建设现代化国家，走美欧老路是走不通的，再有几个地球也不够中国人消耗。[①] 现代化欧美老路是以人类为中心、以消耗自然资源和破坏生态环境为代价，而世界八大环境公害事件就是现代化欧美老路的典型代价。

虽然中国高速工业化也遭遇资源紧缺、环境污染的巨大压力，但是在"天人合一"优秀传统文化和马克思主义人与自然关系思想影响下，历届政府高度重视生态环境保护问题，率先将可持续发展战略写入国民经济社会发展规划，明确提出统筹人与自然和谐发展的科学发展观。进入新时代，我们党提出了"绿水青山就是金山银山"理念，站在人与自然和谐共生的高度谋划发展，坚定不移地走人与自然和谐共生的中国式现代化道路，中华大地形成了一批以高水平保护支撑高质量发展的实践案例。

自1988年升格为地级市以来，东莞在40余年的时间里基本走完西方经历几百年的工业化过程，在创造经济奇迹的同时也付出了沉重的生态环境代价。目前，东莞规模以上工业企业数量位居全国前列，常住人口超千万，但国土面积不到合肥、西安等同等经济规模城市的一半，东莞工业化是以时间和空间高度压缩的方式推进的，面临生产性排放和生活性排放的双重压力。一段时间以来，东莞粗放型发展模式导致资源过度消耗、生态环境严重破坏，土地开发强度逼近极限，环境容量超负荷，成为东莞经济持续发展的硬约束。

---

① 习近平：《论坚持人与自然和谐共生》，中央文献出版社2022年版，第23页。

何以东莞

在习近平生态文明思想指导下，在中央环保督察倒逼下，东莞打响蓝天保卫战、水污染治理攻坚战、净土防御战，出台全国首个地市级美丽河湖建设与评定技术方案，实行全国首部零散工业废水管理地方性法规，利用高科技精准打击非法排污，评选环境管理示范企业带动环境治理能力提升。经过全力攻坚，东莞市污染防治攻坚战取得显著成效，生态环境质量持续改善，2020 年东莞环境治理工作获得国务院督查激励，2021 年被授予国家生态文明建设示范区称号，2022 年入选国家"无废城市"建设名单。

绿美东莞：提供更多**优质生态产品**

东莞有深厚的生态本底，是香飘四季的岭南水乡，然而，改革开放以来，东莞经济高速增长导致生态空间被快速挤压，土地开发强度早已超过国际公认警戒线，开发建设占用耕地以异地代保为主，生态产品供给能力下降。空间格局总体呈现高开发强度、低利用效率、低空间品质的"一高两低"国土空间特征，外延式大规模的无序开发建设难以为继，民生设施、基础设施、龙头企业等对新增用地及周边配套的需求越来越难以保障。

为满足市民群众日益增长的优美生态环境需要，筑牢生态安全屏障，东莞市大力推进绿美东莞生态建设，深入实施科学绿化行动，提供更丰富的生态产品，努力打造"绿屏环绕、绿核引领、绿廊支撑、绿点出彩"的高水平一体化生态格局。

打造"千园共享"之城

东莞市以创建国家生态园林城市为契机，立足 1266 个各类公园，推动公园绿地开放共享，让市民群众共享公园绿地的生态福利。重点完善提升邻深大屏嶂森林公园、邻惠银瓶山森林公园等森林公园标杆。推进"一社区一公园"建设，打造口袋公园 101 个，试点开放共享 39 个公园绿地，打造多元化"公园+"活动共享模式。开展小菜园、小果园、小花园、小公园等"四小园"建设，建成"四小园" 10352 个，"碧塘" 501 个。在推动绿点满城、实现公园绿地城乡全覆盖的基础上，不断完善 1399 千米绿道、517 千米森林步道、560 千米碧道的建设，串联东莞新八景、森林公园、湿地公园等特色风光及生态自然景观。推动市际生态互联，缝合城市组团间的生态屏障，推进粤港澳大湾区珠三角水鸟生态廊道等建设。

扩大林业生态产品供给

探索配备的森林康复中心、森林运动场等服务设施，建设观澜湖度假区康养基地等森林康养基地，吸纳社会资本投建大岭山森林公园珍稀中草药种植园。构建有东莞特色的莞香种植、加工、研发、文创为一体的产业生态链，打造有较强竞争力的莞香产业，2023年第十三届中国（东莞）国际沉香文化产业博览会交易额破1.28亿元。创建国家荔枝产业集群，高质量建设"一区五镇十村N园"，全方位树立"高端荔枝东莞造"区域品牌形象。

倾力守护生态空间

开展自然保护区范围勘界和功能区划分，明确各森林公园和湿地公园经营范围和矢量化坐标，解决森林公园规划与其他规划矛盾等问题，完成东莞市银瓶山、自然生态、马山、莲花山、灯心塘5个自然保护区总体规划编制和矢量化方案。通过整合连片的优质森林资源来建设森林公园，为野生动植物提供优越自然环境，全市有陆生脊椎动物244种，高等维管束植物1692种，其中珍稀植物115种。[①]2023年，发现国家一级保护野生动物彩鹬、东方白鹳，相继观测到野生中华穿山甲繁殖种群、黄胸鹀（禾花雀）等濒危物种，以及珍稀鸟类黑冠鹃、黑脸琵鹭、小杓鹬、翻石鹬，两栖动物螯掌突蟾，爬行类动物广东颈槽蛇、挂墩后棱蛇和紫灰锦蛇等，生物多样性日益丰富。

实施绿美城乡建设行动，有效实现森林资源、生态效益双提升，人均公园绿地面积29.62平方米，实现"300米见绿、500米进园"。东莞成为五一假期最热门出行目的地之一。良好的生态环境吸引了大批优质企业落户，如推动红花油茶保护基地项目建设，打造松山湖科学城生态后花园，为服务华为等高端科研企业及人才提供有力生态支撑。

华阳湖：臭水沟蝶变为**国家湿地公园**

华阳湖位于东莞市与广州市交界的水乡片区，曾是岭南地区著名的鱼米之乡。20世

---

① 邵一弘：《推进制造业立市与绿美广东生态建设相互融合》，《南方日报》2023年10月23日。

纪 90 年代，新沙港建成使用，释放了华阳湖区位优势，水乡片区一时成为招商引资的热土。但由于历史局限，当时的招商引资没有厘清绿色经济与环境污染的矛盾关系，短时间内华阳湖周边陆续聚集了大量禽畜养殖场及化工、电镀、造纸企业。一方面，环境污染加剧，华阳湖及支流水系水质迅速恶化为劣 V 类，水体发黑发臭，河湖淤积堵塞，生境与生物多样性遭到损害；另一方面，"两高一低"企业占据了土地等要素资源，环境污染让水乡片区陷入产业价值链"低端锁定"，人居环境日益恶化，弱化了地区发展后劲。片区落后的产业经济，反过来又进一步制约了污染治理的积极性，华阳湖水乡片区的生态环境问题持续加剧，形成恶性循环。

系统化治理实现高水平保护

注重源头污染管控，设置一年的监测缓冲期，以第三方监测数据为依据，清退 6 大高污染行业企业。清理并妥善安置沿线养殖场。夯实环境基础设施建设，建设污水提升泵站及污水处理厂，因地制宜建设分散式地埋污水处理站，实现污水收集处理全覆盖，保障华阳湖水系水质安全。推进全域雨污分流建设，建立枯水期管网排查机制，通过"厂－网－河"三位一体联合调度方式，开展污水管网的倒灌问题识别及降水排查，推进污水处理厂提质增效。加强排污口监管与整治，多维度开展"查、测、溯"工作，既用无人机、无人船等高科技，又下笨功夫，用脚丈量河（湖）岸，做到有口皆查、应查尽查。

针对河涌淤塞、水系不通等问题症结，找准堵点位置，开展包含二涌河、三滘河、华阳河、马滘河等重点支流在内的水网疏浚工程，全面贯通华阳湖水系，"一潭死水"成"一片活水"。新建或重建泵闸，实现片区水系联排联调，有效规避潮汐效应对河湖水资源的冲击，保障华阳湖生态水位稳定。实施全岸线生态复绿工程，积极构建河湖生态缓冲带，因地制宜改造河滩生境，培育本土水生植物，定期捕捞清理外来入侵物种，构建形成健康的水生态系统。

以环境治理促进产业升级

淘汰落后产能并统筹农业用地，为片区绿色发展预留空间。开展"两高一低"专项行动，秉承"兴产业、拓空间、提品质"理念，坚持"有进有退"原则，利用市场化模式，引导"两高一低"企业全面退出。整治关停华阳湖周边"两高一低"企业，腾出用地空间。出台"旧城镇、旧厂房、旧村庄"改造实施办法，投入专项拆迁资金，以市场手段回收"三旧"用地。为解决散布坟墓影响用地统筹问题，定点建立公墓园，成立迁坟领导小组，村党工委班子身先士卒，有村干部在女儿出嫁当月带头迁坟，村民积极响应，顺利完成农地坟墓搬迁工作。

淘汰华阳湖周边"散乱污"企业，分类引导优质企业入园。引进京东、阿里巴巴等电商资源，实现传统物流产业集群发展。倒逼传统粮油生产企业转型升级，推动建设中粮产业园国家级粮油实验室。陆续与中粮、路易达孚、深粮等多家企业深化粮油贸易，逐步由小规模、高能耗粮油生产向高附加值的粮油研发与粮油贸易转型。

打造市民满意的水生态环境产品

以生态为底色，以良好的水环境为载体，建设岭南水乡文化旅游景区，开设光影水秀、真人实景"魅力麻涌"水上表演等特色项目，建成水上森林公园、极限广场、环湖路、特色风情岛等亲水平台，修建水上绿道、岸上绿道。沿湖举办南方草莓音乐节、水乡美食节等主题活动，丰富游客及周边群众业余生活。开展支流"一河两岸"景观提升工程，将华阳湖流域串联形成带状生态公园，多点构建群众喜闻乐见的亲水空间。

以华阳湖国家湿地公园为核心区，改造提升周边主要街道，推进城际、城市路网工程建设，逐步完善绿化、民宿、停车场等配套设施。实施"厕所革命"，对片区旅游公厕进行升级改造，打造成为"干净整洁、通透明亮、环保节能、方便快捷"的3A公厕。全面提升片区农村人居环境，助力乡村振兴。将水乡特色乡村统一规划、连片设计，整合农耕、龙舟等人文资源，建设美丽幸福村居项目。整治农村环境，因地制宜建设口袋公园。利用市场化手段运营清扫保洁、绿化养护；片区专项资金保障水域清洁，让村级财政零负担。统筹零散耕地发展都市观光农业，提升耕地产出效益和农民收入。

经过治理，河湖生态环境显著改善，呈现出"水清岸绿、鱼翔浅底"美丽景象。华阳湖水质由曾经长期黑臭提升至Ⅲ类及以上，基本实现全域水质优良。通过泵闸联排联调有效控制咸潮上溯对水资源影响，生态用水得到根本保障，稳定实现"有河有水"。水蕨已形成完整群落，白鹭、蜢蜞等重回栖息繁衍，生态功能明显恢复，稳定实现"有鱼

何以东莞

有草"。"两山"转化路径成功打通，促进形成新的经济隆起带。华阳湖水乡片区综合治理，改善了产业转型升级土壤，有力助推了经济腾飞。同时，万元 GDP 能耗大幅下降，用水量下降超过三成，实现绿色低碳转型。群众生活品质极大提升，实现美丽河湖共建共治共享。华阳湖成为珠三角重要休闲度假胜地，实现"人水和谐"。景观农业新业态基本形成，耕地产出价值与村民收入快速增长，片区 15 个行政村建成美丽乡村。

风光秀丽的麻涌镇华阳湖（东莞图库 叶瑞和 摄）

茅洲河综合整治：破解跨界污染难题

茅洲河发源于深圳市境内的羊台山北麓，下游段为深圳、东莞两市的界河。长安地势北高南低，背倚莲花山，俯瞰伶仃洋，茅洲河则穿过位于南部的新民社区。20 世纪 90 年代以来，茅洲河两岸企业、人口爆发式增长，茅洲河流域范围内逐渐聚集众多工业企业，其中包括大量小弱散乱工业作坊，伴随着经济发展的红红火火，茅洲河污水横流，水质恶化，氨氮、总磷等指标超过地表水 V 类水质标准的十几倍，被称作"珠三角污染最重的河"。

统筹推进，系统治理

东莞市委市政府把茅洲河流域污染整治作为全市水污染治理工作的头号工程和示范工程，主要领导靠前指挥，实地推动重大工程开展、重点问题解决、重要环节打通，督导全市干部决战决胜茅洲河流域攻坚战。成立东莞市茅洲河流域污染整治总指挥部和现场指挥部，由市委市政府主要领导分别任总指挥和副总指挥，由分管市领导担任现场指挥部指挥长，要求各级河长作为管辖河流的第一责任人，全面强化统筹协调，压实整治责任。编制《2019年茅洲河共和村国考断面水质达标攻坚方案》，制定综合整治作战总图并实施"挂图作战"，提高治污精准性和有效性。举行茅洲河流域水污染治理攻坚战誓师大会，动员全市上下以超常规的举措和手段，推动目标工程任务集中攻坚。召开百日攻坚战会议，聚焦流域污染整治重点环节和关键部位，全面细化各项工作措施，按"一河一图一表"制定攻坚工作任务书，提质提速推进茅洲河流域水污染综合整治。召开茅洲河综合整治督导决战会，推动完成关键性举措，确保断面消除劣Ⅴ类。

召开莞深联席协调会议，按照"同一节奏、同一规划、同一标准、同一机制、同一目标"的原则，建立完善与深圳的信息互通协调机制，紧密衔接综合治理专题方案，推进解决茅洲河界河保洁、清淤、生态补水等一系列问题。持续加强两市联合执法、交叉执法，发现多家涉嫌存在环境违法行为企业并立案处理。东莞市委市政府主要领导及分管负责同志现场调研督导，统筹解决流域整治关键性问题。成立东莞市污染防治攻坚战执行力督导工作组，派驻专人进驻茅洲河流域，实时督导与跟进有关问题解决。

"大兵团作战"推进治污工程

采用设计、采购、施工+运营（"EPC+O"）总承包模式，推动施工单位开展大兵团作战，以超常规力度同步推进全流域内多个项目。新建管网建设工程全面提速，流域内计划新增管网按期全部铺设完成，并实现全线通水。加快污水处理厂升级改造，锦厦三洲水质净化厂提标改造项目已完成设备安装并稳定运行，污水处理能力基本覆盖流域内每天污水生产量，出水标准达准Ⅳ类。摸查出入河排污口，按照"清理一批、整治一批、规范一批"的原则，制定"一口一策"整治方案，实行挂账销号制度，推动各社区集中攻坚整治，完成全部整治任务。

完善污水管网系统

在全力推进新建治理设施建设的基础上，重点推动现状污水管网系统的梳理和整改，同步开展多项河涌整治措施，切实加快流域综合整治步伐。通过全面摸查流域内污水处理厂、雨污管网、内河涌、排水户的管网内在关系，老旧污水管网与新建污水管网的接驳现状，老旧污水管网的缺陷和新建污水管网的收水情况，形成流域地下管网系统总图，真正实现"一张蓝图"统筹调度。大力推进雨污管网错接、漏接、混接整改，排水户污水"最后一米"接驳，污水管网淤堵清疏与缺陷修复等工作，精准解决管网系统存在的问题，逐步形成闭合、通畅的污水收集系统。实施对流域内河道清淤清障、对各河涌两岸的违建物清拆、对重污染河涌实施生态修复、利用污水厂尾水对河涌进行补水、高品位打造岸线景观等多项清淤、补水、生态修复措施，增强河涌整治效果。

严格监管，科学执法

运用先进环境监测和执法手段，加强治水工作技术支撑和保障。加强水污染防治执法体系建设，成立东莞市生态环境局执法监督委员会，全面强化对全市环境执法监管工作统筹协调。对茅洲河干流断面及重点河涌水质实行加密监测，定期向社会公布监测结果，及时掌握水质动态，深入分析数据变化，通过现代化手段强化技术支撑。

营造全民治水氛围

紧扣"全民治水"主题思想，充分发挥微信公众号、电视、报纸、微博等新闻媒体平台作用，对全市治水工作各方面内容开展全方位报道。每周在《东莞日报》设立"治水攻坚战"专版，在东莞电视台、东莞政府网、生态环境公众网以及新媒体上设立"治水攻坚战"宣传专栏。每月定期举办"河湖保洁日"和"河湖治理大家谈"活动，解答社会大众关切的河湖问题，凝聚社会治水共识。每季度开展"最美河涌""最美河长""最美巡河志愿者"评选，通过媒体广泛发动公众参与。招募民间河长和志愿者开展巡河的做法深受市民的好评。

4 融合：从二元分割到一体融合

整治后的茅洲河（长安段）水清岸美（东莞图库 洪波 摄）

经过综合治理，茅洲河环境状况大为改善。根据广东省环境监测中心的数据显示，2019年11月至今，茅洲河共和村国考断面水质达到Ⅴ类水或以上，水质明显好转。通过科学系统实施截污、清淤、活源、固堤、美景，水环境质量得到有效改善，群众对其避而远之的日子已一去不返，生态基底正逐渐恢复，茅洲河流域生态效益得到巨大提升。如今，茅洲河国考断面水质稳定优于Ⅳ类水，进入"长制久清"阶段。茅洲河治理达标后，沿岸也进行了治理，长安镇启动"绿道之城"建设，打造近岸休闲慢行系统。投资建设茅洲河河岸景观项目，沿线建设九大主题公园。到茅洲河畔看鱼、赏鹭、观景、运动健身已经成为长安市民节假日出游的热门节目，不仅丰富了节日生活，还能让市民感受到茅洲河环境改善后带来的"生态红利"。

启示

习近平总书记强调，"要站在人与自然和谐共生的高度谋划发展，通过高水平环境保护，不断塑造发展的新动能、新优势，着力构建绿色低碳循环经济体系，有效降低发展的资源环境代价，持续增强发展的潜力和后劲"①。东莞生态环境治理成效表明，要协同推进经济高质量发展和生态环境高水平保护，以高水平保护为高质量发展提供重要支撑。如今的东莞，三分之一是山，三分之一是水，森林河湖穿插在城乡之间，绿水青山已成为高质量发展的靠山。"推窗见绿、出门进园"的城市环境是让更多人才来到东莞、留在东莞的关键。东莞牢牢把握绿美生态建设与经济社会高质量发展的关系，以坚决的态度和举措，进一步写好绿美文章，牵引带动整座城市综合环境的提升，不断巩固和形成新的发展优势，努力实现生产、生活、生态空间的相生相融。

保持加强生态文明建设的战略定力

绿色是大自然的底色，也是美丽中国的主基调。习近平总书记强调"我们要坚定不移贯彻新发展理念，坚定不移走生态优先、绿色发展之路"②。虽然面临转型发展、产业链转移等重大挑战，但东莞坚定不移贯彻绿色发展理念，投巨资开展污染防治攻坚，把绿美东莞生态建设作为重要任务，"一把手"亲自部署督促推动绿美生态建设工作，各级林长、河长做好表率，发动全市党员干部参与生态建设，凝聚深入推进生态建设的强大动力。

坚持生态惠民、生态利民、生态为民

习近平总书记强调，"要坚持生态惠民、生态利民、生态为民，重点解决损害群众健康的突出环境问题"③。与先进地区相比，与市民群众对更美好环境的需求相比，东莞还存在区域生态状况不平衡、优质生态产品缺乏等短板。推进绿美生态建设和污染防治，落脚点始终是为市民群众提供更多优质生态产品，把推进绿美东莞建设与促进千万人口共生共荣结合起来，以更加有力有效的措施补短板，让良好生态环境成为千万人口美好生活的增长点、加分项。

---

① 《全面推进美丽中国建设 加快推进人与自然和谐共生的现代化》，《人民日报》2023年7月19日。

② 《全社会都做生态文明建设的实践者推动者让祖国天更蓝山更绿水更清生态环境更美好》，《人民日报》2022年3月30日。

③ 习近平：《论坚持人与自然和谐共生》，中央文献出版社2022年版，第11页。

运用整体系统观推进生态治理

习近平总书记强调,"要从系统工程和全局角度寻求新的治理之道"[①]。集中行政力量和财政资源有利于在短时间内大幅改善生态环境,但生态环境的"长制久清"需要多方力量参与和运用多元化手段。运用法治手段,针对工业企业数量众多的实际,东莞推动全国首部零散工业废水管理地方性法规施行,有效解决了保护环境与帮助企业纾困的两难问题;利用大数据、无人机、无人船等新技术,加快生态环境监管信息化建设,开启"智慧环保"模式,以信息化技术赋能精准治污、科学治污、依法治污;结合世界地球日、全国生态日等活动,持续开展各种形式的宣传,策划推出一批有新意、有分量、有影响力的深度报道、特别节目、融媒体产品,让广大群众和企业对治理工作的态度实现从抵触到理解、拥护和支持的升华,形成全民参与的强大合力。

---

① 习近平:《论坚持人与自然和谐共生》,中央文献出版社2022年版,第12页。

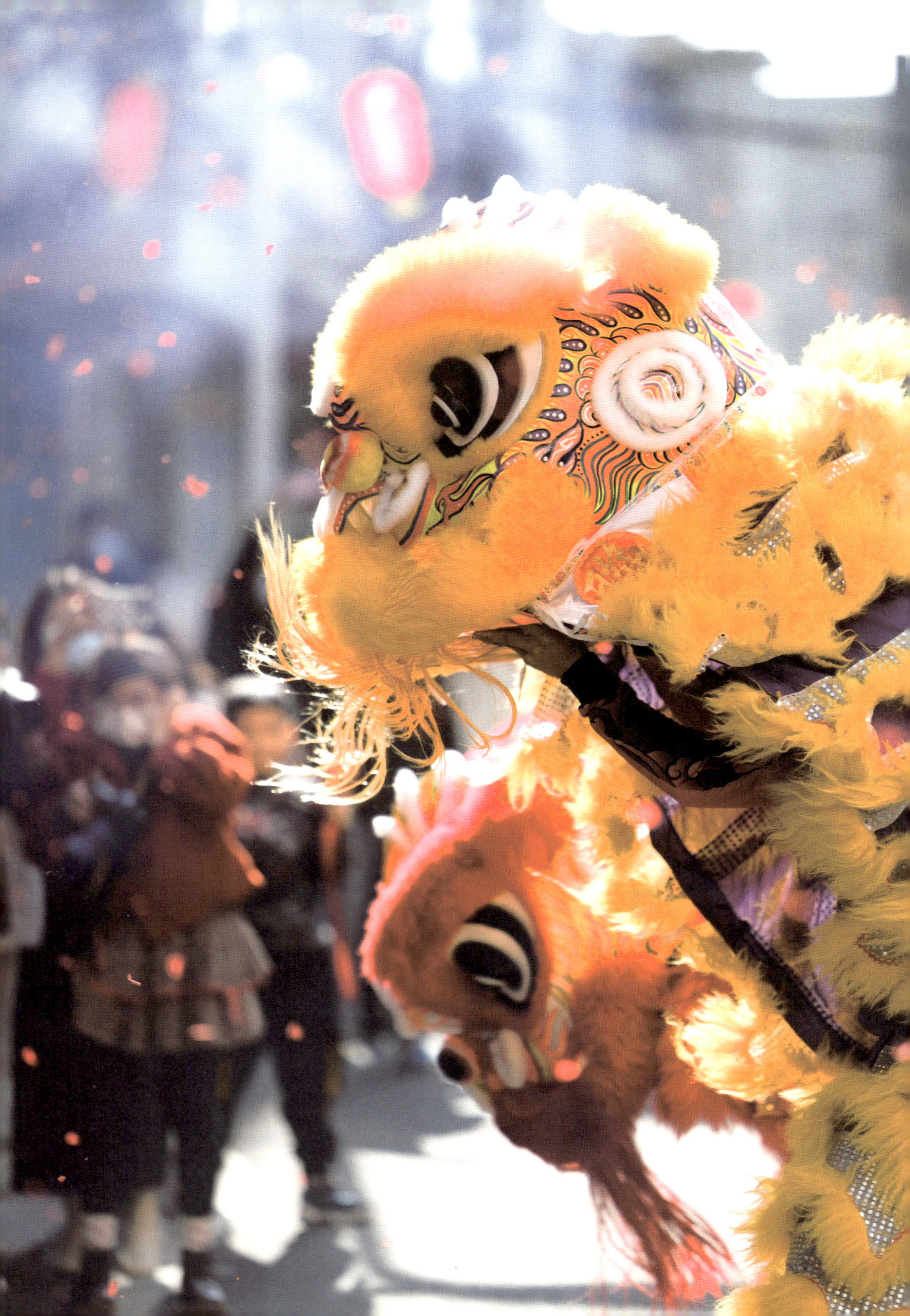

5

善治：
从矛盾多重到共生共荣

　　和谐善治是中国式现代化的重要保障。通过多元协同的治理方式，维护社会稳定，为现代化建设提供良好的社会环境和有力的治理支撑。现代化进程中的经济发展、社会进步、可持续发展以及文化发展，也为提高教育、就业、医疗、住房、养老等民生福祉提供了有力支撑。

　　改革开放 40 多年，东莞走过了一条极不寻常、极具特色的和谐善治之路，社会治理由"乱"到"治"，蜕变为社会治安良好有序的善治格局，成功演绎了沿海地区城市治理现代化发展轨迹。

何以东莞

以"智"共建
厚实平安东莞底气

　　平安是人民幸福安康的基本要求,是改革发展的基本前提。东莞大力推进工业化而聚集了千万人口,且外来人口多。第七次人口普查显示:东莞市居民平均年龄34岁,高中及以下文化程度占比超过70%,社会治安形势压力大。东莞现有市场经营主体超160万户、自建房出租屋38.7万间、"三小"场所56.9万间,容易滋生大量消防和安全生产隐患,不稳定因素较多,维稳压力较大。东莞是不设县级行政区的地级市,直接下辖34个镇街(园区),导致基层社会治理力量资源分散,治理效能长期不理想。

平安东莞建设(东莞图库 陈栋 摄)

为此，东莞市委市政府做强党建引领、夯实基层基础、完善法治保障、打造平安文化、升级社会治理、规范司法救助，在维护国家安全、社会安定、人民安宁，护航高质量发展的生动实践中取得了亮眼的成绩。其中最为突出的就是东莞连续五届获评平安中国建设示范市，连续两次获评全国平安建设最高荣誉"长安杯"，2018年以来东莞市连续6年在平安广东建设考评中荣膺"优秀"等次。

出租屋背后的"平安密码"

管好出租屋，治安好一半。这句话说出了出租屋管理对东莞的重要意义。平安出租屋创建是东莞开展平安创建活动的重中之重，而平安东莞创建造就的稳定社会环境、安全治安环境和良好法治环境，是东莞实现高质量发展、奋力推动东莞在全省推进中国式现代化建设大局中走在前列的坚强基石。

织密东莞出租屋管理制度体系

法者，治之端也。自2015年取得地方立法权后，东莞便将出租屋立法提上议事日程。2018年12月1日，《东莞市出租屋治安与消防安全管理条例》（以下简称《条例》）正式施行，进一步织密东莞出租屋管理制度体系。2023年8月30日，市十七届人大常委会第十四次会议召开，新修订的《条例》获表决通过。新修订的《条例》借鉴先进省市先进经验做法，更进一步明确出租人、承租人与共同居住人职责，安装出租屋门禁系统，消防安全管理等六大问题，聚焦基层治理能力现代化，更加贴合东莞社会治理新要求。用好地方立法权，以法治思维推进出租屋管理，以制度压实管理责任，成为东莞夯实出租屋管理的强有力抓手。

推进出租屋升"级"加"星"

绿色格子代表"宽管型"出租屋，蓝色格子代表"警示型"出租屋……走进东莞各镇街，你会发现出租屋有了"颜色身份证"。不同分级类型的出租屋用不同颜色标注，整齐排列在公示栏上，一目了然。这是全市出租屋管理提档升级、建立重点监管台账的一大缩影。依托全市"智网工程"基础网格，东莞通过将管理流程数据化，建立出租屋"花名册"，将出租屋相关信息数字化上图入格，将监管内容推送网格员作业手机限时落实。目前"智网系统"将出租屋分为"宽管型""警示型""严管型""禁租型"四个管理等级，将全市出租屋全量建档纳管。东莞还以开展创建"平安出租屋"活动为载体，健全完善出租屋源头治理长效机制，积小安为大安，创建全方位、看得见、摸得着的平安细胞。为了让租客住得安心、放心，东莞对出租屋实施动态分类定级管理，将出租屋巡查情况等进行公示，广大租客能更直观地了解出租屋的情况，倒逼广大出租屋主转变思想观念，由过去被管转变为自管，逐步实现源头治理的效果。电动自行车整治、消防安全隐患排查、化解基层矛盾纠纷……出租屋管理事无巨细，打造多元协同参与的共治格局势在必行。"楼栋长＋网格员"的管理方法，就是东莞创新出租屋管理模式的一个成功实践。网格管理员是隐患排查的"一线哨兵"、群众的"小管家"。出租屋房东对房屋、租客信息掌握最及时、准确，东莞大力吸收房东以"楼栋长"身份加入"东莞义警"队伍，成为出租屋治安管理的"前哨站"。

应用科技提升治理效能

东莞现在有 39 万多栋出租屋，星罗棋布的出租屋里居住着 1000 余万常住人员和流动人员。面对庞大的出租屋及租住人员体量，出租屋服务管理依靠单纯的人海战术是行不通的，还得用好科技的力量。茶山镇南社村全力建设智慧安全小区管理系统，推进"视频监控、车辆进出管理、智能门禁系统"三大工程，通过镇、村、业主按比例出资模式，建成出租屋门禁视频 185 套、"慧眼"小视频 115 路、人脸识别 15 路、小区车辆出入口采集设备 4 套，形成由外到内的多层次智能感知防控网络。同时，实施道路升级改造、车禁门禁、停车位划分、道路标识指引、路灯亮化，方便住户快速出入的同时，准确采集人员、车辆信息，有效对小区内人、车、物进行精准动态管控。同时，充分利用视频门禁向辖区居民投放防疫工作、反诈骗等重点热点政策宣传资料，有效提升宣传效果。"智安小区"建成后，该区域脏乱差的情况得到彻底整治，呈现三个变化：一是入住率提高。入住小区人口数量提高了 55%，人口信息底数更鲜活，更有研判分析价值。尤其在重要节点期间，通过后台数据梳理分析疫情重点地区来莞人员，有效提高重点人员的排查效率。二是发案率下降。"智安小区"建成后一年内违法警情降幅达 80%，打架斗殴、盗窃等警情基本绝迹。三是租金收益增加。南社村坚持围绕"服务民生"做文章，针对小区

5 善治：从矛盾多重到共生共荣

存在的消防隐患、乱停放、乱摆卖、卫生差等问题进行全面整治，居住环境得到极大改善，房东、租客对"智安小区"建设的认可度逐渐提高，租客也愿意支付更高的租金入住"智安小区"。

全力实施智慧网格管理

2016年以来，东莞市委市政府全面实施智慧网格管理，通过网格管理员深入排查上报和职能部门精准执法处置，把问题、隐患消除在萌芽状态，从源头上压减基层社会治理风险，提升社会治理精细化水平，加快实现全市社会治理体系和治理能力现代化。

东莞智网指挥大厅（东莞市智慧网格管理中心供图）

实行"四个一"

东莞智网主要由网格、队伍、系统、机制四大元素构成，全面融入了综合网格改革和共建共治共享的治理理念。一是推动"多网合一"。全市共划分2945个综合网格，确保权威统一、全域覆盖、边界清晰、权属明确。围绕"人口管理、城市管理、应急处突"三大任务，筛选公安、消防、城管、市场监管等19个部门，共计392个事项入格作业；[①] 推动各镇街按照"十个到位"标准争创示范网格，强化市民对网格化工作成效的直观感受，以点带面，彰显网格化工作成效。二是推动"多员合一"。整合基层户管员、治安员、消防协管员等工作力量，组建10392人的网格管理员队伍，统一履行"问题隐患巡查员、政策宣讲员、民情收集员、矛盾调解员"等多种职责，实现定人、定格、定岗、定责。明确全市网格员薪酬不低于每人每年7.5万元，完善统一规范的网格员作业装备保障，提高辨识度。组建300人的市智网机动巡查队，强化对社会治理重点、难点、热点问题的突击排查，打造网格化管理精英队伍形象。组建6.7万个网格工作群，吸纳网格内的党员、企业管理人员、出租屋房东等管理群体以及"三小"场所经营者、租客等热心市民参与，宣传政策、传递信息。启用"智网人人拍"小程序，对通过小程序上报社会治理问题隐患的市民给予红包奖励。三是推动"数据统一"。依托"数字政府"改革，开发上线新一代智网信息系统，对原信息系统进行重构、整合、升级，实现了复杂条件下的多部门系统对接，为全市网格管理业务运转提供了有力支撑。运用新系统将全市综合网格进行重新调整划分，并将林地、水域等以前未纳管的区域全部划入相关网格，真正实现网格全域无缝划分，做到"全域覆盖、边界清晰、无缝衔接"，成为省内首批完成综合网格图层采集工作的地市，获得省委政法委通报肯定。四是推动"标准统一"。制定印发《智慧网格管理工作流程暂行办法》等30多份政策文件，以"发现上报、分类推送、协调处理、跟踪回访、评价结案"五步闭环工作机制为核心，建立健全制度，规范工作常态化开展。"采办分离"的工作模式则在最大程度激发网格管理员发现上报问题潜能的同时，对部门的执法处置形成倒逼和重构。可以说，东莞智网编织了一张从网格管理员到各级智网中心，从职能部门到广大社会公众的全覆盖、无缝隙"市域治理网"，重新定义了城市的社会治理体系，打破了部门之间、政府和社会之间的隔阂，大大提升了城市治理效能。

深挖数据红利

一是实现数据对接实时化。智网信息系统依托市政数大脑实时订阅公安、市场监管、城管等部门14类1.3亿条数据，实现对市属各部门共计5371类信息资源、59.73亿条数据的跨层级、跨部门按需调用，融合"二标四实"数据和智网自有建档数据，盘活了社会治

---

① 《"智网工程"推动东莞社会治理开创新局面》，《东莞日报》2022年10月14日。

理领域的海量数据资源。二是实现治理要素数字化。加强基础信息建档，目前智网信息系统已掌握标准地址1200多万个、实有房屋1299万栋/间、实有主体120万个、实有人口1900万人、实有设施149万个，并以此为基础，由系统自动生成巡查工单，实现对建筑物、出租屋、市场经营主体等社会治理要素的全面列管和动态管控。三是实现管理运作扁平化。建成1个市级、33个镇级、593个村级智慧网格管理中心，统一部署智网信息系统和视联网视频会议系统，分级按权限接入"雪亮工程"视频监控资源13.5万路，推动网格管理员日常巡查、事件分拨流转、指挥会商等工作相互衔接，实现高效治理、智慧治理。四是实现数据应用实战化。推进智慧网格管理数据分析应用平台建设，强化对涉人信息、风险隐患信息、疫情防控信息等数据资源的关联分析，找准社会治理突破口，推动实现"智慧治理"，助力东莞市域社会治理在"双万"新起点上加快高质量发展。

"智网人人拍"

2020年8月，东莞启用"智网人人拍"网格治理小程序。截至2024年2月，共接到市民报料62.7万条，网格管理员累计完成现场核查62.6万条，核查属实39.8万条，向市民派发奖励红包164.7万元，在市民和党委政府之间架起了一座更为直接的社会治理"连心桥"。

治理效能显著

2019年以来，东莞智网先后获评"粤治－治理现代化"政府治理创新优秀案例、"全国政法智能化建设优秀创新案例""智网人人拍"网格治理小程序荣获全国优秀政法新媒体融媒公共服务奖二等奖，中央政法委工作简报刊载东莞市依托智慧网格管理创新出租屋服务管理的经验做法。经过数年实践探索，东莞智网成效明显。一是有效守护社会平安稳定。截至2024年2月底，全市网格管理员共发现各类问题隐患1869.1万宗，推动有效处置1818.3万宗，处置率为97.3%；助推安全形势持续向好，2023年全市生产安全事故数和死亡人数均实现两位数下降，没有发生较大及以上生产安全事故。二是有效保障重点工作开展。新冠疫情期间，全市70%以上网格员力量常态化参与全市3967个疫情防控"三人小组"，全力协助开展涉疫人员落地核查、督促核酸检测、居家隔离精细服务等工作，有效防止疫情出现社区传播。2023年，开展基层矛盾纠纷排查化解专项行动，累计发现上报涉矛盾纠纷隐患问题共 14724 宗，完成处置 14646 宗，处置率为 99.5%。三是有效提升智慧治理水平。目前，智网系统已列管建筑物达 167.2 万栋，比原登记数增加 19.2 万栋，增幅 13%；已列管自建房出租屋 38.5 万间，比原备案登记数增加 11.3 万间，增幅 41.5%；已列管市场经营主体 85.5 万家，其中"三小"场所 60.2 万间，基本覆盖日常经营行为活跃的市场主体，做到了"底数清、情况明、数据活"。四是打通服务群众"最后一百米"。针对不同时期群众关心的热点难点问题，将服务的关口前移到社区、网格、楼栋，充分发挥网格管理员贴近群众、熟悉民情的优势，组织网格管理员扎实开展"我为群众办实事"、纠纷调解和帮扶救助等活动，累计为群众办实事 5478 件，协助帮扶救助群众 4732 人；积极举办"莞邑网事""网格员体验日"等宣传引导活动，创设网格主题公园，营造人人参与社会治理的良好氛围。开展形式多样的便民服务活动，如政策宣传咨询、"小候鸟夏令营"，走访服务精神障碍患者，关爱帮扶独居老人、困难户等，至今累计开展各类服务超过 7 万次，直接涉及的群众超过 80 万人。推行"我是网格员"体验活动，自 2019 年以来引导发动超过 5 万名群众（包括学生）参与体验活动。对接市委组织部驻点联系群众工作信息系统，使驻点事件信息流转更加畅顺。截至 2024 年 2 月累计流转 5247 宗，办结 4833 宗。

启示

党的二十大报告指出，中国式现代化是人口规模巨大的现代化。特大城市的东莞社会治理难度大，社会安全与人民群众切身利益关系最密切，是人民群众安全感的晴雨表，是社会安定的风向标。习近平总书记指示，要把平安中国建设置于中国特色社会主义事业发展全局中来谋划，紧紧围绕"两个一百年"奋斗目标，把人民群众对平安中国建设的要求作为努力方向，坚持源头治理、系统治理、综合治理、依法治理，努力解决深层次问题，着力建设平安中国，确保人民安居乐业、社会安定有序、国家长治久安。[①] 平安东莞建设的三个方面经验值得借鉴。

[①] 《把人民群众对平安中国建设的要求作为努力方向　确保人民安居乐业社会安定有序国家长治久安》，《人民日报》2013 年 6 月 1 日。

完善法治保障，规范司法救助

东莞连续两年推出法治建设十件实事。自 2015 年获得地方立法权以来，推动出台实施地方性法规 12 部、政府规章 14 部。优化调整执法事项下放目录，大力推行包容审慎监管，完善涉企行政执法监督制度，持续严格规范公正文明执法。全面深化政法领域改革，强化对司法活动的制约监督，稳步提升公正司法质效和公信力。健全完善公共法律服务体系，开展多层次多领域法治示范创建，强化法治宣传教育，引导广大群众办事依法、遇事找法、解决问题用法、化解矛盾靠法。东莞制定了国家司法救助资金使用审批办法，简化优化申请程序。首创了线上预审机制，依托粤政易平台高效率、低成本预审，提高办理司法救助案件的质效，由过去审核一宗救助案件至少耗时 2 小时降至现在的 0.5 小时。

夯实基层基础，筑牢多元共治体系

东莞铁骑（视觉中国）

东莞广泛发动社会力量参与平安建设，深化"平安细胞"创建工作，组织各镇街（园区）、各行业各部门创建平安小区、平安文化企业、平安出租屋，助力社会长治久安。在

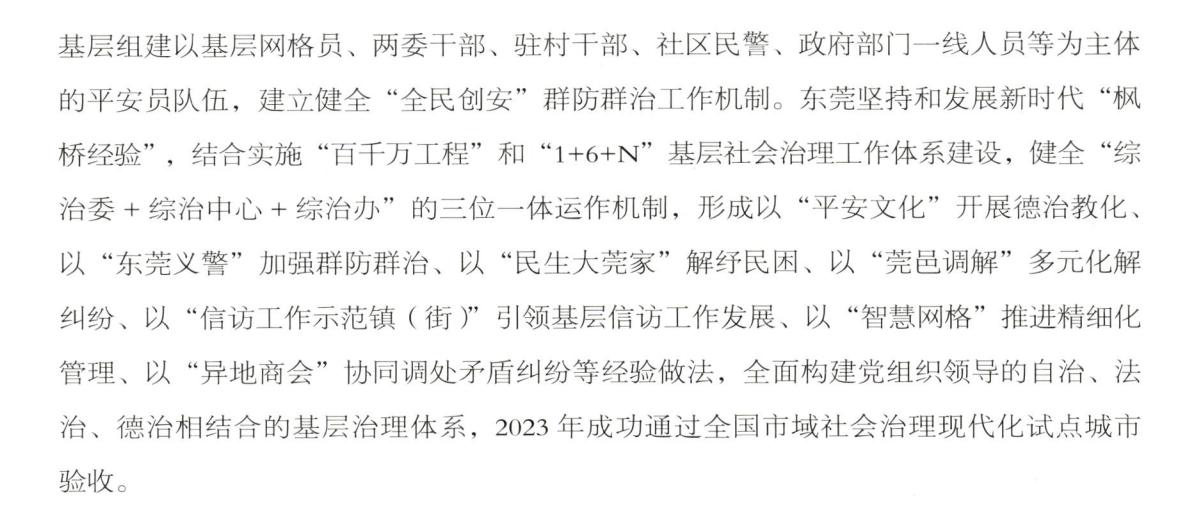

基层组建以基层网格员、两委干部、驻村干部、社区民警、政府部门一线人员等为主体的平安员队伍，建立健全"全民创安"群防群治工作机制。东莞坚持和发展新时代"枫桥经验"，结合实施"百千万工程"和"1+6+N"基层社会治理工作体系建设，健全"综治委 + 综治中心 + 综治办"的三位一体运作机制，形成以"平安文化"开展德治教化、以"东莞义警"加强群防群治、以"民生大莞家"解纾民困、以"莞邑调解"多元化解纠纷、以"信访工作示范镇（街）"引领基层信访工作发展、以"智慧网格"推进精细化管理、以"异地商会"协同调处矛盾纠纷等经验做法，全面构建党组织领导的自治、法治、德治相结合的基层治理体系，2023 年成功通过全国市域社会治理现代化试点城市验收。

以科技为支撑，实行智慧治理

东莞依托"数字政府"改革，开发上线新一代智网信息系统，对原信息系统进行重构、整合、升级，实现了复杂条件下的多部门系统对接，为全市网格管理业务运转提供了有力支撑。同时实现数据对接实时化，实现治理要素数字化。东莞积极借助"智网工程"，全面推行"智网人人拍"小程序，市民可随时反映出租屋治安、消防、交通等领域问题隐患。公安部门持续推进"二标四实""莞 E 申报""慧眼"前端建设等工作。消防部门持续推动出租屋全覆盖安装简易喷淋装置、网型感烟火灾探测报警器等。东莞还根据出租屋治安隐患、出租人（管理人）落实主体责任等要素设置出租屋治安安全指数，并通过二维码门牌实时展示，治安好坏扫码便知，倒逼房东加强管理。东莞形成了以大数据信息手段为引领的工作机制，极大地推动流动人口与出租房的信息化、网络化、数字化、精准化管理，推动加快创新立体化社会治安防控体系的脚步。

平安东莞建设很好地践行了习近平总书记提出的"坚持源头治理、系统治理、综合治理、依法治理"要求，完善公共安全体系，推动公共安全治理模式向事前预防转型的典型案例，对超大特大城市实现社会治理现代化、全面提升平安城市建设科学化、社会化、法治化、智能化水平，不断增强人民群众获得感、幸福感、安全感有较大的启示作用。

用"情"共治
牵挂群众心头事

20世纪90年代以来，全球迎来治理变革浪潮，"治理"一词在西方话语中被理解为控制和引导，强调政府要善于放权、授权，鼓励和引导多元主体参与公共事务，从而实现多中心治理。1992年，世界银行年度报告的主题就是"治理与发展"。正如俞可平教授所言，善治是国家治理的理想状态，其本质在于政府与公民对社会政治事务的协同治理。

党的十八大以来，中国特色社会主义进入了新时代，党中央对社会治理作出重大部署和工作安排。党的十八届三中全会首次提出"社会治理"概念，并提出"实现国家治理体系和治理能力现代化"的改革目标，党的十九届四中全会提出"党委领导、政府负责、民主协商、社会协同、公众参与、法治保障、科技支撑"社会治理体系28字方针。随着党中央社会治理施政方针的不断深化，构建多元共治格局逐渐成为各级党委政府优化社会治理结构的基本共识和实践起点，成为新时期创新社会治理体制，构建人人有责、人人尽责、人人享有的社会治理共同体的重要抓手。我国已经形成的中国特色社会主义治理模式，既是我国积极适应全球化国家治理浪潮的主动作为，同时也是满足人民群众对美好生活的需要和推进中国式现代化的必然选择。

2018年11月，习近平总书记在上海浦东考察时指出，"一流城市要有一流治理，要注重在科学化、精细化、智能化上下功夫……走出一条中国特色超大城市管理新路子，不断提高城市管理水平"。今天的东莞，虽然已经跻身全国超大城市之列，然而，面对较高流动性的人口结构、多元分层的社会结构、高度外向依赖的产业结构以及毗邻港澳的特殊地缘位置等种种特殊基因，基层矛盾纠纷易发频发，诸如劳动纠纷、土地矛盾、物业纠纷、治安案件等治理难题长期困扰着党委政府,我们不禁要问,中国式治理现代化之路应该怎么走?如何构建党政领导下的多元共治格局?如何提升城市治理效能?东莞的实践颇具创新性,下面我们来看看东莞石龙镇联动预警化解劳动纠纷工作法和沙田镇基层矛盾纠纷诉源治理的实践案例。

石龙镇联动预警化解劳动纠纷工作法

石龙镇是广东省中心镇,地处东江下游北干流和南支流交汇处。全镇土地面积13.77平方千米,常住总人口14.50万人,实际管理人口20多万人。石龙镇是广东四大名镇之一,是珠三角地区典型工业城镇,见证了东莞改革开放的发展历程。镇域内企业林立,大量涌入的外来务工人员成为工厂企业的主力军,在为城市发展作出巨大贡献的同时,也带来了巨大的劳动纠纷压力。新时代背景下,在产业结构调整和经济转型的大变局中,建立适应新时期需求的劳动纠纷预防化解机制迫在眉睫。近年来,石龙镇坚持和发展新时代"枫桥经验"、学习践行"浦江经验",积极探索创新劳动纠纷全周期预防处置工作体系,形成联动预警化解劳动纠纷工作法,有效提升劳动纠纷治理能力。2023年11月,中央政法委在全国范围内评选出104个"枫桥式工作法"单位,其中石龙镇以联动预警化解劳动纠纷工作法获评全国新时代"枫桥经验"先进典型,是广东省4个入选单位之一,也是东莞市唯一入选单位。

主动出击化解劳动纠纷

2008年金融危机之后,受国际市场低迷影响,东莞的外向型产业经济发展受挫,各行各业的企业订单明显减少,不论外资企业还是内资企业,市场经济状况普遍不景气,短时间内产生了数量较多的劳动纠纷案件。比如,企业主欠薪逃逸、工厂拖欠工人工资、厂房租金水电费长时间未缴纳等企业经营困难案例易发频发,而且企业经营困难在很多情况下带来农民工集中讨薪、到镇委镇政府集中上访甚至发生工人非理性冲击政府等违法行为,镇街党委政府面对这种局面,往往一时难以应对。究竟如何从根本上应对和破解时局难题呢?石龙镇委决定主动出击、担当作为,连续多次召开多个部门参加的联席会议,集中研判,从源头上共同探讨分析企业劳动纠纷的成因、障碍、环节与关键点,最后决定着力重塑各部门治理责任、再造劳动纠纷处置流程，进一步创新劳动纠纷综合治理机制。

创建劳动风险动态预警系统

石龙镇企业风险预警应急系统是一套通过信息采集和数据分析技术，对企业经营关键指标（包括企业工资支付、租金、水电费等10项指标）的变化，进行综合性、动态性、周期性监控评级，并分级发出预警信息和处置指令，辅助石龙镇高效防范化解企业欠薪逃匿、劳资纠纷等涉稳风险的数字信息系统。2009年系统上线以来，形成了自动生成重大劳资隐患排查化解部门联合工作预案的功能，对提高各部门协同处置群体性劳资纠纷、维护社会和谐稳定起了重要的作用。2015年11月起，该系统被广东省人社厅在全省地级市推广应用。2024年2月，出台《石龙镇企业风险预警和应急处置工作方案》《石龙镇企业风险预警应急系统工作制度》，该系统运用大数据技术自动将企业风险评定为正常、问题、风险、危险、高危五种级别，实现智能分级、可视预警。系统运行以来，精准识别出3677家次风险企业（其中风险772家次，高危1278家次），把可能发生的劳动纠纷解决在萌芽阶段，对290余家问题企业进行有效帮扶，协助企业渡过了经营管理难关，有效预防化解各类劳动纠纷。

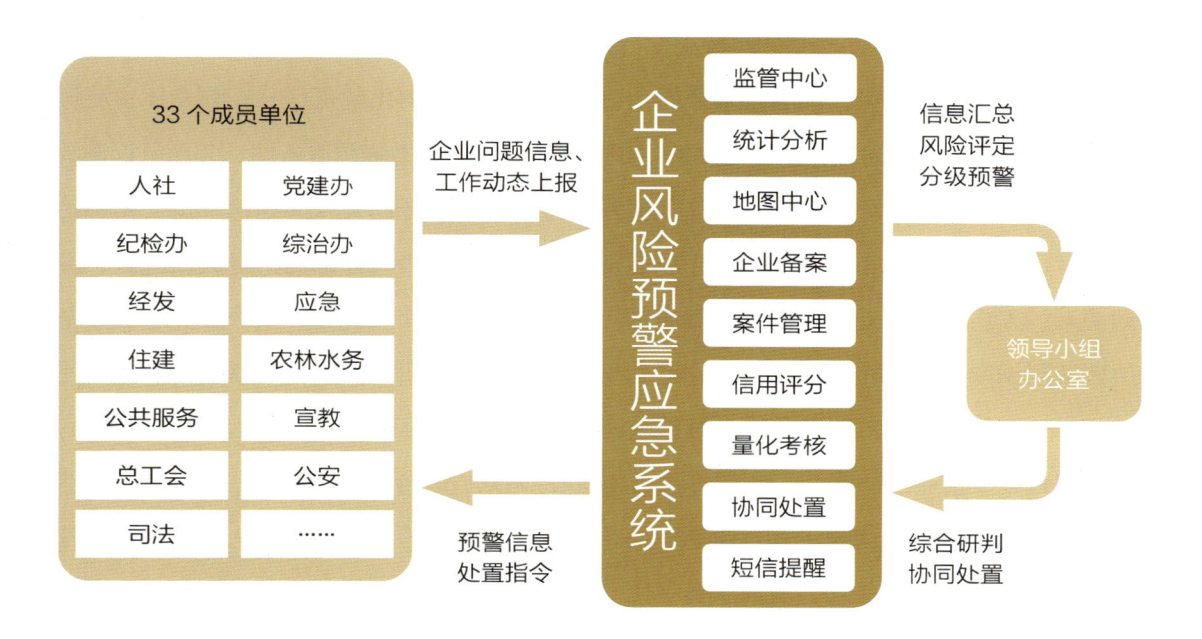

33个成员单位			企业风险预警应急系统
人社	党建办		监管中心
纪检办	综治办		统计分析
经发	应急		地图中心
住建	农林水务		企业备案
公共服务	宣教		案件管理
总工会	公安		信用评分
司法	……		量化考核
			协同处置
			短信提醒

企业问题信息、工作动态上报 → 企业风险预警应急系统
预警信息处置指令 ←

信息汇总风险评定分级预警 → 领导小组办公室 → 综合研判协同处置

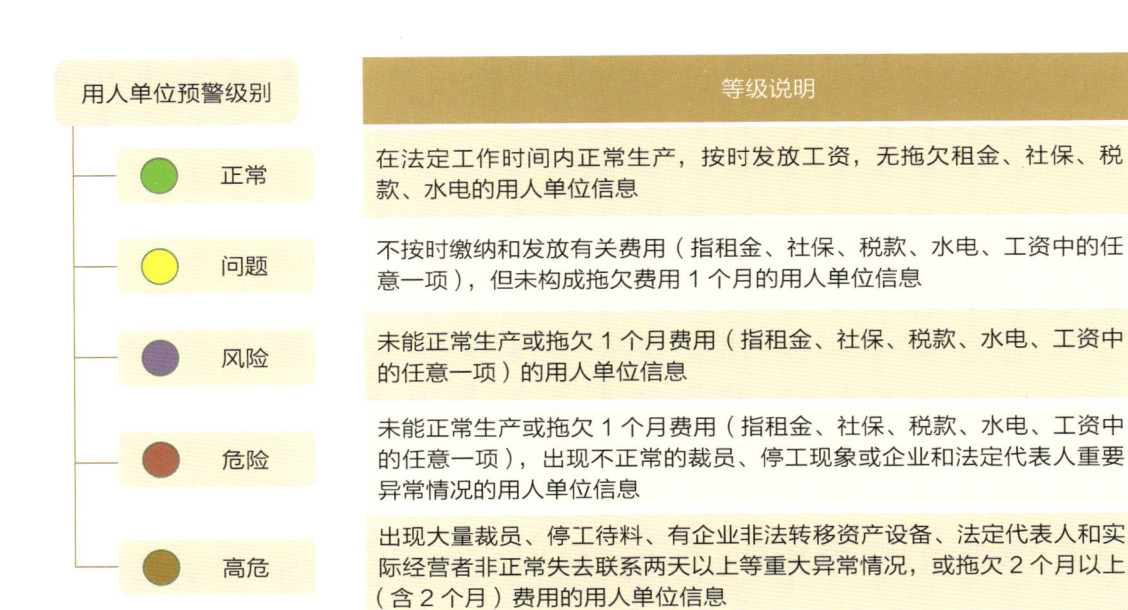

用人单位预警级别	等级说明
🟢 正常	在法定工作时间内正常生产，按时发放工资，无拖欠租金、社保、税款、水电的用人单位信息
🟡 问题	不按时缴纳和发放有关费用（指租金、社保、税款、水电、工资中的任意一项），但未构成拖欠费用1个月的用人单位信息
🟣 风险	未能正常生产或拖欠1个月费用（指租金、社保、税款、水电、工资中的任意一项）的用人单位信息
🔴 危险	未能正常生产或拖欠1个月费用（指租金、社保、税款、水电、工资中的任意一项），出现不正常的裁员、停工现象或企业和法定代表人重要异常情况的用人单位信息
🟤 高危	出现大量裁员、停工待料、有企业非法转移资产设备、法定代表人和实际经营者非正常失去联系两天以上等重大异常情况，或拖欠2个月以上（含2个月）费用的用人单位信息

石龙镇企业风险预警工作机制与预警级别分类

建立"事前—事中—事后"预警化解闭环

事前动态精准识别，加强预警风险隐患。完善事前风险企业监测机制，建立预防预警、会商研判、协调联动等机制，对问题企业联动开展"给力企业集中帮扶行动"；对存在风险隐患企业实施重点监测，提前掌握关停、倒闭、结业企业信息，主动提供转岗就业服务。

事中多元联动解纷，加强化解矛盾纠纷。落实分级分类化解责任，充分发挥多层调解优势，对一般纠纷通过企业基层调解组织、村（社区）人力资源服务站、劳动争议调解中心三级调解架构，联动工会专业律师调解。对需要相关部门介入的纠纷，提交镇综治中心，进一步细化分类并推送到对应职能部门迅速跟进，由人社部门主导欠薪逃匿、劳动关系、工伤等纠纷处置，由卫生健康部门主导涉职业病纠纷处置，由公安、工会、基层调解组织联合涉事企业处理员工之间纠纷。加强"三方四家多层级"联动，充分利用各类专业解纷力量，对复杂纠纷，打造政府方、工会方、企业方"三方"，人社、工会、企业联合会/企业家协会、工商联"四家""联合调处、联合帮扶"机制，提升解纷专业化水平。创新"靠前调解+司法确认"法治化解纷模式。石龙法庭联合人社、工会等部门成立裁诉调对接工作站，靠前服务各工业园区，由法官、人社部门特邀调解员和工会专聘律师进驻工作站，对未进入仲裁程序和诉讼程序的劳动纠纷先行调解，形成"靠前调解＋司法确认"工作模式，高效化解各类劳动纠纷。建立农民工工资争议速裁庭速裁模式。在仲裁案件收件窗口设置"农民工工资争议速裁庭专窗"，快立快调快审快结，实现农民工工资争议案件优先受理、快调速裁，依法及时有效维护农民工劳动报酬权益。

事后兜底保障，加强提升综合服务。注重劳动纠纷的综合防治，全方位织密服务保障网。一是落实典型案件复盘研究机制。对较大劳资纠纷，工作专班在处置完毕后进行复盘研究，分析处置过程中的得失，总结并丰富处置经验，不断完善具体处置措施。同时注重从个案中捕捉产业系统性苗头隐患信号，推送行政主管部门，及时提供政策指引，帮助企业解决经营困境。二是加强再就业服务保障机制。强化"就莞用"公共就业服务平台，线上信息推送和线下服务相结合，日常提供超2万个就业岗位，保障有就业意愿的失业人员尽快实现再就业，持续优化劳动就业用工环境。三是完善困难帮扶兜底保障机制。整合困难职工帮扶中心、企业职工之家等多个工作品牌阵地，打造"先锋号职工服务中心"，全面筑牢劳动者权益保障堡垒。常态化对工资发放等开展巡查，强化"民生大莞家"服务平台作用，及时对困难职工提供基本生活保障，实现政府兜底关爱帮扶。

营造良好营商环境

民营经济是我国特别是珠三角地区塑造更高水平开放型经济新优势的主力军。习近平总书记指出："我们要不断为民营经济营造更好发展环境，帮助民营经济解决发展中的困难，支持民营企业改革发展，让民营经济创新源泉充分涌流，让民营经济创造活力充分迸发。"[①]

石龙镇作为广东省联动预警化解劳动纠纷工作法的发源地和缔造者，该做法不仅在于化解民营企业发展中的劳动纠纷争议，更重要的在于诠释了东莞市持续建设市场化、法治化、国际化一流营商环境的成功作为。一方面，正确处理政商关系，为民营经济健康发展创造一流营商环境。联动预警化解劳动纠纷工作法从事前、事中、事后三个环节构筑一条防范企业劳动风险的防火墙，利用大数据分析，通过政府力量和资源帮助企业规范化经营、避免经营风险，提升企业自身竞争软实力；同时，有利于从源头上化解由

---

① 《习近平著作选读》第二卷，人民出版社2023年版，第206页。

于经营不善带来的诸如农民工工资拖欠等劳动争议和社会风险，从根本上保障农民工权益，维护社会稳定。因此，该工作法运营初期，有效改善了石龙镇的企业经营环境，吸引和凝聚了更多优质的人力资源前往务工就业，使得石龙镇制造业企业声名鹊起、有口皆碑。工作法得到全市和全省普及之后，对东莞市地区营商环境乃至广东省营商环境建设均起到了积极作用，受到各级党委政府和社会各界普遍好评。另一方面，加强部门业务协同，推进了政府决策科学化、社会治理精细化。联动预警化解劳动纠纷工作法的核心秘诀在于汇集多层次、多部门的企业经营数据，进行科学系统分析，进而判断预测企业经营风险。背后的逻辑在于党政统筹下多部门业务协同、管理协同和机制协同。推进社会治理现代化中，要增强社会治理整体性和协同性，从单纯的政府监管向更加注重社会协同治理转变。在实践中，无论数据调动、分析研判还是部门会商、联席会议，联动预警化解劳动纠纷工作法都充分展现出党委政府领导下的"整体性"和"协同性"，正是在整体性和协同性的基础上，才进一步实现了党委政府的决策科学化，实现了社会治理的精细化。

沙田镇基层矛盾纠纷诉源治理探索

近年来，东莞经济社会快速发展，多元化社会利益格局日益凸显，基层社会矛盾纠纷处于高发态势，呈现出纠纷主体多元、利益诉求复杂、纠纷种类多样等特点。东莞作为户籍人口与外来人口比例倒挂最严重的城市之一，基层社会治理压力大。从全市法院受理、办结案件数量来看，大量矛盾纠纷涌至法院，案多人少矛盾突出状况短期难以实现根本性转变。因此，如何努力将矛盾纠纷化解在诉前、消解在萌芽状态，以至于从根本上压缩诉讼来源，成为新时代东莞基层社会治理现代化的核心议题。

现代住宅小区纠纷逐年增多

随着城镇化水平进一步提升，现代住宅小区已成为群众重要生活场所，发生在小区的纠纷逐年增多，呈现多样化和复杂化趋势。沙田镇现有住宅小区26个，常住人口约4万人，占镇常住人口的约15%，大多数居民来自五湖四海，住宅小区是一个典型的"陌生人社会"，社会信任度较低，人际关系"原子化"现象突出。由此，小区的纠纷呈现

"小、多、杂"等特点，与传统熟人社会纠纷有着根本的差别。

2019年至2022年，沙田镇房管部门处理涉现代住宅小区纠纷1000多起。从类型和特点来看，主要分为四种类型的矛盾和纠纷。

第一类是物业纠纷。2019年至2022年，东莞第二法院受理物业纠纷共1513件，占现代住宅小区矛盾纠纷的七成以上。其中物业服务合同纠纷的比重最大，表现为追讨物业管理费、公共费用分摊、车位使用费等。此类纠纷事实简单、标的额小，但案件数多，成诉集中。

第二类是房产纠纷。纠纷矛头主要指向房产融资、建筑施工、房屋预售、装修质量、附属设施配套、二级交易等环节中的不规范行为。这类纠纷具有前期隐匿性强、爆发集中突然、与群众利益关切度大、波及面广及辐射链条长、维稳压力和处理难度大等特征。

第三类是相邻纠纷和侵权责任纠纷。纠纷大多由日常生活琐事引起，常见有漏水、噪声、消防、通行、私搭乱建、乱停乱放、高空抛物、饲养动物、环境卫生、公共设施使用维护、隐私权保护、个人信息保护、发布不当言论等。此类纠纷案件数量繁简参半，个案情况差异大，当事人之间对抗性明显，媒体和群众关注度高。

第四类是家事纠纷。如家暴、未成年人监护、老年人赡养等家庭内部纠纷。此类纠纷一般风险隐蔽性强、演化周期长、爆发时间短，且受纠纷性质、传统观念和社会环境等因素的影响，第三方调处力量往往难以发现和提前介入。

开创诉源治理的实践

2020年以来，东莞政法系统充分发挥党委和政府在矛盾纠纷多元化解中的主导作用，将党委总揽全局、协调各方的政治优势与政府的资源整合优势、社会组织的群众动员优势有机结合，综合推进社会矛盾纠纷源头治理，全面推进诉调对接新机制建设，强化诉源治理，构建诉调对接"1+2+3"工作机制①，形成了"党政领导一盘棋、社会参与总动员"诉源治理工作新格局。从诉源治理的基层探索来看，沙田镇"幸福港湾"诉源治理工作极具代表性。

---

① "1+2+3"工作机制是指一个中心、两个平台、三大调解。"一个中心"指全市法院、人民法庭全面设立"诉调对接中心"，全面实行调解前置；"两个平台"指全市法院以"一个中心"为依托，建立线上线下两个调解平台；"三大调解"指专职调解、律师调解、特邀调解等三种力量。

沙田镇为了加强住宅小区矛盾纠纷化解工作，维护住宅小区和谐稳定，着力提升治理效能，镇党委政府联合东莞第二法院在全市首创设立住宅小区纠纷诉源治理中心（"幸福港湾"诉源治理中心），主要做法如下：

一是党委政府牵头建立"一站式"服务平台。在党委科学谋划和统筹协调之下，建立"幸福港湾"诉源治理中心，以中心为枢纽和桥梁，迅速集结各成员单位，确立了由党委班子成员担任组长，由法庭及各职能部门"一把手"或分管领导担任副组长的领导架构，发挥中心"一站式受理、一揽子调处、全链条服务"的中枢作用。中心的主要职责包括加强部门沟通联动，整合调解力量资源；完善联络对接配套机制，制定落实工作规程，加强台账管理；指导、协调或主导纠纷分流和调处，做好诉调对接、诉非衔接；规范调解程序，提供法律培训指导；召集联席会议；等等。

二是对矛盾纠纷进行分级分类分流精准导航。以诉源治理中心为轴心，将收集到的住宅小区中物业、房产、相邻、侵权、家事等几类民事纠纷，按照影响程度、难易程度和解纷效率快慢，分为简易、中等、复杂三个级别。物业收费、简单相邻、侵权责任纠纷，按简易级别指引小区相关主体自行化解或者向人民调解分流；涉建筑物区分所有权和业主权益保护、房产纠纷、复杂相邻、侵权责任纠纷，按难度等级有针对性安排专职调解、律师调解或者开展部门间联动化解。

三是建立社会力量协同参与诉源治理工作机制。在小区内部设"幸福港湾"诉源治理流动站或者联络人，目前已在3个大型小区试点建成流动站，配套线上线下硬件设施、公告栏、纠纷流程图、咨询电话等，就地开展矛盾化解工作。与全镇26个小区建立了联络人制度，联络人由小区开发商、物业服务人和业主委员会选任的富有责任心且具备一定纠纷调处经验的人员担任，平时负责接访小区群众，根据情况开展现场答疑、化解纠纷或引导分流，积极配合、协助或参与中心开展的调处、宣传活动，加强体察收集民意并及时反馈，自觉按照中心要求改善提升服务质量和填补管治漏洞。

四是建立健全多部门联动协作工作机制。从部门参与来看，司法、公安、房管、住建、城管、人社、妇联、工商联等职能部门均为成员单位，同时还邀约人大代表、政协委员、居民代表积极参加矛盾纠纷联席会议和列席现场调解。成员单位主要负责对主管领域的纠纷优先落实调处；接受、配合中心指派的调处任务，及时组织人员开展调处工作并通报进展情况和结果；完善本单位与法庭的日常联络和对接配套工作机制；参加联席会议，对主管领域的矛盾纠纷进行剖析，研究改进措施和办法；依法对住宅小区各方主体违法违规行为进行查处；做好法治宣传教育工作。

五是完善纠纷排查梳理和风险评估机制。成员单位通过小区舆论观察、进小区走访调研、联合巡查、具体办案、联席会议等多种途径，主动发现和共享反馈风险隐患苗头信息，单独或联合采取行动早介入、早研判、早防范。建立应急机制，针对重点领域、重点时期、重点人群、重点问题，完善"事前－事中－事后"全流程预防跟踪化解。完善司法建议运用机制，及时提出法治建设建议。

诉源治理的成效

从源头上化解矛盾纠纷是坚持和发展新时代"枫桥经验"的核心要义。沙田镇推进基层矛盾纠纷诉源治理的典型案例勾勒了新时代东莞基层社会治理的真实样貌，描绘了千万人口特大城市治理中基层社会矛盾纠纷化解的鲜活场景，反映出地方党委和政府探索营造共建共治共享社会治理格局的不懈努力。从诉源治理的社会效应来看，表现在两个方面。

一是成功培育出现代住宅小区的内部解纷机制。住宅小区是城市居民安居乐业的重要生活场所，是城市治理现代化的重点关注场域。诉源治理的秘诀在于，通过党委政府主动作为，搭平台、建机制，加强政府部门与居民、开发商、物业服务人员、业务委员会的沟通联系，发动社工、志愿者、五老乡贤等多元力量积极参与现代住宅小区解纷事务。不仅坚持和发展了新时代"枫桥经验"，而且继承与发展传统熟人社会解纷模式的精髓和优势，在现代住宅小区中重塑和构建了住宅小区内部解纷模式，提高了"陌生人社会"场域的自我管理能力和自我服务水平。

二是最大程度弘扬和践行法治为本的国家价值观。天下之事，不难于立法，而难于法之必行。学法懂法是守法用法的前提，"幸福港湾"诉源治理中心自运行以来，依托沙田法庭定期开展定制式普法宣传教育，聚焦小区居民"最关心最直接最现实的利益问题"，选取真实典型案例，提炼法律要点，通过示范办案、法治宣讲、案例宣传、现场普法以及汇编案例指引、案例手册等，输出裁判观点、预防建议和治理对策，帮助小区居民更好了解法律法规、掌握基本解决纠纷的能力和办法、加强风险隐患预防，同时让办案人员、调解人员迅速提升化纷技能和调解水平。例如，首场普法活动邀请了全镇26

何以东莞

个小区的业主、物业代表近 100 人参加,由法官采取"以案说法"的形式介绍典型案例和解读法条,获得代表们一致认可。在日常工作中,充分利用社区公众号和小区微信群,推送"一案一说法"线上普法,精选物业费、孩童间损害事故、相邻权、充电桩等小区热点、常见纠纷进行释法教育,阅读量超过 10 万次。这些具体生动的实践做法,能够让"法治"思想在群众心中引起共鸣,从而触动每一位市民将"法治"理念"内化于心、外化于行"。

启示

习近平总书记指出:"着力推进社会治理系统化、科学化、智能化、法治化,深化对社会运行规律和治理规律的认识,善于运用先进的理念、科学的态度、专业的方法、精细的标准提升社会治理效能,把现代科技作为推进社会治理现代化的重要抓手,增强社会治理整体性和协同性,提高预测预警预防各类风险能力,增强社会治理预见性、精准性、高效性。"[1]

东莞市石龙镇联动预警化解劳动纠纷工作法和沙田镇基层矛盾纠纷诉源治理实践的典型做法是践行习近平总书记重要讲话精神的生动实践,是东莞基层党委政府积极构建共建共治共享社会治理格局的创新探索,为东莞乃至国内其他地区推进社会治理体系和治理能力现代化提供了经验借鉴。

大数据赋能是基层社会治理现代化的必由之路

新时代条件下,大数据赋能社会治理实现数字化治理成为推动我国社会治理创新和进步的重要方式。石龙镇联动预警化解劳动纠纷工作法的显著特征就在于充分整合利用与企业发展相关的政府职能部门数据,精准分析研判企业风险,并进行科学预警,集合党委政府力量帮助企业渡过难关,突破发展瓶颈,塑造新型政商关系。

大数据赋能基层社会治理还需要注重大数据人才培育,要注重培养基层工作人员的数据分析能力,提高数据服务效率;通过业务培训和专业学习提高内部人员的信息技术

---

[1] 习近平:《论坚持党对一切工作的领导》,中央文献出版社 2019 年版,第 194 页。

水平和应用能力，提高工作人员的大数据思维，提高数据在决策层面的应用频率和使用效率。要健全有关数据的法律法规，确保数据的安全；健全数据产权制度，强化数据采集、存储、使用等全过程的管理。

多元主体参与是基层社会治理现代化的重要支撑

沙田镇基层矛盾纠纷诉源治理实践的精髓就在于，充分发动与住宅小区相关的居民、开发商、物业、业务委员会、义工、志愿者等多方主体积极参与矛盾化解，将多方主体置于同一个利益框架下，通过社会治理共同体成员之间的良性互动和高效参与，真正做到从源头和萌芽状态化解小区纠纷，从而提升治理能力和治理现代化水平。

基层多元共治还需要加强社会共建共治共享制度建设，完善分类治理制度和公平公正治理机制，促进政策协同，提高人人参与社会治理的效率和效果。构建社会治理长效机制及其保障体系，包括健全社会治理框架和服务机制，提高其规范性和有效性，加强监督机制和舆论监督，依法纠正治理中的不当行为。

推动部门协同是基层社会治理现代化的关键之举

提高社会治理的协同性关键在于党委政府部门之间的多方位协同，并且通过党政协同带动引领社会协同。石龙镇联动预警化解劳动纠纷工作法的优势在于借助企业风险预警系统这个大数据平台，通过对子系统进行分类职责划分，快速贯通基层职能部门的数据汇集渠道，逆向推动实现多个部门业务联动、管理联动和信息联通，从而促进基层治理的整体性和协同性。沙田镇基层矛盾纠纷诉源治理实践同样也是借助于建立"幸福港湾"诉源治理中心这一实体化服务平台，推动多个职能部门协同合作，共同参与矛盾纠纷化解，由此进一步带动引领社会力量参与小区治理，从而在整体上提升了基层治理效能，充分发挥了"党政 + 社会"的政治组织动员优势，有效激发了基层社会治理活力。

基层治理还需继续探索进一步理顺条块关系，强化基层"块"的统筹协调能力；在协作事项上，要进一步明确问题清单、权力清单和绩效清单，厘清界定各部门主体权责边界；继续探索创新跨层级、跨部门的协同治理机制，开拓协同治理法治新路径。

何以东莞

凭"心"共享
满足美好生活向往

时序更替,岁月不居,世纪沧桑迎巨变。经过百余年奋斗,中国老百姓现在的生活早已旧貌换新颜,乘着全面建成小康社会的"东风",全体人民正迈着坚定的步伐,奋力走向共同富裕。在这幅徐徐铺开的靓丽画卷中,民生无疑是亮眼的篇章。有人不禁会问,何谓民生?其实它与我们每个人的生产、生活和生命都利益攸关,总结来说就是人民的美好生活需要,这是中国共产党始终不渝的奋斗目标。习近平总书记指出"民生是最大的政治",同时也强调"民心是最大的政治",揭示了亘古不变的历史公理:民生连着民心,得民心者得天下!中国共产党打江山守江山的本质是守护民心,而得民心的根本路径、守江山的基座是民生福祉。

进入新时代,随着我国社会主要矛盾转化,群众的美好生活需要已呈现出从"有没有"向"好不好"的全方位升级,不断释放出对优质民生服务的强烈呼声。在开启中国特色社会主义现代化强国建设的新征程上,民生更被提到了前所未有的高度。党的二十大报告郑重强调"为民造福是立党为公、执政为民的本质要求",并开辟出"增进民生福祉,提高人民生活品质"专篇予以部署,凸显了民生福祉在中国式现代化建设中的根本性地位和本质性要求。在国家生机勃勃发展的浪潮中,作为"先行地""排头兵""双万"城市新星,东莞明确提出以千万人口福祉改善为根本,加快打造大湾区民生幸福、和谐善治新高地,不断奋力续写为民造福的时代"答卷"。

优化"民生五位"供给，满足群众所需所盼

保障和改善民生福祉是一项长期、艰巨的系统工程，必须依据本土的社情民意因地制宜。长期以来，倒挂型、年轻化、规模大的人口发展特性是东莞经济社会持续发展的"动力之源"，但同时也带来了生活成本高、压力大、服务缺位等一系列"民生之痛"。近年来，东莞市委市政府直面现实，深入贯彻以人民为中心的发展思想，以打造"湾区都市 品质东莞"为目标指引，聚焦市民急难愁盼的"民生五位"（学位、病床位、停车位、养老床位、就业岗位），着力将民生小事、实事一一落到实处，办到老百姓心坎上，持续增强人民群众的获得感、幸福感和安全感。2023年中国地级市民生发展100强城市中，东莞位居全国第四、广东省第一。

筑牢就业保障，点亮万家灯火

就业是稳定经济的"基本盘"，也是人民生活质量的"晴雨表"。为确保稳定和谐就业大局，10多年来，东莞密集实施了推进就业优先发展的"组合拳"，提升就业创业服务水平，助力高校毕业生、农民工群体、残疾人群体等就业者在追梦路上走得更好更远。"十三五"期间，东莞推动全市就业政策体系实现从1.0版到3.0版的跨越升级，城镇登记失业率有效控制在3%以内，发放9.07亿元就业创业补贴，切实织密织牢了全市的就业保障网。

进入"十四五"以来，在经济发展和就业市场高度承压的情况下，东莞坚持迎难而上，积极响应和落实国家"促进高质量充分就业"的要求，进一步吹响"是人才 进莞来"号角，聚焦战略性新兴产业、未来产业发展的人才需求，创新"东莞云聘"服务模式、建成"就莞用"广场（零工服务点）、擦亮"莞聘夜市""名企名校行·校园东莞日"等品牌，切实把就业优先全面落实到位，推动实现更加充分更高质量的就业，持续筑牢千家万户幸福生活的就业保障网。2023年，全市实名登记用工规模537.98万人，城镇新增就业11.69万人，同比增长13%，创下近五年最高水平。目前，东莞已连续四年荣获中国年度最佳促进就业城市、连续两年荣获中国年度最佳引才城市，成为青年一代的"筑梦之城"。来莞工作两年的工程师张达感慨道："一座城

何以东莞

市、一个企业、一群人让我感受到了满满的青春活力和锐意创新的冲劲,留下来跟着这座初见之城一起成长!"

东莞市高校毕业生就业招聘会(东莞图库 赵浛锐 摄)

强化学位供给,共绘出彩人生

党的二十大报告强调:"教育是国之大计、党之大计。"近年来,为满足人民群众强烈的教育需求,东莞全力加快建设教育现代化强市,出台一系列教育"慧"民政策,大力推进教育扩容提质千日攻坚行动计划,深化教育领域综合改革,着力打造让人民满意的"品质教育"。2023年,东莞推动新建、改扩建公办中小学(幼儿园)66所,新增公办学位6.7万个,"十四五"以来累计新增公办中小学学位18万个,连续四年超额完成年度新增学位目标,顺利完成学前教育"5083"硬任务;同时,2023年义务教育民办学位补贴经费约16亿元,同比增长47%。目前,东莞已成功入选广东省基础教育高质量发展示范区,中小学教育质量位居全省前列。

教育是铸魂育人的伟大工程,更是国家富强和民族复兴的根基工程。接下来,东莞将深入贯彻落实"为党育人、为国育才"的目标要求,聚焦提升教育系统的党建引领、五育融合、学位供给、结构优化、服务发展、师资建设、教育治理和综合改革八大品质,全力推进"1+12"行动计划，给每一位学生提供更多的人生出彩机会，切实以教育之力厚植人民幸福之本，以教育之强夯实东莞富强之基。

完善医疗体系，享家门口看病

医疗是民生之需，关乎人民群众的生命健康。习近平总书记强调："人民健康既是民生问题，也是社会政治问题。"[①] 近年来，东莞聚焦缓解"看病难""看病贵"问题，大力推进高水平医院和区域中心医院建设，加快完善和落实"三医联动"机制，促进镇街医院转型，提高市、镇、村（社区）医疗资源整体利用率。同时，深化推进医保重点领域改革，创新落实降药价、电子医保码推广、医疗服务价格改革、异地就医结算、医保管理服务升级等工作，让群众的医药费账单不断变薄、变轻。2023年，东莞新增医疗床位1290张，全市医疗总床位超过3.5万张，户籍人口人均预期寿命达82.4岁；全面建成397所社区卫生服务机构，新增国家级胸痛中心4个、省级重点专科10项；在全国首创"健康副厂长"工作模式；完成省内首个硼中子俘获治疗（BNCT）项目治疗中心大楼建设；在全国地市级城市卫生健康信息化发展总指数中获全国TOP50中的第二名。这些都是东莞助力打造"健康中国"，统筹推动经济高质量发展和人民健康两不误的生动实践。

接下来，东莞将继续围绕"品质医疗、温暖服务、守正创新、协调发展"的愿景目标，凝心聚力推动品质医疗提升"九大工程"落地落实（党建引领赋能发展工程、深化综合医改攻坚工程、公共卫生能力提升工程、优质医疗资源扩容工程、区域医疗资源整合工程、基层医疗服务提质工程、中医药综合改革工程、生命周期健康保障工程、行业治理现代化建设工程），努力开创东莞卫生健康工作新局面，不断提升群众的医疗民生质感，为"双万"城市建设筑牢健康之基。

优化养老服务，保障老有颐养

俗话说："家有一老，如有一宝。"爱老助老是中华民族传统美德的时代延续，"老有颐养"更是每个人所期盼的幸福晚年生活。东莞虽是一座年轻化的城市，但也在持续重

[①] 《习近平著作选读》第一卷，人民出版社2023年版，第501页。

何以东莞

点关注和优化养老服务，增强城市的民生温度。近年来，东莞市委、市政府坚持建章立制，陆续出台和实施《东莞市养老机构资助办法》《东莞市居家养老服务管理办法》等一系列政策文件，试点推进"物业服务＋养老服务"工作模式，推动居家、社区和机构养老融合发展，为老百姓打造"15分钟养老服务圈"；以"长者饭堂"建设为有力抓手，率先打造"集中供餐＋送餐入户"大配餐服务模式，有效推进落实镇街（园区）全覆盖；目前，全市已基本构建了医养康养相结合、满足老年人全方面需求的多元养老服务体系。2023年，东莞新增养老机构床位413张，实现护理型床位比例达78.34%，完成814户特困家庭适老化入户改造，累计为独居老人派发"爱心防跌包"4525个，组建爱心"模拟家庭"1626对，广泛开展爱心慰问活动，爱老敬老的社会氛围更加浓厚。

茶山镇南社明清古村忠孝文化节千叟宴（东莞图库 谢焕标 摄）

天意怜幽草，人间重晚晴。接下来，东莞将大力发展普惠型养老服务，重点部署和实施四大方面工作：一是完善养老服务政策体系，加快修订和完善全市养老服务相关文件，逐步形成"1+1+10"政策体系；二是着力发展居家社区养老服务，推进"互联网+"养老服务创新，探索开展家庭养老床位建设，试行建设新型养老社区，让居家老年人足不出户享受"类机构"服务；三是持续推进"南粤家政"工程，提升养老服务人才培养力度和专业服务水平；四是持续健全养老服务综合监管机制、养老机构等级（星级）评定机制等，大力提升养老服务质量，切实增强老年群体的幸福感，为建构老年友好型城市打好坚实基础。

力破停车难题，提升出行效率

交通是城市经济发展的"先行官"，也是群众幸福生活的刚需。近年来，东莞汽车保有量逐年攀升并突破400多万辆，位居全省第一，"停车难""堵车烦"问题越来越成为城市管理的重点难点，严重影响老百姓的出行效率和生活品质。对此，东莞市通过建管并举，多渠道加强停车位供给，推进重点公共场所建设立体停车场，创新道路桥梁桥下空间管理使用模式，试点建成一批停车场、休闲公园等便民设施。同时，各镇街全方位提升停车资源的利用率，系统推进辖区停车位的统筹协调与精准供给，有效缓解了辖区居民的"停车难"问题，群众出行获得感、幸福感不断提升。2023年，东莞新增停车泊位12.07万个，完成停车设施示范项目100个，精准发力完成86处交通堵点治理，"大排长龙"的频率变低了，全市交通健康指数在汽车保有量超过400万辆城市中排名全国第四，全省第一。

品质交通直接关系到城市经济社会运行的"脉搏"活力，是城市竞争的重要因素。接下来，东莞将紧密围绕"投资年"目标，以落实"百千万工程"为契机，深入推进道路交通综合整治和交通堵点治理工作。一方面，加快提升停车设施规划建设力度和信息化管理水平，努力构建区域或全市停车资源"一张网"，推动实现停车位精准供给和供需动态平衡；另一方面，加大村（社区）停车的规范管理力度，按照"培树典范、以点带面"的思路，着力培育若干个停车规范管理典型村（社区）；依托智慧交通等信息技术手段，加快提升公交运营服务效率和乘车体验，高水平助推全市交通治理能力现代化建设。

"小切口"撬动"大民生",让幸福生活看得见

民生从来无小事,一枝一叶总关情,古语云"万丈高楼,起于累土",再宏大的民生目标,也需要从解决涉及群众切身利益的"关键小事"做起,只有拿着显微镜看民生疾苦,才能把民生小事做到"丝发"和"毫末"的程度,才能真正地把政绩做到老百姓心里,更好地去"厉民之病",促进社会稳定和谐。

接下来,让我们慢慢揭开"民生大莞家"和"就莞用"两个民生服务项目的面纱,用心用情去感受东莞民生服务的温度、民生福祉的质感和民生共享的幸福感。

"民生大莞家":破解群众急难愁盼问题

2020年4月,东莞市民政局创新性推出"民生大莞家"品牌项目,建立起民生诉求收集、处理、反馈快速响应机制,畅通了民生政策与服务落地的"最后一米",大力提升了市民的福祉水平和生活品质。2023年,全市累计办理1100余宗"民生微实事",解决3.9万宗困难群众的"民生微心愿"。家门口坑洼的小路填平了、村里老人们的兴趣班开起来了、街头巷尾的荒地变成了美观的小公园、身边的困难群众得到了有效帮扶……实实在在给予人民看得见的实利,群众的获得感、幸福感和安全感得到显著提升。

"民生微心愿"倾听群众声音。"民生大莞家"品牌项目以"民有所呼,我有所应"为宗旨,坚持需求导向,围绕困难群众在生活救助、医疗救济、教育扶助、就业扶助、住房保障等方面需求,全方位搜集"民生微心愿",全力解决民众最急、最忧、最盼的身边事,最大努力预防极端事件发生。一是服务对象惠及全域人口。"民生微心愿"既有面向户籍人口的兜底保障服务,也有面向外来人口的救助帮扶服务,如帮助转介就业、治疗疾病、应急庇护等,服务人群惠及全域所有人口。二是服务内容覆盖全生命周期。"民生大莞家"以群众"全生命周期"需求为导向,聚焦群众普遍关切的衣食住行、生老病死等问题,适时将保基本保必需的服务内容优化、拓展至以提升人民群众生活品质为目标的服务内容上来,切实做到群众困难发生到哪儿,"莞家"帮扶就跟进到哪儿。三是全流程跟踪问效。注重通过智能化、信息化手段做好服务事项跟踪问效,统一实行接收情况24小时反馈、办理结果即时反馈、测评结果实时反馈三次反馈制度,精准掌握服务

对象需求点和满意度，真正实现民生保障政策问需于民、问计于民、问效于民，成为东莞社会治理现代化建设的生动实践。

"民生微实事"点亮温暖之光。东莞积极开发有助于改善村容村貌、方便村民休闲出行的"民生微实事"项目，既有针对特殊群体的关爱事项，如老年人健康送餐、残疾人入户探访、妇女儿童兴趣培养等公益服务项目，也有面向外来人口的帮扶活动，如子女托管、城市融入、心理辅导等便民服务。目前，公益服务项目一般在接到诉求后1个月内组织开展，便民工程项目6个月内完工，个人急难事帮扶5个工作日内办理完成，民生诉求办理效率进一步提升。

"莞家直达"筑造爱心桥梁。"莞家直达"是"民生大莞家"的一大创举，旨在通过搭建平台，凝聚社会组织力量给受助对象送关爱、送温暖。当前，"莞家直达"已建立起全链条式的社会力量帮扶机制，通过创新和完善社会力量对民生诉求的及时回应、精准对接和项目认领工作，有效推动落实"民有所呼，我有所应"。一是建立"爱心资源库"。凝聚和整合各镇街慈善会（慈善基金会）、社会组织总会、大学生志愿服务队等力量建立"民生大莞家"爱心资源库，精准摸排和掌握有意向为全市民生事业发展作贡献的爱心企业、社会组织和热心市民等名单信息，民生诉求回应和服务的后备力量不断充实壮大。二是搭建慈善对接认领平台。创新搭建民生诉求与爱心服务的供需对接机制，政府门户网站、慈善会官网等平台专门设置"民生大莞家"公益专栏，通过线上认领、线下推介、项目合作等方式，组织引导社会力量参与认领"民生大莞家"服务项目，大力提升了民生诉求与爱心服务的供需对接效率和项目落地质量。三是完善社会参与激励机制。对积极认领"民生大莞家"服务项目的爱心企业、社会组织和公民个人等，给予税收优惠、慈善义举公榜、颁发证书、媒体报道、立牌点名等不同方式的表彰奖励，激励和撬动更多社会力量凝聚并参与到东莞民生事业发展工作中，助力构建人人有责、人人尽责、人人享有的社会治理共同体。截至目前，全市已有近2000家爱心企业、社会组织及热心市民加入"民生大莞家"爱心资源库，并通过服务项目认领等方式不断向社会传递爱心和温暖。

"民生大莞家"品牌项目自实施以来，连续三年列入市政府十件实事，先后获得2021年度全国基层治理创新典型案例、广东省第八届"先锋杯"工作创新大赛表彰项目、第八届"粤治－治理现代化"优秀案例、市域社会治理现代化创新实践省市共建项目等荣誉，得到社会各界广泛好评。

"就莞用"：就业服务一体化

作为"双万"城市新星，东莞一直是吸纳就业和用工大市。为坚决贯彻习近平总书记关于稳就业保就业的重要论述和重要指示精神，深化落实党中央、国务院实施就业优先战略的决策部署，东莞市人社局立足于制造业立市的城市特色和规模大、弹性大、压力大的就业特点，探索建立东莞"就莞用"公共就业服务体系，全面提升公共就业服务质量和水平，构建多层次、多渠道、全方位、全链条公共就业服务体系，促进各类群体就业创业。2023年，"就莞用"平台成功入选全国公共就业服务能力提升示范项目，相关经验做法被国务院办公厅采用。

第一，就业服务一体化整合。为有效破解就业市场信息不对称、资源分散等现实难题，东莞依托"就莞用"公共就业服务平台，构建起了市镇村三级全覆盖就业服务网络，创新组建1500名就业服务队伍，免费为各类城乡劳动者就近就便提供职业指导、政策咨询、推荐就业、创业咨询等"一站式"公共就业服务，有力确保就业局势总体平稳，用工规模总体保持稳定，率先成为全省完成基层公共就业服务平台建设及实施城乡统筹就业政策的地市。

第二，岗位供需精准化对接。当前我国"就业难"和"招工难"长期并存，深刻反映出就业市场供需错位、不匹配的根源问题。为破解此难题，东莞多措并举打破线上线下信息壁垒，提供精准式就业服务保障。一是聚焦高校毕业生，靶向开展就业服务。打造"东莞云聘"品牌，开展"莞邑启航 逐梦湾区"、青年就业暑期"护航港"行动等专项活动，线上线下合力为高校毕业生与用工企业精准对接牵线搭桥。2023年开发见习（实习）岗位近2万个，东莞有就业意愿的困难高校毕业生实现100%就业，青年就业基本盘守稳守牢。二是聚焦就业困难人员等未就业群体，建立"发现、服务、防护"机制。为各类未就业群体提供175.5万次分级分类服务，成功帮助3.5万人实现就业；有序推进就业困难人员认定工作，2023年就业困难人员认定2527人，促进实现就业2500人。三是聚焦重点企业，建立用工综合服务机制。创新推进企业用工调查，建立服务专员落实"一企一策"制度，结合"用工雷达"提早发现企业增资扩产或订单下降等影响因素的用工情况，市镇联动及时给予企业送招聘、送技工、送培训等服务。2023年累计为全市1.14

万家次重点企业提供人社服务4.38万次。

第三，零工市场人性化保障。为加快应对新兴业态和新就业群体快速发展的趋势，东莞创新性建设"就莞用"广场（零工服务点），打通民生服务"最后一公里"，搭建劳动者和用工单位"零距离""点对点""面对面"的全链条就业服务新桥梁。一是整合资源建设标准化场地。充分利用商圈、工业园区、"南粤家政"基层服务站等相关场地资源建设安全化、规范化、标准化的"就莞用"广场（零工服务点），告别"马路蹲活"的窘境，提供安全、规范、标准、一站式的就业服务环境。2023年，全市建成120个"就莞用"广场（零工服务点），做到"年年有提升、月月有对接、天天有服务、夜夜有灯光"。二是双管齐下促进零工就业供需匹配。线上依托市人社局官网、"就莞用"系统及小程序等平台动态发布零工岗位信息，线下举办"莞聘夜市""就业服务日"等系列就业服务，实现零工就业供需双方有效对接。三是示范带动建成首批特色零工市场示范点，目前已建成大朗镇里悦里商圈零工市场和大朗镇巷头社区零工市场示范点、东坑镇零工墟市示范品牌、劳务对接地零工市场示范点、横沥镇零工市场示范点等标杆品牌，助力推进东莞就业高质量发展。

第四，职业风险全方位防护。随着新兴业态和新就业群体快速发展，传统劳资关系面临诸多新风险和新挑战。为此，东莞市着力打好职业风险防护"组合拳"，持续优化良性用工生态。一是加强企业用工预警。建立企业用工风险预警系统，全面分析预警指标数据情况，建立分流就业预警和用工需求预警机制，联动工信、商务、税务等职能部门强化企业用工指导服务，加强风险预警防范处置，实现综合监测、分级预警和快速响应。二是加强风险防范。针对转入四级服务的就业困难群众，人社部门持续做好跟踪服务，同步推送给公安、民政、卫建、工会等相关职能部门跟进，合力防范就业用工风险隐患。同时，依托"就莞用"一体化平台，完善劳动关系风险预警功能，加强数据共享、交互和应用，提升预警研判、应急响应和联动处置效能。三是加强就业执法与失业监测。东莞市镇两级人社部门每年开展用人单位和劳务派遣机构遵守劳动用工和社会保险法律法规情况的专项检查，充分利用好166个"多层级、全覆盖"的劳动争议纠纷调处中心，强化规范东莞市用人单位劳动用工秩序，维护劳动关系和谐稳定。

接下来，东莞将聚焦"科技创新+先进制造"，以"百千万工程"为统领，以国家示范项目为牵引，加快创新完善"就莞用"公共就业服务体系，深化推进"就莞用"信息平台优化升级，大力实施人力资源开发利用九大行动，切实有效提升全市人力资源质量和利用率，以更加有效、更高品质的就业民生保障推动东莞在中国式现代化建设中走在前列。

启示

民生是人民幸福之基、社会和谐之本。习近平总书记强调："人民幸福安康是推动高质量发展的最终目的。"[①]回望来时路，东莞推进民生发展的历程布满了艰辛，但也在一次次的破局发展中开出了一朵朵民生幸福之花。面对新时代社会转型发展和群众需求变化带来的一次次大考，东莞以迎难而上、敢于创新的勇气与坚韧认真赶考，这里汇聚着党委政府勇挑重担、为民造福的忠诚大爱，涌动着人民群众奋发图强、奔向民生共富的人间烟火，这些是万众一心抵御一切发展阻碍的铠甲，更是众志成城打造品质东莞的最美勋章。东莞的民生共享发展历程是中国特色社会主义共同富裕和现代化城市建设的一个缩影，可以从三个方面总结其经验和启示。

城乡一体化共建

作为全国为数不多的市直管镇城市，东莞依托市镇经济联动、做大做强村组集体经济、公共服务均等化等措施，已基本上突破了传统的城乡二元结构壁垒。如东莞先行探索的城乡基本医疗保险、社会养老保险一体化模式全国领先，打破所有制、用工形式、户籍、险种等各种界限，为全国打造平等、高效的城乡一体化社保体系提供了宝贵的经验。未来，东莞城乡将继续在各类民生服务方面深入推进一体化发展，实现城乡融合与优势互补发展。

服务精细化供给

天下大事，必作于细，增进民生福祉，提高生活品质是一项系统工程，促进共同富裕、打造高品质生活常常始于身边小事，人间烟火中可见人民幸福安康。东莞结合自身

[①]《牢牢把握高质量发展这个首要任务》，《人民日报》2023年3月6日。

需求，从细微处着手，以"民生五位"为目标定位和施策路径，依托"民生大莞家""就莞用""品质教育"等抓手，通过小切口撬动大民生，把实事办实、好事办好、难事办妥，让城市发展更有温度、群众生活更有质感，助力将东莞打造为大湾区和谐善治、民生幸福的新高地。

本外融合化共享

作为全国常住人口超千万、本外人口严重倒挂的典型城市，东莞深刻认识到外来务工者是本市经济社会建设的重要力量，也是发展成果共享的重要主体。长久以来，东莞以"外来农业转移人口市民化"为指引，格外重视通过优化民生服务共享推进本外融合发展。从将外来务工人员统一尊称为"新莞人"，到在全省率先出台非户籍人口积分入户方案和非户籍人口子女接受义务教育办法，再到选聘新莞人进入团市委、市总工会、市妇联等部门担任职务，并开通"新莞人维权绿色通道"，拓展其参政议政和参与社会治理等渠道，东莞始终以切实的行动和真诚的服务全方位助力外来人口融入东莞、体面生活，与本地人实现携手同行，共荣共生。

后 记

东莞是"中国改革开放的一个精彩而生动的缩影"。将东莞作为中国式现代化的一个研究样本，不仅在于东莞40多年来领风气之先创造了令人瞩目的成就，更在于东莞从中国近代史开篇地到国际科创制造名城沧桑巨变背后所呈现的推进中国式现代化的历史逻辑和时代必然。

2023年11月，我们收到"中国式现代化的故事"系列丛书的约稿函后，立马带着"讲好东莞故事"的使命感，开展了书籍的编写准备工作。为了能确保书籍收录案例的典型代表性和呈现内容的全面客观性，编写组前期做了大量调研咨询工作，紧密结合中国式现代化的五大特征和东莞的实践，书目纲要和案例经过四轮讨论敲定，书稿前后经过七轮修改，最终成稿，以期为大家提供一个小切口、大视野的观察视角，展现东莞现代化的发展历程和敢闯敢试敢为的不懈探索精神。

我们力争在有限的篇幅内，将东莞现代化进程中富有代表性和典型性的过去、现在的故事图文并茂立体式呈现在读者面前，我们带着热忱和期待，真诚地希望能够带领读者认识东莞这座"世界工厂"，走近活力迸发的东莞、感知和谐美丽的东莞，通过东莞的故事，了解东莞这座新一线城市展现的美好图景。

本书由中共东莞市委党校（东莞市行政学院、东莞市社会主义学院）常务副校（院）长吴雪明担任总策划，吴雪明常务副校（院）长对编写工作高度重视，提出要高水平写作、高标准呈现，并多次主持召开会议进行研究，统筹推进编审各项工作。东莞市二级巡视员陆世强担任特邀策划，对本书架构提出方向性思路，并对章节内容和文稿修改进行整体性把关。中共东莞市委党校（东莞市社会主义学院）副校（院）长查日升教授担任主编，具体负责书稿提纲的拟定及修改、序言的撰写、书稿几轮的统稿，以及组织协

后　记

调工作。全书内容共分为六章，各章撰写分工如下：绪论由祝俊峰、王思煜撰写；第一章由王鹏、曹秋静、刘子文撰写；第二章由何清、薛智韵、刘程撰写；第三章由袁凌云、周磊、黎晓道撰写；第四章由王思煜、袁敦卫、江炎骏、林春香撰写；第五章由谭汪洋、刘晋飞、贾艳丽撰写。科研科成立了编写工作项目组，市情研究中心给予了全力支持，江炎骏承担了提纲的初次拟定，王鹏、江炎骏对一稿提出了修改意见，谭汪洋、高锡蓉、杜仙茹、梁芊芊、叶敏玲、叶小瑶、袁淑贞、钟日涛承担了校对工作。感谢各位作者和工作人员的倾力付出。

本书在编写过程中得到了东莞市委政法委员会、东莞市委政策研究室、东莞市委党史研究室、东莞市文化广电旅游体育局等部门的大力支持，得到了松山湖等镇街（园区）的大力支持，得到了东莞图书馆、东莞展览馆、东莞市规划展览馆、东莞日报社等单位的大力支持。东莞市委副秘书长叶渠茂、东莞市发展和改革局副局长杜明山对提纲提出了宝贵意见。鸦片战争博物馆馆长张建雄对绪论进行把关并提供了大量资料支持。东莞日报社编委殷昌盛对文稿的观点进行了润色。本书出版得到广东省社会科学研究基地中共广东省委党校（广东行政学院）中国式现代化研究中心、国家行政学院出版社的大力支持，编辑老师做了大量细致的编校工作，付出了辛勤劳动，在此一并表示感谢。

行文至此，本书编写工作圆满收官，而中国式现代化的东莞故事仍在精彩上演。在习近平新时代中国特色社会主义思想的指导下，在粤港澳大湾区建设大机遇的热潮下，东莞将不断深化改革开放，持续讲好中国故事，不断开创高质量发展事业新局面，奋力书写中国式现代化的东莞答卷。且看敢为人先的东莞如何不断地自我革新、拥抱大变局，走向创新引领产业的发展道路。且看"双万之城"东莞如何实现再跨越，以新产业新动能为强劲引擎，打造高质量发展新样板。

由于编者学识、水平有限，再加上时间仓促，错误疏漏在所难免，敬请各位读者批评指正。

编者
2024 年 10 月